HERMES

在古希腊神话中,赫耳墨斯是宙斯和迈亚的儿子,奥林波斯神们的信使,道路与边界之神,睡眠与梦想之神,亡灵的引导者,演说者、商人、小偷、旅者和牧人的保护神……

西方传统 经典与解释
Classici et Commentarii
HERMES

迈尔集
Heinrich Meier's
Gesammelte Schriften
刘小枫 ◎ 主编

施米特的教训
—— 区分政治神学与政治哲学四章

Die Lehre Carl Schmitts
Vier Kapitel zur Unterscheidung
Politischer Theologie und Politischer Philosophie

[德]迈尔 Heinrich Meier | 著
林国基 余明锋 | 译

华夏出版社

古典教育基金·蒲衣子资助项目

"迈尔集"出版说明

1988年，迈尔（Heinrich Meier，1953年生）因发表《隐匿的对话：施米特、施特劳斯与〈政治的概念〉》（1988/1998/2013）一举成名，时年35岁。

人们以为迈尔是研究施米特的专家，其实，他的本行是卢梭研究。31岁那年，他出版了卢梭《论人类不平等的起源和基础》的法—德对照考订笺注本（附三个手稿残篇，还有涉及《论不平等》的书信、评论和对批评的回应等历史文献），就版本校勘和笺注而言，连法国的卢梭专家编订的本子也相形见绌。

迈尔出生的前一年（1952），西德政府与占领军经过九个月谈判，在波恩签订了确认相互关系的"一般性条约"（史称《波恩条约》）：美、英、法三国结束对联邦德国的军事占领（柏林除外），承认其为"国际社会中自由平等的一员"。可是，《波恩条约》之一《关于外国军队及人员在德意志联邦共和国境内的权利和义务条约》规定，美、英、法三国仍保留在联邦德国驻军的权利，所谓联邦德国获得了"内部独立权"无异于自欺欺人。迈尔做《论人类不平等的起源和基础》的法—德对照考订笺注本，恐怕不仅仅是出于政治思想史的旨趣：何谓"国际社会中的自由平等"？

从迈尔为考订本撰写的导言来看，他熟悉施特劳斯提倡的"字里行间阅读法"。这让笔者感到好奇：迈尔还在念大学的时候，施特劳斯就去世了，他从何得知施特劳斯的思想？直到今天，施特劳斯在德语学界也算不上什么如雷贯耳的人物，何况迈尔上大学的 1970 年代。

迈尔那么年轻就遇上施特劳斯让笔者羡慕，更让笔者感激，因为他随后投入了大量时间和精力考订编辑施特劳斯的早期文稿和书信集，让后学受益无穷，为学界作出了具有思想史意义的重大贡献。

迈尔的学术思考有幸在一开始就追随施特劳斯关切的根本问题，即追问何谓真正的哲人生活。在现代学术语境中，这个问题仅仅对极少数人来说具有迫切性和严峻性。如今大多数学人根本不觉得这是个问题，因为我们已经认为，实现民主是一切思考的前提。

欧洲进入民主时代之后，最具争议的思想家莫过于卢梭和尼采——他们是真正的哲人吗？卢梭显得是"人民民主"的思想家，尼采则痛斥民主思想，叱骂卢梭是"毒蜘蛛"。迈尔模仿施特劳斯的读书方式识读卢梭和尼采，得出的结论让人刮目相看：卢梭与尼采都是真正的哲人。

迈尔年轻时细究过施特劳斯与施米特之间的"隐匿对话"，差不多三十年后，迈尔提醒读者，他释读卢梭和尼采的专著应该被视为姊妹篇。这是否在暗示我们，尼采与卢梭也有过"隐匿的对话"？对话不得不以"隐匿"形式呈现，多半是政治处境的含混和严峻使然。毕竟，美国对德国的占领绝非仅仅是军事性的，毋宁说，文教性的占领更为有效。如今德语学界的现状的确让人们有理由问：德国还会产生真正热爱智慧的头脑吗？

迈尔的写作风格明显模仿施特劳斯的《思索马基雅维利》，其形式特征主要体现为：语言表述具有沉思品质，注释非常讲究，以辅助正文铺展思考线索。笔者相信，迈尔的论著为以哲学方式阅读经典作品树立了榜样，这意味着，模仿施特劳斯不仅可能而且值得。

我们的文教领域早已被美国占领，尽管我们有底气也有能力排斥美国的军事占领。既然如此，迈尔的论著系列对我们中的极少数人的思考肯定具有启发性。

刘小枫
古典文明研究工作坊
2019年5月

献给政治哲人和我敬重的友人
克罗泊西（Joseph Cropsey）

目 录

前言 ·· 1
一 道德，或者敌人乃是我们自身的问题化作形象 ········· 1
二 政治，或者何谓真理？ ································· 42
三 启示，或者谁不赞同我谁就是反对我 ··············· 104
四 历史，或者基督教的厄庇米修斯 ····················· 193
第二版跋 ··· 276
第三版附言 ·· 282

附录　追忆博肯福德 ·· 315

人名索引 ··· 321

前 言

摆在读者面前的这《四章》，结束了我在《施米特、施特劳斯与〈政治的概念〉：一场隐匿的对话》（［编按］中译本见《隐匿的对话——施米特与施特劳斯》，华夏出版社，2002/2008年版；增补修订本华夏出版社即出）一书开始的论析。此二书彼此相属。它们致力于同一要务（Sache）、受同一意图引导。辩驳—论证的品格（der elenktisch-protreptische Charakter）将这两部论著连接起来，有心的读者不大会忽略由这一品格引出的两部论著间细节上的差异。本书整个来说是报告我研究施米特的政治神学所得出的若干结果。在我看来研究施米特的政治神学日显重要的东西，以及我着意要说的东西，都已经包含在这部和前一部书中了。

亨利希·迈尔
1993年9月20日于慕尼黑

一　道德，或者敌人乃是我们自身的问题化作形象

敌人乃是我们自身的问题化作形象,
而敌人会将我们,我们也会将敌人逼进自己的死角。

——多伯勒(Theodor Däubler)
"帕勒莫之歌"(Song an Palermo)

＊　＊　＊

　　[13]道德义愤不是政治哲学的事情。它并不构成哲学的某个部分。但道德义愤却是哲学的研究对象（Gegenständen），它与哲学相关是因为哲学得在它面前为自身辩护。对于哲学而言，如果道德并非不可置疑的前提或者不能质疑的给定性，而是一个有待研究的对象或者一个问题，那么它就是哲学的研究对象。进而，作为探测的指针，对于道德义愤的首要目标和最终根源的追问能够发展出一种非常有启发性的力量，这种力量丝毫不逊色于另外那个影响更为深远的问题的力量，该问题即"它[他]致力什么样的道德"。① 任何致力于施米特及其学说的研究的人，最好将这两个问题并提，不忽视任何一个问题。面对一个将"严酷的道德决断视为其政治观念的核心"且视道德和政治与神学荣辱与共的理论家，怎么可能将尼采的警言置之不理？② 如果没有攥紧阿丽阿德涅线团（Ariadnefaden）——对这个政治神学家的义愤的基本对象的问讯能将这一阿丽阿德涅线团抓在手中——怎么可能成功地找寻

---

　　① 尼采（Friedrich Nietzsche），《善恶的彼岸》（*Jenseits con Gut und Böse*），格言6；参格言19和211。[中译编按]这里方括号里的文字为原文所有。如无特别说明，本书正文方括号里的数字为德文原版页码；正文及脚注中方括号里的内容，一般为中译者或中译编者为顺通文意及方便读者理解相关内容而酌加。书中楷体对应原文斜体，表示强调。原著无独立引文，中译本将较长的引文用仿宋体另排。书中的基督教圣经引文参照（新教）和合本或（天主教）思高本中译，偶有细微修改，不再一一注明；圣经各卷书名依从和合本。书中未附德译的拉丁语由庄奇帮忙校订，未附德译的法语由徐圣帮忙校订，余明锋为全书德语术语及概念的译法作了校核，特此一并致谢。

　　② 《政治神学：主权学说四论》（*Politische Theologie. Vier Kapitel zur Lehre von der Souveränität*），München u. Leipzig，1922，页56（修订第二版，1934，页83）；参页55(82)。[中译编按]下引此书，页码后括号里的数字指修订第二版页码。在本书中，Politische Theologie 作为与"政治哲学"相对的概念，一律译作"政治神学"；该词作书名时，相应译作《政治神学》及《政治神学续篇》（*Politische Theologie II*）。

到穿行于这一充满[14]历史激变、政治风浪、有意误导以及不自觉的晦暗的一整个作品集(eines Oeuvre)的迷宫并进入其中心的路径呢?

然而,施米特不是自诩为一个"纯粹政治的理论家"吗? 或者,即使不是如此,至少也是个"其政治思想前后一致"的"政治现象的观察者"?③ 像一些人所认为的,他不是以严格区分政治事物(das Politische)与道德事物(das Moralische)*,或者像另外一些人所说的,以完

---

③《政治的概念》(Der Begriff des Politischen),第一版,页26(收入"社会科学与社会政策档案"[Archiv für Sozialwissenschaft und Sozialpolitik],第58卷,第1期,1927年9月1日);第二版,页67(《政治的概念:兼论中立化和非政治化时代》[Der Begriff des Politischen. Mit einer Rede über das Zeitalter der Neutralisierungen und Entpolitisierungen],München u. Leipzig,1932;对于第二版的引文将根据[1932年]初版给出,而页码将参考新版《政治的概念:兼有一个导言和三个附录的1932年的文本》[Der Begriff des Politischen. Text von 1932 mit einem Vorwort und drei Corollarien],Berlin,1963,以使读者更容易找到有关的段落出处)。有关《政治的概念》的不同版本的文献目录,可参拙著《施米特、施特劳斯与〈政治的概念〉:一场隐匿的对话》(Carl Schmitt, Leo Strauss und „Der Begriff des Politischen". Zu einem Dialog unter Abwesenden),Stuttgart,1988,页14–15。[中译编按]施米特《政治的概念》有1927、1932 及 1933 三个版本。目前通行的1963年的重版基于1932年的第二版,本书作者引用此书时注明的"第一版"(各版在原文里用罗马数字表示)指1927年版,"第二版"指1932年版,"第三版"指1933年版,未注明版本的为1963年重版本。

*[三版附言译按]施米特的名著 Der Begriff des Politischen 通译为《政治的概念》。这个译法有理解和流通之便,却无以凸显 das Politische 与 die Politik 的区别。das Politische 是形容词 politisch 的名词化,即以"政治性"作为论述对象。现代政治恰恰要去除具有政治性质的政治事物,试图将政治事物中立化和技术化,施米特的这个概念就是针对这个问题而发的。与此对应,本书中[尤其第二章]有 das Theologische 的提法。迈尔此书的重点是要建立 das Politische 与 das Theologische 的联系,他认为,在施米特那里 das Politische 根本上基于 das Theologische:译者分别将之译为"政治事物"和"神学事物",以强调两个概念的对应结构。[中译编按]与此相应,这里的 das Moralische 作"道德事物"。本译保留施米特著作 Der Begriff des Politischen 的习传译名"政治的概念"。

全割裂政治事物与道德事物而著称吗？与施米特对"人文主义道德"的批判以及对这种"道德主义"的否弃相一致，这种名声不是最为持久地占据着和主宰着朋友与敌人的心灵吗？在很多人眼中这种与他的名字相联系的冷酷的无畏和令人神往的恐惧在很大程度上不正是源于此吗？这不同样是一种以更大规模向他袭来的道德义愤吗？任何试图在关于施米特的偏见中寻找其意向的人，只会身陷一团迷雾，从而肆无忌惮地遮蔽施米特自身的迷宫，无缘登堂入室哪怕半步。崇拜能显明有关崇拜者的信息，义愤则能揭示出很多有关义愤者的情形。然而，关于崇拜和义愤的对象的判断，也有可能发生失误从而阻碍而不是启明通向最为重要者的路径。难道"纯粹的政治"的宣称不会是一种修[15]辞，政治事物与道德事物的分离不会是某种策略的一部分，即归根结底，它们不是同样以某种"严酷的道德决断"为其基础吗？如果施米特对"人文主义道德"以及"道德主义"的攻击恰好受制于一种道德动机，那又该如何解释呢？最后，如果对施米特曾经试图超越的道德问题的追问仍然是一种能够显明此事且能增加我们的知识的有意义的问题，那么这种追问在有关施米特本人的那些宣称面前就应该止步不前并保持沉默吗？

让我们紧握阿丽阿德涅线团的最远端，并且首先观察那些最先由施米特系统勾画出来的对于时代的道德画卷的批判。为此，我们需要依据施米特的权威，正是他请求我们时刻关注来自一整个作品集、一种学说和一个政治—神学决断的历史挑战。一战期间他这样写道：

> 像怀有坏良知(ein böses Gewissen)的一切那样，这个时代以谈论其问题性为乐，直到良知的激荡泯灭下去并自得其乐为止，据说这至少是有趣的。这个时代自诩为资本主义、机械主义、相对主

义的时代,交通、技术和组织(Organisation)的时代。实际上,"商业"似乎成为这个时代的商标,成为达到任何可悲或者无意义的目的的运转良好的手段,成为手段相对于目的普遍的优先性,商业抹杀了个体的存在,以至于个体甚至不再能觉察自身被抹杀,故此他也不再依赖某种观念,至多依赖某些陈辞滥调,而且总试图确保所有的事情都运转平稳,避免没有必要的摩擦。由通常的手段性和可计算性发展出来的巨大的物质财富成就是如此令人惊异。人变成了贫乏的怪物,"他们无所不知,却什么也不相信"。他们对周围的一切都感兴趣,[16]却没有任何事情能使他们欢欣鼓舞。他们理解一切;他们的学者在历史中、在自然中、在他们自身的心灵中留下探察的印痕。他们是人类学家、心理学家和社会学家,最后他们撰写关于社会学的社会学著作。如果某个地方遇到了麻烦,某种敏锐和灵巧的分析以及合乎目标的组织就会应运而生,以排除那些不便。即便这个时代的穷困者,那些像影子一般一瘸一拐地劳作着的大批的不幸者,以及那些成千上万渴求自由的人,也证明其自身只是这一时代精神的产物,即将所有的一切简化为其意识的公式,否弃任何形式的奥秘和灵魂的欣悦。他们指望在地上建立天堂,由工商业成就的天堂,而且事实上据说这个天堂已经在这块土地上建立起来,在柏林,在巴黎或者在纽约,这个天堂配备有游泳池、小汽车和安乐椅,日程表似乎成了他们的圣经。他们不需要爱和恩典的上帝。他们已经"制造"了如此多的奇迹,他们为何不能"制造"出一个人间天国的通天塔呢?的确,那些最重要的和最终的事物已经世俗化了。正义为权力取代,诚信退化为可计算性,真理蜕变为被普遍认可的正确,好的趣味取代了美,基督教成为一种和平组织。价值的普遍混淆和伪造品统治了人们的心灵。利弊的精确权衡代替了善恶的区分。诸如此类的混乱令人惊恐。④

这幅图画——1916年施米特试图以此表达"时代的道德含义"⑤——汇集了几乎所有重要的对象,施米特终其一生充满义愤和厌恶地与这些对象作过斗争,或者说,我们也可以从远处辨识出这幅图画:世界成了一个大工厂,[17]成了一个空洞地运转着的机器,没有目的(Zweck),也没有目标(Ziel),就这样永无休止地运转着,像一出精心策划的戏剧,方方面面调停、均衡、完美无缺,有趣是自然的了,却缺乏伟大,缺乏充实,缺乏意义,处于一种疲软状态、忙忙碌碌的无聊状态和没完没了的争论状态,缺乏所有那种强烈的情感,平庸乏味,既没有奥秘也没有魔力。不断扩展的世俗化,信仰的真理的失落,不断增加的无神论,或者如他十年后所说的那样:[人]无能面向上帝(Gottunfähigkeit)。⑥ 人类的张狂(Hybris[或译:肆心]),他们将其意志的规划和利益的算计置于神意(Vorsehung)的位置,他们误以为能够强行建立一个人间天堂,在那里,他们似乎免除了善与恶的决断,并一劳永逸地从中驱除了紧急状态。从一开始这就是一个"安全的时代",⑦它迫使施米特倾其全

---

④ 施米特,《多伯勒的〈北极光〉:关于这一作品的要素、精神和现实性的三项研究》(*Theodor Däublers „Nordlicht". Drei Studien über die Elemente, den Geist und die Aktualität des Werkes*),München,1916,页63-65。

⑤ 《多伯勒的〈北极光〉》,页68。

⑥ 施米特,《全部欧洲解释中的柯特:四论》(*Donoso Cortés in gesamteuropäischer Interpretation. Vier Aufsätze*),Köln,1950,页11。[中译编按]以下简称《柯特四论》。这里Gottunfähigkeit指人失去信仰上帝的能力,无能力面对上帝的呼召和诫命。

⑦ 《多伯勒的〈北极光〉》,页66。

力与之斗争。无论其出处何在,种种努力都为这样一个时代开辟道路,一切尝试都将无限制的对于安全的考虑付诸实施。施米特的义愤对于那些沉湎于如下信念的人同样有效,即"世上的一切纯属人事(menschliche Sache)"。他对同时代的人怀着愤怒之情,因为他们仅仅仰仗所谓"惊人的成就",这种成就的确是"毋庸置疑"的:"大城市,豪华轮船,以及卫生保健;舒适的消暑胜地从心灵的监禁中诞生"。他们狂妄地指望着准备一切,组织一切,命令一切。*Ecce saeculum*[瞧这个时代]。在这里,所有的事情似乎都安排和构想得井井有条——"除了那件唯有它才要紧的事"(Bis auf den Fall, auf den es allein ankommt)。⑧

1970年,在其最后那部自己出版的著作的后记中,施米特——自其最早的对时代的批判以来[18]半个多世纪已经过去——再一次勾画出一幅轮廓鲜明的"反面画像"(Gegenbild),以便"更清楚地表明自己的立场"。⑨ 这在下面的两个句子中表达得更为集中和凝练:*Homo homini res mutanda / Nemo contra hominem nisi homo ipse* [人对于人是有待改变之物 / 唯人自身能反对人]。1970年就像1916年一样,位于施米特的信仰的反面草图(Gegenentwurf)的中心位置的仍是"世上的一切纯属人事",人们将一切都用来服务于规划的及支配的权力,使一切都受人的愿望和要求的支配,人们能够做一切事情。通过勾画敌人的特征,施米特确认自己的立场;通过反对普罗米修斯式的人物的桀骜不驯(Vermessenheit),施米特否定性地确认他的位置。*Eripuit*

---

⑧ 《多伯勒的〈北极光〉》,页67、69、77。
⑨ 施米特,《政治神学续篇:有关一切政治神学之终结的传说》(*Politische Theologie II. Die Legende von der Erledigung jeder Politischen Theologie*), Berlin, 1970,页124。

fulmen caelo, nova fulmina mittit / Eripuit caelum deo, nova spatia struit [他窃取天上的闪电,发出新的霹雳 / 他窃取天神的光荣,创造出新的世界]。⑩天[神]的反叛者(Himmelsstürmer)——施米特最终将其视为他的敌人——的张狂(Hybris):由于拒绝将反叛理解为反叛,拒绝将亵渎上帝的行为视为张狂的特征,这种张狂达到了无以复加的顶点。反叛者否认其反叛。他否认与敌人之间存在着战斗。他相信通过以下途径能够摆脱决断和斗争,即在无止境的进步过程中消灭作为负责任的主体的自身,从而成为自我造就的新人。此外,通过科学、生产和消费之间相互加强的协调和配合,这种所谓的"过程—进步""不仅生产出其[19]自身以及新人来,而且生产出其自身的创新性的可能性的条件来";这意味着从虚无中创世(Schöpfung *aus dem* Nichts)的反面,即赖于虚无的创世(Schöpfung *des* Nichts)乃是为一个不断更新的此世性(Weltlichkeit)的自我创造的可能性创造条件。⑪普罗米修斯式的幻象的疯狂性昭然若揭。这种疯狂性可以从施米特所选择的每一个独特措辞中显露出来,这些措辞刻画了必定涌动着某种内在性的"自闭症"(Autismus)的"思想系列",这种内在性与神学的超越性(Transzendenz)斗争着,却又从来不愿承认这一事实。这种"新的、纯粹此世的属人的科学"需要装扮为一个"漫无止境的由人类的好奇心驱动的但

---

⑩ 《政治神学续篇》,页126。施米特用几个六音步诗行应和了波利尼亚克(Melchior de Polignac)枢机主教的几行诗。在其《驳卢克莱修,或论神与自然》(*Anti-Lucretius sive de Deo et Natura* [Paris 1747])中,这位大主教攻击了自伊壁鸠鲁(Epikur)到迦桑迪(Gassendi)、霍布斯和斯宾诺莎的哲人的无神论(参施米特的《语汇:1947年至1951年文集》[*Glossarium. Aufzeichnungen der Jahre* 1947–1951], Berlin, 1991,页25和页154)。波利尼亚克使用的短语"Eripuit fulmen Iovi"[他从朱庇特那儿窃取了闪电]针对的是伊壁鸠鲁。

⑪ 《政治神学续篇》,同上,页125。

充其量不过是此世的属人的知识扩展和知识更新的永不停息的进步过程"。它无非是一种自我授权,这一点骗不过施米特的眼睛。施米特从中辨识出一种"新神学"(Neue Theologie)——虽说它不愿成为[新的]——以及一种在所难免的"与神作对的自我神化"(gegengöttliche Selbstvergöttlichung),如果有一个要求顺服(Gehorsam)的上帝的话。新人的世界将是一个新神的世界。在"纯粹此世的、属人的"安全的王国中,似乎没有奇迹存在的空间。人们"拒斥"奇迹。似乎奇迹只能与"破坏活动"相干,与人们从中能够推断出存在着敌人的那些事实相关。⑫

对施米特而言,普罗米修斯式(Promethiden)的反叛有着许多面相。它没有必要像那种关于"过程—进步"的幻觉一样走得如此之远,以至于"不论是在原来的意义上还是在可以更新的意义上都不再认可起源(*ovum*)",*而只认可"新事物"(*novum*)。施米特以尖刻的讽刺使得那种企图绝望地摆脱其神学—政治的对手的努力获得了一种"全然"土生土长的(autochthonen)、[20]独立的表达:"所有试图成为一块白板(a tabula rasa [译按]字面义:擦净的板)的去神学化、去政治化、去司法化、去意识形态化、去历史化以及其他的类似努力都失败了;白板去除了对自身的板化(*ent*-tabularisiert sich),它连同板一起被清除。"⑬工业—技术进步的白板(die Tabula rasa des industriell-technischen Fortschritts)——施米特将其看作源于将所有的事物都化为可以计

---

⑫ 《政治神学续篇》,页 113 – 114、125 – 126。

* [中译编按] ovum 本意"蛋"(egg),文中的含义引申自拉丁习语 ab ovo(出自起源),这里 ovum 跟 novum 相对构成双关,意含"过去"(起源)与"未来"(新事物)的对立。

⑬ 《政治神学续篇》,页 124。

算的因果过程的功能主义——是极为可鄙的；从一开始就没有额外的需要让这白板否弃其自身。这同样适用于那些进步的"真正担当者和推动者"的攻击性（Aggressivität）以及那些作为"真正的攻击者"的技术和科学的攻击性。⑭ 普罗米修斯式的狂妄自大（Selbstüberhebung）在"进化论的信仰"中得以表达：人作为"生理上和本性上皆极为羸弱和匮乏的生物"，依靠自身的力量和授权并借助技术和科学的力量为其自身创造了一个崭新的世界，在这个世界中，"人成为最强悍的生物，甚至是唯一的生物"。这种狂妄自大还在各种形式的集体式"自我拯救"（Selbsterrettung）和私人式"自我救赎"（Selbsterlösung）的尝试中体现出来。施米特还在那些意义的确立者和宏伟行动的计划者那里发现了这种自我授权的狂妄自大，他们献身于人类的"巴比伦式的统一性"，同时他还在某一种生活[方式]的自足（Selbstgenügsamkeit）中发现了这种狂妄自大，这种生活的中心建立在自主思考的基础之上。在无政府主义者对所有权威的拒斥中以及在资本主义者使得这个世界变得更加"安全"的努力中，他同样发现了人类的自我虚骄。自我享乐和"潘神门徒们的无烦无恼"（Problemlosigkeit der Panisken）*的田园牧歌图景似乎已然步入美妙的天堂，而"技术性这种宗教"以及"得以解放的生产力和趋于无限

---

⑭ "作为两重区分的范例的共同体与社会的对立"（"Der Gegensatz von Gemeinschaft und Gesellschaft als Beispiel einer zweigliedrigen Unterscheidung"），收入《法学——社会学研究：致敬 Luis Legaz y Lacambra 教授》（*Estudios Juridico - Sociales. Homenaje al Profesor Luis Legaz y Lacambra*），Santiago de Compostela,1960,页 173；参施米特，《政治神学续篇》，页 126。

* [中译编按] Panisken 指古希腊神话中的半神潘（Pan）的门徒，"潘神门徒们的无烦无恼"是施米特语带贬义的提法，指那些人满足于此岸生活，忘却上帝，并因此而无烦无恼。

的消费欲望所带来的全部荣[21]耀许诺了这个天堂。忠诚于大地的自然主义与竭力捕捉星辰的人工主义(Artifizialismus)显露在同样苍白的微光里。有谁沉迷于"纯粹的此岸性"或者在行动上臣服于它,就是与彼岸的上帝开战。⑮

哪里反叛被敬奉为准则,哪里反叛被确立为人的标志并被宣称为其历史进步的起源和决定性的时刻,这种造反和弃绝、不信仰(Unglaube)以及不顺服(Ungehorsam)就变成了公开的敌意。对施米特而言,任何反对全能的主权者(den allmächtigen Souverän)的敌意都没有巴枯宁(Bakunin)的无政府主义更加露骨,任何反叛都没有巴枯宁的无政府主义更加旗帜鲜明。施米特珍视的,这个俄国人反对;施米特深信不疑的,这个俄国人拒不接受。他攻击启示的真理性并否认上帝的存在;他企图废止国家,不承认罗马天主教的

---

⑮ 施米特,《政治神学》,页 45、55-56(64-65、81-83);施米特,《政治的浪漫派》(*Politische Romantik*),第二版(与 1919 年的第一版相比有很大修改和扩充),München u. Leipzig,1925,页 137;施米特,《欧洲法学的现状》(*Die Lage der europäischen Rechtswissenschaft*),Tübingen,1950,页 32(再版时收入《1924—1954 年期间的宪法学文集:宪法学说文献》[*Verfassungsrechtliche aufsätze aus den Jahren 1924-1954. Materialien zu einer Verfassunslehre*],Berlin,1958,页 426);施米特,《从图圄中得拯救:1945—1947 年间的体验》(*Ex Captivitate Salus. Erfahrungen der Zeit 1945/47*),Köln,1950,页 49、82-83,参页 53、88、93;施米特,《柯特四论》,页 112;施米特,《世界的统一性》(*Die Einheit der Welt*),收入《墨丘利》(*Merkur*),第 6 卷,第 1 期,1952 年 1 月,页 1-2、8-9;"夺取-划分-牧养"(Nehmen/Teilen/Weiden)(1953),收入《1924—1954 年期间的宪法学文集:宪法学说文献》,页 495-496、503-504;《法—夺取—命名》("Nomos-Nahme-Name"),收入《不断的出发:埃利希·匹茨瓦拉纪念文集》(*Der beständige Aufbruch. Festschrift für Erich Przywara*),Nürnberg,1959 年,页 102;参施米特的《语汇》,页 10、47、84、148、218、264。

普世诉求。⑯ 在 Ni Dieu ni maître[既不要上帝,也不要主人][22]的口号声中,巴枯宁"以斯基泰人的暴力"(skythischer Wucht)大肆非难所有的统治、所有的秩序、所有的等级制,反对上帝的和人的权威。⑰ 在巴枯宁身上,施米特目睹了"全部西欧文化的传统概念的真正敌人"的粉墨登场。从巴枯宁开始,在巴枯宁那里,早于"苏维埃共和国的野蛮人几个世代",施米特相信自己发现了政治和宗教、教宗和上帝、观念和精神的最为顽固的敌人⑱,由此,施米特采用了政治神学

---

⑯ "上帝是一切,现世和人什么也不是;上帝是真、善、美、正义、力量和生命,人是假、丑、恶、不义、虚弱和死亡;上帝是主人,人是奴仆。人不能靠自己发现而只能靠神启达致永恒的正义、真理和生命。但是,有启示,就有受神灵感动的启示者、救世主、先知、祭司和立法者。那些人一旦被确认为神在世上的代表和人类的神圣教师,被上帝亲自挑选出来指引人类踏上拯救之途,他们就必定要行使绝对权力。所有的人都应该无限地、被动地顺从他们,因为有神的理性,就根本没有人的理性,有上帝的正义,就根本没有尘世的正义。人是上帝的奴仆,但应该也是教会和国家的奴仆,只要国家经过了教会的祝圣。在现存的或以前存在过的所有宗教中,基督教比任何其他宗教都更好地理解了这一点——就连古代东方宗教也不例外,况且这些宗教只是某些特殊的、享有特权的民族的宗教,而基督教则要成为全体人类的宗教。在所有的基督教派中,也唯有罗马天主教才以严格的一贯性宣告和实现了这一点。正因为如此,基督教是绝对的宗教、最后的宗教,使徒的罗马教会是唯一具有融贯性、正当性并出于神授的教会。"参巴枯宁,《上帝与国家》(*Dieu et l' Etat*,1871),收入《全集》(*Oeuvres completes*),Leiden,1961 年以降／Paris,1973 年以降,第八卷,页 98/99。[中译编按]Katholizismus 亦作"天主教精神",本书里统一译作"天主教"。巴枯宁引文原文为法语。

⑰ "一切世俗的或人的权威都直接来源于灵性的或神的权威。"《全集》,第八卷,页 173。[中译编按]引文原文为法语。

⑱ 施米特,《政治神学》,页 45、49、50、55、56(64 - 65、69、71、81、83 - 84);《罗马天主教与政治形式》(*Römischer Katholizismus und politische Form*),Hellerau,1923,页 74 - 78 和 80(略有改动的第二版,München,1925,页 49 - 51 和 53);《当今议会制的精神史状况》(*Die geistesgeschichtliche Lage des heutigen Parlamentarismus*),第二版(与第一版相比有改动和扩充),München u. Leipzig,1926,页 79、

(*Politische Theologie*)这个概念,*这一概念从此与他的名字密不可分,没有任何其他概念能像这个概念一样与他联系得如此紧密。为了揭露敌人并试图给其致命一击,巴枯宁利用这个概念投入反对敌人的战斗,而施米特则将这个概念据为己有,借以识别其自身的立场,同时利用这个概念反对他的敌人。他只字不提这个从此以后使其受益匪浅的武器的出处,也闭口不谈他是从哪场战斗中从敌人那里夺取的。巴枯宁利用这个武器[23]反对马志尼(Mazzini)。[19]他之所以锻造这个

83、87;参《政治的概念》,页60、64,尤其是第三版,汉堡(Hamburg),1933,页45。[中译编按]《罗马天主教与政治形式》中译本作《罗马大公教与政治形式》,本书中 Katholizismus 统一译为"天主教"或"天主教精神"。

* [中译编按]如无特别注明,此书中 Politichen Theologie[政治神学]一词均以首字母 P 大写的强调形式出现。

[19] 巴枯宁,《马志尼的政治神学与国际工人协会》(*La Théologie politique de Mazzini et l' Internationale*), St. Imier,1871(再版时收入《全集》第一卷)。施米特不曾提及这部作品。但他是这么评论巴枯宁的:"他与意大利人马志尼的斗争乃是一个可怕的世界史巨变的象征性预演,这一历史巨变比国际大迁徙有着更宏大的规模。共济会员(Freemaurers)马志尼的上帝信仰(*Gottesglaube*)对于巴枯宁来说——就像任何一种上帝信仰一样——只不过是存在着奴役的一种证明,而且也是之所以存在各种各样的恶以及国家和政治权威的真正原因;它是形而上学的中心主义。"(施米特,《罗马天主教与政治形式》,页75[49],强调为笔者所加)此外可以比较一下施米特在其《罗马天主教与政治形式》中的最后一个句子中对巴枯宁和马志尼的比较,按照施米特在其《政治神学》里的说法,那本书[译按:指《罗马天主教与政治形式》]与《政治神学》"同时"写于1922年3月。《政治神学》这本书在施米特对敌人的攻击中达到了顶峰,为此他精心选择了一个称谓以使敌人变得更加容易识别:在结尾的句子中巴枯宁被称为"反神学事物的神学家"(der Theologe des Anti-Theologischen),"敌视专政的专制者"(der Diktator einer Anti-Diktatur)。施米特有意回避而不提其著作中的这些关键概念和关键句子的"出处",这一点可以从很多例证中体现出来。可参拙著《隐匿的对话》,页54,页91注释103及104;参页70-71。(施米特的《罗马天主教与政治形式》直接攻击1912年在柏林出版的索姆[Rudolph Sohm]的著作《天主教的本质和起源》[*Wesen*

武器乃是为了这样一场战争,在这场不可调和的两军对垒中,一方簇拥着撒旦的旗帜,一方则称颂着上帝的威名。[20]施米特利用这个武器投入同样的战争。凡巴枯宁以撒旦的名义否定的,施米特皆以上帝之名予以肯定。那些对这个无神论的无政府主义者而言充其量只不过是人为虚构的东西,在这个政治神学家眼中却是上帝给予的现实性(Wirklichkeit)。

赤裸裸的反叛并非最具威胁性,明目张胆的敌意并非最具决定性。在[24]与上帝和国家的战斗中,当撒旦被欢庆为永恒的反叛者和世界的解放者,或者如在一种波德莱尔式的撒旦主义(Satanismus eines Baudelaire)中,当撒旦与弑兄者该隐被堂而皇之地加冕之时,[21]撒旦很难说已经极尽显赫地展示了它的力量。真正的撒旦乃是隐匿于无形,对此施米特确信不疑。老练的敌人偏爱诡计,他是作伪的行家里手。他将尽量规避公开的战斗,且几乎从不打着自己的旗帜登场。他不会向某个人或某件事情宣战,如果不是"向战争本身"宣战的话;相反,他许诺某种和平,并不遗余力地将其敌人诱入一种虚伪的安全感中。一切都以一种合逻辑性的标准来衡量,凭借这种逻辑性,经济理性主义

---

und Ursprung des Katholizismus],但施米特也没有提及此书。)

[20] "按照马志尼的学说,如同按照基督教教义一样,恶就是人对神的权威的撒旦式反叛。相反,我们在这种反叛中看到了整个人类解放的终将结出果实的胚芽。如同14世纪波希米亚的方济各小兄弟会一样,革命的社会主义者在今天也用这样一句话来互相辨识:以受损害的人的名义,向您致敬。只不过今天这个被制服却毫不屈服的反叛者撒旦叫做巴黎公社。"参见[巴枯宁,]《马志尼的政治神学》(*La Théologie politique de Mazzini*),《全集》,第一卷,页43/44;另参见页45和72。[中译编按]巴枯宁引文原文为法语。

[21] 巴枯宁,《上帝与国家》,《全集》,第八卷,页88-89。施米特,《政治神学》,页55(80-81)。

建立和推进了一种"不可动摇的客观性的制度",并且这种客观性发展到了如此地步,以至于任何统治都是多余的,因为"事物统治其自身";而且,与这种伴随着技术和工业进步而来的对神学和政治的清除相比,巴枯宁的战斗显得只是"一个天真的蛮汉"的战斗。② 就时代的道德意涵这一标准而言,无政府主义者远没有小市民(Bourgeois)重要,与小市民的无孔不入的现实性相比,无政府主义者简直望尘莫及。不是巴枯宁,而是那种计算和深思熟虑的制度的代言人才是施米特关注的中心。小市民是"安全的时代"的倡导者和最终的完成者。在小市民身上,施米特识别出了一种纯粹由对安全的需求所支配的人的类型的存在。对小市民来说,没有什么比安全更为重要:肢体和生命的安全,免于神和人及于其个体存在的侵害的安全,不受搅扰的工商业的安全,不受干预的财富积累和享受的安全,等等。总之,没有什么比其[25]自身和他的财产更为重要。任何可能将其引向整全(das Ganze)的诉求他都予以逃避。由此他的政治立场得到了辩护,即政治须被商业和通信业驯服,同时得到辩护的还有他对宗教的态度,在他看来,宗教只是"私人的事情"。小市民无视"善与恶、上帝与魔鬼的不可避免的对立以及在双方之间存在着的非此即彼的生死选择,这种非此即彼否认所谓的折中以及'更高一级的第三者'",他指望着"通过那种无休无止的闲谈无休无止地悬置"最后的摊牌。㉓ 没有人像小市民那样对和平与安全的允诺能够欣然接受。启示似乎与他毫无干系。他很容易地就屈从于此种诱惑,即献身于这样一种信仰,"人类的自然的、

---

② 施米特,《罗马天主教与政治形式》,页79(49)。
㉓ 施米特,《政治神学》,页50、52、54(71、75-76、78/79);《罗马天主教与政治形式》,页25、42-43、58-60(17、28、38-39)。

此岸的存在拥有无限的改变和幸福的可能性"。[24] 小市民唯一能够忍受的奇迹乃是由其本人创造的奇迹。在施米特看来,小市民是这样一种人的缩影,有诗为证:"他将自己圈进来,将上帝赶出去。"[25][26] 施米特的价值判断有一个共同的遁点(Fluchtpunkt)。它们指向施米特不惜一切代价坚决守护的东西:指向他的信仰的确定性。在其信仰的

---

[24] 施米特,《政治的概念》,页93。

[25] 施米特,《政治的概念》,页62;《法律和空间》("Recht und Raum"),收入《维尔海姆·阿尔曼墓志》(*Tymbos für Wilhelm Ahlmann*),Berlin,1951,页243。在其同时代人中,施米特并非唯一以基督教精神来攻击小市民和自由主义的人。"从其历史根源上来说,小市民的灵魂及小市民意识",在别尔嘉耶夫(Nikolai Berdiajew)的《基督教与阶级斗争》(*Christentum und Klassenkampf*, Luzern, 1936)中我们读到,"与对基督教的离弃和基督信仰的衰落密切相关。小市民的心灵感知方式与一个真正的基督徒是相对立的"(页78/79)。"共产主义者乃是……最终的小市民,这种小市民,他们攫取了最后的胜利,从而称为集体的人,并将其权力蔓延至方方面面"(页57)。因此,"那个将要到来的社会主义王国乃是一个最终的小市民化了的王国"(页98;参37-38、55、56)。在"小市民精神中",别尔嘉耶夫看到了"对于十字架以及对于尘世性存在的悲剧性原则的最终拒斥"(页58)。在其《论基督教的尊严和基督徒的羞辱》(*Von der Würde des Christentums und der Unwürde der Christen* [Luzern, 1936])中,别尔嘉耶夫将这种指责发展成了这样一种控诉,"小市民的根本意图"无非是"追求尘世间的权力和资产,拒斥各各他[译按:耶稣受难地]的奥秘(das Geheimnis von Golgatha)。这就是小市民的终末论观念;小市民的制度不过意味着对耶稣基督的拒斥,不过意味着将他钉上十字架。甚至那些宣讲耶稣话语的人也能将耶稣钉上十字架"(页51/52;参39、41、42、44、48、55)。佩特森(Erik Peterson)在其30年代的一篇文章《政治与神学》("Politik und Theologie")中这样写道:

> 主张神学与政治互不相关的自由主义乃是这样一种自由主义,它在政治领域将教会和国家予以分离,对它而言,神学中所谓的我们都归属于基督的身体只是私人性的观点,基督的教义只不过是主观的意见罢了。毋庸讳言的是,这种信仰的私人化,正像自由主义所做的那样,必将使整个教义遭逢有害的影响。在[自由主义]那里,上帝被剥夺了其所拥有的超验品性的可能性,这

确定性中，施米特维护了他的存在的中心，这个中心本身能够支撑他、保护他。然而，要想让这个中心支撑他、保护他，他必须证明这个中心是一切事物的中心。人的"赋予意义"的努力毫无意义，人"确立价值"的企图创造的任何东西都无法避免任意性，既不值得向其作无保留的效忠，更谈不上其无条件的有效性。只有这样一种确定性能够满足施米特对安全的渴求，这种确定性使得所有属人的安全灰飞烟灭；只有那种极端地超越了所有属人的支配权的权力的确定性才能够确保道德的重[27]心，这个重心结束了任意性的统治：这种确定性就是上帝的确定性，这个上帝要求[人]无条件地顺服，他绝对地统治一切，绝对地审判一切。一个人不必本性虔敬（naturally pious），为了全身心地渴慕启示，他只须对真正的道德亦即对"绝对律令"怀有一种热烈的兴趣。*施米特喷涌而出的义愤和论战有一个来源，此即他维护道德决

样他才能进入私人的宗教关系中。在[自由主义]那里，神人（Gottmensch）成了自由的小市民，虽说他不施奇迹，然而却通过宣讲人性来补偿奇迹[的缺失]，他的血虽然不再有奥秘可言，然而他却可以为他的信念而死，他虽说事实上没有从死亡中复活，却仍能存活于他的后人们的记忆里，他虽然不能宣布世界的终结以及他的重临于世，但却关照我们欣赏田野里百合花的美。因为连圣灵也不被尊奉为三位一体中的第三个位格，而只是在灵魂学的意义上被看作所谓的人自身灵魂的宗教体验。政治与神学根本不相关的宣称由此只能被自由主义以这样一种方式予以实施，即基督信仰曾异端式地遭到歪曲。

未刊手稿，由尼希特韦斯（Barbara Nichtweiß）抄写，页1-2。参芭芭拉·尼希特韦斯，《佩特森：生平与著作新视野》（*Erik Peterson. Neue Sicht auf Leben und Werk*），1992，页820-821。

* [中译编按] 此句原文为英语，出自施特劳斯（Leo Strauss）的文章《〈卡扎尔人书〉中的理性》法》（"The Law of Reason in the *Kuzari*"），收入《迫害与写作艺术》（*Persecution and the Art of Writing*），The Free Press，1952，页140。中译见《迫害与写作艺术》，刘锋译（北京：华夏出版社，2012），页133。

断的严肃性的决心。对施米特而言，这种决断乃是其政治神学（Politichen Theologie）的结论和表达。因为，在政治神学——它将一切都置于顺服的诫命之下——看来，对道德决断的声辩本身即是一种道德义务。道德义愤从一种道德性的情感转变为道德的强制性行动，而道德论战则被赋予了这样一个职责，即为道德的[非此即彼的]选言判断（moralischen Disjunktion）提供有效性，这种选言判断与现实性最为内在地联结在一起。

道德人对绝对有效性的需求期盼一个道德的非此即彼（Entweder-Oder）被永恒铭刻的世界，期盼一个最终的对立和冲突已宿命般地为人安顿好了的现实性。这种道德需求将他引向这样一个现实性，他被这个现实性彻底地俘获，却无法理解它，只能满怀感激地趋近它，内心充盈着某种神圣的畏惧。道德人渴念悲剧，他按照某种表象来把握这个世界，如把世界理解为某种命运及其安排，理解为犯罪、审判和某种隐匿的意义，以及理解为原罪、惩罚和救赎。理智无法把握的事物在信仰看来恰好是重力的精神（des Geistes der Schwere）的不可辩驳性的最好证明。道德决断的必然性亦即"汝当！"（Thou Shalt）的诫命远远超越了人的理解能力。严酷性远比争论、权衡和理解优越。因为神意（die Providenz）通过[28]"无须争辩的现实事件的神秘勾连和牵缠"而发挥作用。在通常情形下，行动者无法揭开这一神秘性。然而对于那种道德需求而言，一切都取决于那个悲剧式的现实性（tragische Wirklichkeit）由以诞生的崇高的源泉；那个悲剧式现实性所秉有的神秘性只会更加凸显这一源泉的崇高性。

这一悲剧性事件的核心——它也是悲剧性真理的源泉——是如

此的颠扑不破(Unumstößliches),以至于任何有死的人都无法对其予以臆想,任何天才都无法虚构它。㉖

对施米特而言,那些由诗人描画的、构成悲剧的"非相对的"以及"非玩世不恭的"严苛性的事物与此同时而且首先对他本人构成了非相对的和非玩世不恭的悲剧性事件的严苛性,在施米特看来这也是悲剧的诗性描画的基础:"突入戏剧的时代"以及由神的神意(göttlichen Vorsehung)所统治的历史本身"超越任何一种人的发明"。在这两种情形中施米特均遭遇了那个不可逾越和不可支配的威力(Gewalt)。他遭遇到了"一种无可争辩的人的大脑无法想象的现实性,它来源于、发生于以及存在于这个世界之外。这种无可争辩的现实性乃是一沉默的礁石,戏剧的激浪拍打着它,飞溅起真正的悲剧的浪花"。㉗ 施米特筑起的这一命运的悬崖乃是普罗米修斯式的追求和谋划(Planen)的绊脚石。恰恰是施米特深信不疑的——即生活中必须坚定不移地保持其严苛性,以及恰恰是施米特寄予厚望的——即与那个绝对者(dem Nichtrelativierbaren)、无条件者(dem Unbedingten)和至高无上者(dem Erhabenen)不期而遇,却被人类的那种执迷不悟的自我授权和自我拯救的"行动主义者的形而上学"(aktivistischen Metaphysik)悬置[29]起来。㉘ 所有普罗米修斯式的行动和创举都企图最终克服那个

㉖ 《哈姆雷特或赫库芭:时代突入戏剧》(Hamlet oderHekuba. Der Einbruch der Zeit in das Spiel),Düsseldorf‒Köln,1956,页47;参《政治的浪漫派》,页104。

㉗ 《哈姆雷特或赫库芭》,页47、54;参 页48、51、55;《柯特四论》,页114;《语汇》,页23、24、287。

㉘ 参《政治的概念》,页93;《从图圃中得拯救》,页49、52/53;并留意一下施米特在其著作《国家的价值与个体的意义》(Der Wert des Staates und die Bedeutung des Einzelnen,Tübingen,1914年)前面的[作为题词的]警言。

悲剧。它们只不过是致力于其最后的终结。哪里当人成为"仅有的存在"而且"人可以为所欲为",哪里就不再有悲剧的容身之地,因此也不再有对施米特来说举足轻重的道德决断。这其中蕴涵着施米特对这位反叛神的后裔们的深刻敌意,而且,试图通过其"反面形象"弄清自己的立场对于施米特有着重要的意义。首先是诫命,然后才有了人。*

没有全能的命令者就没有绝对的诫命,没有基督教的上帝就没有基督教的道德,信仰的确定性之外就没有所谓的安全——施米特很清楚,在谁是敌人的决断中什么才是性命攸关的。[29] 借助于认清那些"最深刻的关联",他确定了他的立场。他的政治神学不仅考虑到这样一种洞识:即伴随神学事物(dem Theologischen)的消亡,道德事物消亡,伴随道德事物的消亡,政治事物消亡——假定神学事物(das Theologische)或者道德事物能够"消亡"的话。除此之外,施米特还对以下认识更加坚信不疑,"否认原罪将摧毁所有的社会秩序"。[30] 因此,人们不必等待那种通常所说的"上帝的无能",更不必为了保证社会秩序而从那种善意的"对上帝信仰的辩护"中期盼任何东西。无论对原罪的信仰必定带来怎样的秩序安排,对于施米特的政治神学来说,这种信仰都是确定无疑的。原罪的学说使其保证者[30]得以显明,他确保极端的非此即彼的无可逃避性直至时间的终结:我要将敌意播撒在你

---

* [中译编按]此诗句出自多伯勒,施米特曾用其作为《国家的价值与个体的意义》(1914 年)一书的题记。参本章脚注 28。

[29] 参尼采,《快乐的科学》(*Die gröhliche Wissenschaft*),格言 343;并参考施米特的《关于权力以及通向掌权者之路的谈话》(*Gespräch über die Macht und den Zugang zum Machthaber*),Pfullingen,1954,页 20 – 23;《语汇》,页 139。

[30] 《政治神学》,页 55(82);《政治的概念》第三版,页 45。

的后裔与她的后裔中。* 对《创世记》三章 15 节的真理的信仰乃是施米特政治神学的根基。㉛ 原罪的学说关乎善与恶、上帝与撒旦以及顺服与不顺服的对峙。相应地,这种信仰也将人自身置于最终的非此即彼的境地。故此,原罪学说所要求的关于绝对的我信(*Credo*)还是我不信(*Non-Credo*)的决断就成为"严酷的道德决断"的范型。依据这一范型,施米特将后者理解为前者的根本上永远同一的、在历史中永远更新的重复。由此,"严酷的道德决断"乃是其试金石。由此,对于"道德"的态度标志着某种分水岭,对此施米特不会视而不见。

小市民企图规避决断并在"非政治的、无风险的私人领域"中寻找其救治,其命运"就此得以判决"。㉜ 巴枯宁,这位第一个"将反对神学的斗争赋予一种绝对自然主义的彻底一致性"的人,也得到了同样的判决,因为正如他所渴望的,伴随着敌人的最终溃败,"在一个充斥着自然生命和肉体享乐的天堂般的此岸世界中","所有道德的和政治的决断都将瘫痪"。这同样适合于如下这些人,他们向父权制和一夫一妻制开战,"鼓吹"回归充满纯洁的爱和友谊的"所谓天堂般的母权制(Matriarchat)"。㉝ 没有什么比 *Nemo contra hominem nisi* [31] *homo ipse* [唯人自身能反对人]与原罪教义之间的冲突更为尖锐了,

---

* [中译编按]此句出自《创世记》3∶15,其中"你"指"蛇","她"指伊甸园里的第一个女人(此时尚未被命名为夏娃)。此节全文为:"我要把仇恨放在你和女人、你的后裔和她的后裔之间,她的后裔要踏碎你的头颅,你要伤害他的脚跟。"译文据天主教思高版圣经。

㉛ 参《政治的概念》,页 67;《从图囿中得拯救》,页 89-90。

㉜ 《政治神学》,页 52(75);《政治的概念》(第三版),页 43。

㉝ 《政治神学》,页 55(81-82);《关于游击队员的谈话》("Gespräch über den Partisanen"),收于约阿西姆·希克尔(Joachim Schickel)编:《游击战与游击队员:理论与实践》(*Guerrilleros, Partisanen. Theorie und Praxis*),München,1970,页 23。

正像没有什么比施米特攻击的普罗米修斯式的自我授权和自我拯救与原罪教义之间的冲突更加一目了然一样;因为,人将其生活完全建立在自身力量的基础之上并遵循理智和自身的判断的意志,那本身即是原罪:人的桀骜不驯并非发端于他相信他能够做一切事情(alles),而是在于他忘记了这样一个事实,即人依靠其自身的权威或者说在顺服之外,没什么事情(nichts)他可以去做。施米特将浪漫派界定为没有能力作严酷的道德决断;像一般而言的小市民一样,浪漫派永恒地延迟这种决断;当面临决断时,他所诉诸的"更高的第三者"事实上"并非那个所谓更高的而是另外一个第三者,亦即逃避非此即彼的决断的遁词";㉞然而事情还不仅仅如此,宗教、道德和政治对他而言只不过是"其浪漫趣味的手段"或全面发展其卓异的自我的众多机缘,这种卓异的自我被其奉为"绝对的中心";浪漫派企图为其无限的主体性的至高无上性进行辩护,从而反对政治—神学的现实性(politisch-theologischen Wirklichkeit)的严酷性,为此他利用一种实在性(Realität)抗衡另外一种实在性,"在种种实在性的阴谋游戏中从不作决断";窃取上帝的位置并使其自身成为"终审法院"的浪漫派的自我,生存在这样一个世界中,里面"没有实体、没有功能性的约束、没有强有力的引导、没有结论、没有定义、没有决断、没有末日审判,没有尽头地前进着,引领着它的只有偶然的神秘之手";"上帝世俗化为天才的主体"这一过程召唤出这么一个世界,其中所有宗教的、道德的和政治的区分消融"在一种趣味盎然的多样性之中",而确定性则在蜕变

㉞ 《政治的浪漫派》,页162;参见21、26、83、133、169;《政治的概念》,页68。

为任意性的过程中灰飞烟灭。㉟ 在唯美主义者(Ästhetizisten)那里,情况并没有多少转机;当审美成为绝对的中心,"精神领域中的等级制",亦即那种牢固的神意(festen Fügung)和确定的领导权所固有的真正秩序就会烟消云散;唯美主义者,他在其审美对象或者自身成就的"彻底的非道德的、自然性享乐中"以及在精细的消费或者生产中找到了满足,但却错失了最为重要的;㊱道德的、宗教的和政治的对立在唯美主义者那里转变为一件艺术作品中不受道德义务约束的反差(unverbindliche Kontraste)、迷人的微妙光影(reizvolle Schattierunngen),他或许会对这件艺术作品崇拜有加或者甚至亲手尝试一笔,但它却从来不会引领他从事"伟大的道德决断",㊲更不必指望他能够为履行其义务而置生死于不顾。㊳ 最后,施米特的这一试金石——引用一个不仅仅是例子的例子——在黑格尔那里得到了应验:因为在黑格尔的历史哲学的建构中,"从没有例外事件从外部亦即从历史发展进程的内在性之外突入历史",因为根据这种历史构想,"相互冲突的事物彼此渗透并被整合进一个全面的发展过程中,那种非此即彼(Entweder-Oder)的道德决断

㉟ 《政治的浪漫派》,页 22、25(强调为笔者所加)、132、222、223;参页 96-97、104、161、168、169、172、175、177、205、224。

㊱ 《政治的浪漫派》,页 21、223;《政治的概念》,页 83;参《罗马天主教与政治形式》,页 74(49)。

㊲ 参《当今议会制的精神史状况》,页 80、83;注意页 89。

㊳ "当精神领域里的等级制解体以后,任何事物都能够成为精神生活的核心。然而,当审美被绝对化且被提高到核心的位置,所有精神事物(alles Geistige),即使是艺术本身,都将改变其本性,甚至会成为虚伪的。……在只是审美的领域中,宗教的、道德的和政治的决断以及科学的概念都是不可能的。但是,所有事实上的对立和差异,善与恶,朋友与敌人,基督与敌基督者都可以进行审美的比较并成为小说情节的手段,而且它们还可以为艺术作品的整体效果添加审美的色彩。"《政治的浪漫派》,页 21。

以及断然的[33]和决定性的对立，在这个体系中没有位置”；[39]像其他事物一样，专政、善与恶的对立以及甚至敌人[40]都“被吸收进世界精神的蠕动中”；[41]“道德对立的绝对性”在黑格尔那里之所以毫无位置在于以下最为深刻的原因，即黑格尔的理论“在其根本上乃是沉思的”，或者准确地说，作为哲人的黑格尔只流连于沉思(Kontemplation)中。[42]

---

[39] 《当今议会制的精神史状况》，页68；参《政治神学》，页49(70)。

[40] 三十多年后，在一封给科耶夫(Alexandre Kojève)的书信中，施米特这样写道：“与探究在黑格尔的哲学体系中是否有‘专政’的可能性相类似，一般而言，它可以是这么一个问题，即在黑格尔那里究竟是否有‘敌人’存在的可能性。因为：敌人要么只是否定的一个必然的过渡阶段，要么只是虚无的和没有本质的。”(1955年12月14日)

[41] 《当今议会制的精神史状况》，页68。施米特继续写道：

> 黑格尔的哲学缺乏一种在善与恶之间做出绝对区分的伦理学。对其哲学而言，处于各个辩证发展阶段中的理性的事物从而也是现实的事物即是善的。从正确的辩证认识和意识的角度来衡量，那种“合乎时宜”的事物乃是善的。如果说世界史是世界法庭的话，那么它将是没有终审法院和终审判决的过程。恶不具有现实性，如果说它能够被思考的话，也是作为某种不合时宜的东西被人思考，由此，或许它可以被解释为一种知性的错误抽象，或者解释为一种缠结于自身之特殊性的暂时迷误。

[42] 《当今议会制的精神史状况》，页69和76。在此意义上，黑格尔哲学的“一般的双重性”(页70)丝毫没有发生改变，这体现于这样的事实，即他的哲学能够“被行动者严肃地对待”并付诸历史实践，从而在实际事务上具有无与伦比的影响力(页69)，或者它也体现于这样一个考量中，即他的哲学“储备了足够的可能性，使得我们能够获得一个历史事件的真正的独一无二性”。见《当今东方与西方的世界性冲突的历史的结构》(“Die geschichtliche Struktur des heitigen Welt-Gegensatzes von Ost und West”)，收入《友好的相遇：恩斯特·云格尔六十诞辰贺寿文集》(*Freundschaftliche Begegnungen. Festschrift für Ernst Jünger zum* 60. *Geburtstag*)，(Frankfurt / Main，1955，页153)。使得施米特区别于黑格尔的那道裂隙，可以最清楚地见于黑格尔面对“显现于知道自己是纯粹知识的那些自我之间的上帝”(《精神现象学》，第6章，收尾句)时所采取的立场。这一宣称与黑格尔“流连

[34]沉思(Betrachten)并非顺服。因此,我们又回到原来的问题。依照施米特的划分,我们重又回到围绕着政治神学的中心位置。有谁流连于沉思,他就听不到那个召唤他在上帝或撒旦、朋友或敌人、善或恶之间作最后决断的声音。他不是按照来自尘世之外的诫命来定夺其存在。此种执迷、不听从和不顺服再清楚不过地证明了施米特期盼的道德:只有在信仰的顺服中人才能找到救赎。由于其属神的起源(göttlichen Herkunft),人生存于缓刑(Probe[或译]考验)状态与审判的状态之间。他顺服于历史行动的诫命。人是这样一种造物,他"必须在行动中应答"。㊸ 政治神学将那种顺服的德性置于其核心地位,用其中一位最伟大的政治神学家的话来说,这种德性"在有理智的造物中仿佛是一切德性的母亲及看护者"。㊹ 道德的诸德性通过栖泊于无条件的顺服之中从而获得其特性,这种特性不能从其他路径获得。它们不是通向自然的至善(natürlichen Optimum)的手段和路径,而是

于沉思"有着至为紧密和至为极端的关联。在此,请读者尤其注意施米特在这个语境中所引用的科耶夫的《黑格尔导读》(*Introduction à la lecture de Hegel*,Paris,1947)中的相关段落:页144–145、153–154、163–164、195、267、404–405(《作为政治思想家的克劳塞维茨:评论与引证》["Clausewitz als politischer Denker. Bemerkungen und Hinweise"],收入期刊《国家》[*Der Staat*],第6期,第4卷,1967,页488注释;参施米特在第488页上引述的黑格尔引文)。此外,请参考《政治的浪漫派》,页94–95、117;《世界的统一性》,前揭,页7,10/11,以及《语汇》,页27、107、210–211。[中译编按]《当今东方与西方的世界性冲突的历史的结构》一文在第三章以降简作《历史的结构》。

㊸ 《从囹圄中得拯救》,页53、68、75、78;《历史的结构》,前揭,页147–154。

㊹ "但顺服被付诸诫命之中,此德性在有理性的造物中一定程度上是一切德性的母亲及看护者。"奥古斯丁,《上帝之城》(*De civitate dei*),14章12节。[中译编按]奥古斯丁引文原文为拉丁语。

转化为有着绝对效力的要求。[45] 它们被赋予一种约束力,这种约束力只有最高权威的命令才有资格颁授。对于政治神学来说,置身于顺服之下意味着,如果政治神学想与其自身的前提相一致,就必须将其自身理解为一种源自顺服的"理论"。政治神学不能回避历史行动的诫命。只有顺服于上帝才能保证免于尘世统治者的威胁,这对政治神学同样有效。难道我们不应该在政治神学家的 obedio, ut liber sim [我顺服,是为了我能自由]中重新识别出尚未被任何世俗化扭曲的"保护和顺服之间的永恒关联"的原型吗?[46]

当我们仔细考察那些将顺服视为其母亲和看护者(Wächterin)的道德与政治的诸种德性,勇气(Tapferkeit)所具有的特殊地位就马上一目了然了。难道历史行动的诫命不也是一种要求勇气的诫命?与敌人的生死遭遇同样需要勇气。内战来临之际,如果缺乏勇气,那些想满足其"对于国家的义务"的人无异于痴人说梦。世界史上屡见不鲜的战争、十字军东征、殉教和革命使得勇气似乎成为必需的要求,至于那种永远不能回避的"血腥的关乎最后的决断的战争",就更不用说

---

[45] 参亚里士多德,《欧台谟伦理学》(*Eudemische Ethik*),卷七,1249b6-21;《尼各马可伦理学》(*Nikomachische Ethik*),卷十,1177b1-8,1178b7-22;尼采,《论道德的谱系》(*Zur Genealogie der Moral*),第三章,格言1,8,9(《尼采考订版全集》[*KGW = Kritische Gesamtausgabe Werke*]),卷 VI,2,页357,行2-5;页370,行19-21;页371,行26-27;页372,行15-19;页373,行19-23;页374,行16-19);施特劳斯,《自然正当与历史》(*Natural Right and History*),University of Chicago Press,1953,页151。

[46] 《政治的概念》,页53;《从囹圄中得拯救》,页20;《欧洲公法的国际法中的大地法》(*Der Nomos der Erde im Völkerrecht des Jus Publicum Europaeum*),Köln,1950年,页295。——"'起来,去做;去做事,去领赏;去在艰苦中竞争,你将戴上桂冠。'做什么事?顺服。领什么赏?复活不死。"奥古斯丁,《致新信徒:论信经》(*Sermo ad catechumenos de symbolo*),III,9。[中译编按]奥古斯丁引文原文为拉丁语。

了。或许勇气不足以使反对撒旦的战争获胜,但是,为了开启这场战争,勇气难道不是必不可少的吗?而且,无论人们在小市民的语境中关于勇气谈了些什么,小市民的那些最严厉的批评者们——从卢梭到尼采、从黑格尔到列宁、从索雷尔(Sorel)到云格尔(Jünger)——难道不是以勇气这一小市民首先予以否定的德性反对小市民吗?政治神学使勇气似乎成为不可或缺的[德性]。政治神学家必得在其勇气中证明自身,更何况他知道,*le combat spirituel est plus brutal que la bataille des hommes* [精神上的搏斗比人与人的战斗更残酷]。[47] 然而,这是一种什么样的[36]勇气呢?不是那种为了独自承担"其自身的重负"而企图理解和获取其"存在的自由的最内在的必然性"的人所必需的勇气。[48] 它也不是这样一些人的勇气:他们在"危险的生活"中尝试"将英雄主义引入认识之中";或者其他一些顺服者的勇气,他们献身于所

---

[47] 《国家伦理与多元主义国家》("Staatsethik und pluralistischer Staat"),引自《1923—1939年间与魏玛—日内瓦—凡尔赛斗争中的论断与概念》(*Positionen und Begriffe im Kampf mit Weimar-Genf-Versailles 1923 – 1939*),Hamburg,1940,页145;《政治神学》,页52,54(75,80);《作为政治思想家的克劳塞维茨》,前揭,页502;《语汇》,页213;参"总体敌人、总体战争、总体国家"("Totaler Feind, totaler Krieg, totaler Staat"),《1923—1939年期间与魏玛—日内瓦—凡尔赛斗争中的论断与概念》,前揭,页239;以及《历史的结构》,前揭,页150。兰波(Arthur Rimbaud)的话在当时是按原意引用的,施米特还没有将它弄得那么尖锐。兰波这段话的全文是:"精神上的搏斗和人与人的战斗一样激烈残酷;至于正义的幻象,那是只有上帝享有的乐趣。"兰波,《在地狱中的一季》(*Une saison en enfer*,1873),《全集》(*Oeuvres completes* [Bibl. de la Pléiade]),页117(重点为笔者所加)。[中译编按]兰波引文原文为法语。

[48] 海德格尔(Martin Heidegger),《形而上学的基本概念:世界、有限性、孤独》(*Die Grundbegriffe der Metaphysik. Welt, Endlichkeit, Einsamkeit*,1929/1930)。《全集》(*Gesamtausgabe*)卷29 – 30,Frankfurt / Main,1983,页247 – 248;见页270 – 271。

谓"好的战争"(guten Krieg),为了充当某种"知识的神圣性"或者某种"新的高贵性"的先驱者。⑭ 政治神学家生就的源于顺服的勇气至少不能混同于由智慧(Weisheit)和审慎(Besonnenheit)的德性所支持的那种勇气。⑮ 实际上,这种勇气与信[仰](Glauben)和[盼]望(Hoffnung)有着最为紧密的关联,其位置处于信[仰]和[盼]望的中间。斯巴达人(Spartaners)——他们为祖国生且死并从中找到最高的满足——的勇气被施米特的政治神学理解为"历史的回答",且在这种相对化中得以肯定。从政治神学的视角观之,随着历史情境发生根本的改变,如果添加明确的限制性条件,即使那种单纯的忍耐式的勇气也同样有效,这种勇气直视虚无[37]主义,持守一种"没有内容的信仰"并愿意忍受极度的苦痛——尽管如此——以参与备战。⑯ 然而,不论是后来

---

⑭ 尼采,《快乐的科学》,格言 186;《扎拉图斯特拉如是说》(Also sprach Zarathustra),第一卷,"论战争与战争民族"(Vom Krieg und Kriegsvolke)(参 KGW 考订版,VII,16 [50]);《扎拉图斯特拉如是说》,第三卷,"论新旧法版"(Von alten und neuen Tafeln),第 21 篇。

⑮ 柏拉图,《理想国》(Politeia),427e;注意《法义》(Nomoi),630e,631c – d,659a,963c – e,965c – d,《普罗塔戈拉》(Protagoras),349d,359a – 360e。参伯纳德特(Seth Benardete),《苏格拉底的第二次起航:论柏拉图的〈理想国〉》(Socrates' Second Sailing. On Plato's Republic),Chicago,1989,页 83 – 88,以及克罗泊西(Joseph Cropsey),《德性与知识:论柏拉图的〈普罗塔戈拉〉》("Virtue and Knowledge: On Plato's Protagoras"),刊于《解释:政治哲学学刊》(Interpretation: A Journal of Political Philosophy),New York,第 19 卷,第 2 期,1991/1992(冬季号),页 151 – 155。

⑯ 恩斯特·云格尔(Ernst Jünger),《论痛苦》("Über den Schmerz"),收入《树叶与石头》(Blätter und Steine),Hamburg,1934,页 167、169、171、173、177、212 – 213;《冒险的心灵:昼与夜的记录》(Das Abenteuerliche Herz. Aufzeichnungen bei Tag und Nacht),Berlin,1929,页 24、51;参《总动员》("Die totale Mobilmachung"),出自恩斯特·云格尔编,《战争与战士》(Krieg und Krieger),Berlin,1930,页 29 – 30(=《树叶与石头》,页 152 – 153)。

的"英雄的现实主义"的虔诚的果敢还是勇气理想(Andreia-Ideals)之为最初的政治德性,它们与政治神学的勇气均风马牛不相及。政治神学只有在那种信仰者的勇气中才能获得其自身的独特意涵,借以直面"可怕的决断"并在这个世界中生存下去,这个"可怕的决断"在另外那个世界中等待着信者与不信者,分别赐予他们永福或是永罚。[52]

信[仰]、[盼]望和勇气这一序列在谦卑(Demut)那里找到了与其相宜的延续部分。因为顺服在如下意义上同样是勇气之母和看护者,即在谦卑中顺服赋予勇气一种圣经的德性作为其匹配,以反对骄傲的滋长,并使有勇气者学会将其成功和奖赏当作恩典的结果。[53] 有人或许会问,谦卑实际上是否并非对下面这种人来说唯一相宜的德性:这种人生活在这样的信仰之中,即相信他们是那位全能上帝的造物。在那位无中生有地创造这个世界的全能者(der Allmacht)面前,除了顺服,信仰还能是别的什么吗?而且,顺服还能在谦卑之外的其他德性中实践吗?然而什么力量使得顺服成为谦卑的并将谦卑变为一种德性?显然,只有当谦卑完全出自顺服,或者换一种说法就是,当谦卑自身不知道其是一种"德性"时,谦

---

[52] 《政治的浪漫派》,页104;参马基雅维利,《论李维〈罗马建城史〉前十书》(*Discorsi sopra la prima deca di Tito Livio*),II,2 和 I,26,《全集》(*Opere* [Feltrinelli]),第一卷,页 282 - 283 以及页 193 - 194;卢梭(Jean - Jacques Rousseau),《社会契约论》(*Du contrat social*),第四卷,第 8 章,《全集》(*Oeuvres completes* [Bibl. de la Pleiade]),第三卷,页 465 - 467;施特劳斯(Leo Strauss),《古今自由主义》(*Liberalism Ancient and Modern*),New York,1968,页 193、196。

[53] 参亚里士多德,《尼各马可伦理学》,卷四,7 - 9 章。

卑才是[38]一种德性。㊴ 如此一来,由于除了顺服别无他求,谦卑就是一种更为深湛的顺服吗?归根结底,只是因为除了信仰别无所知,谦卑就应该是一种最高的德性吗?权且如此。无论谦卑能给予我们多少其他思考,㊵如果我们想追索这样一个问题,即施米特的政治神学致力于达到一种什么样的道德,那么我们需要在另外一种层面上谈论谦卑。因为谦卑乃是理解施米特的历史主义(Historismus)的关键。谦卑完全决定了对待历史的态度,追随怀斯(Konrad Weiss)对历史的解释,施米特以基督教的厄庇米修斯(christliche Epimetheus)的态度来刻画历史。这位基督教的厄庇米修斯相信,历史受制于上帝的神意。由此,历史对他而言乃是一个"不可分割的整体",那种希望其中的任何一部分与其实际发生的情形不一样的想法都是人的虚骄的表现。

㊴ 马丁·路德(Martin Luther)称谦卑(Demut)为"至高之德性"。他谈到这一德性时根据如下:"唯独上帝认识这一德性,也唯有祂判定它和启示它,人对此是了然于胸的,尤其是当人谦卑之时。"路德又解释性地补充道:"真正的谦卑从不知道它是谦卑的,因为当它知道这一点时,将因着这种漂亮的外表而成为虚骄,相反地,它是以其心灵、勇气以及全部的思虑瞩目于卑微之事,在其目光中它一刻也不曾中断过这一行动。"(《尊主颂:德译与释义》[*Das Magnificat, verdeutschet und ausgelegt*],Clemen 编,卷 II,页 148,150 [*WA* 卷 VII,页 560、562])。关于将谦卑定义为"至高之德性",请注意路德在其《1515—1516 年〈罗马书〉讲演》(*Vorlesung über den Römerbrief* 1515/1516)中对于苏格拉底的德性的富有启发性的批评。这一批评具有更大的重要性,因为苏格拉底被路德视为 optimi et syncerissimi [最好和最真诚的],尤其是,苏格拉底是仅有的"在外邦人和犹太人之中"被路德提到名字的人(第一章,1—5 节;拉—德对照两卷本,Darmstadt,1960,页 8—12)。[中译编按]Das Magnificat 在天主教传统里译作《玛利亚赞主曲》。缩写 WA 全称为 Weimarer Ausgabe[魏玛版],指马丁·路德拉丁语和德文著作的标准德文版本。

㊵ 除了以上的注释(注 45、50、52、53 和 54)包含的提示之外,请注意参考柏拉图,《法义》,716a 以及施特劳斯,《柏拉图〈法义〉的论证和情节》(*The Argument and Action of Plato's "Laws"*),Chicago,1975,页 58—61;参页 27—31。

基督教的厄庇米修斯式的历史态度在马利亚的如下表白中有其典范：瞧，我是主的婢女，愿照你的话成就于我罢（[中译编按]语出《路加福音》1:38）。一切都取决于：与上帝在历史之中并通过历史所言说的保持一致，对于虔诚的[39]顺服而言，上帝的言说乃是行动的召唤。然而，神意的谋划避开一切理性。在人的目力所及之外，神意隐而不见。故此，基督教的厄庇米修斯能够在行动中作出应答，既大胆又谦卑地（wagend-demütigen）怀着"对要去顺服的诚命的期待"（Vorgebot）。*其谦卑最终在如下情形中得以证明：回首往事时他发现，作为行动者他已被盲目地打败。㊾ 如果谦卑是一种德性，那么我们可以有把握地说，在这个地方德性由必然性（Not）造就。借助谦卑，施米特的历史主义找到了其救恩史的避难所。在某种程度上谦卑将顺服、勇气和希望结为一体。与此同时它也坚定了施米特的这一信念：道德，"正如发生在这个世界中的一切"，乃是历史的，而且必须被历史地理解：对于历史性的行动者来说，何谓道德上的绝对律令这一问题只有根据具体的

---

* [中译编按]Vorgebot 是个施米特自撰的合成词，vor 指"提前""在……之前"，Gebot 指"诚命"，对该词的中译依从作者迈尔认可的英译本的意译：his "anticipation of the commandment that is to be obeyed"。本书第四章更多地论及该词。

㊾ 施米特，《政治神学》，页 40(70)；《从囹圄中得拯救》，页 12、53；《基督教历史图景的三种可能性》(*Drei Möglichkeiten eines christlichen Geschichtsbildes*)，收入 *Universitas*，第 5 卷，第 8 期，1950 年 8 月，页 930–931。（我引用了以"历史赋义的三阶段"[Drei Stufen historischer Sinngebung]这一原始标题将要发表的那篇论文，这一标题在施米特所分送的单行本中以手写的方式恢复原样。那个"被编辑随意制作的标题"可能是"完全错误的，它既不涉及'阶段'，也与'赋义'无关"。）《1907 年的柏林》(1907 Berlin [1946/1947])，收入《施米特文库》(*Schmittiana*) 卷 I, Piet Tommissen 编，*Eclectica* [系列丛书] 71–72, Brüssel, 1988，页 14；《语汇》，页 33、314、316；怀斯（Konrad Weiss），《基督教的厄庇米修斯》(*Der christliche Epimetheus*)，出版地不详，Verlag Edwin Runge, 1933，页 105、109–110、111。

历史境遇才能决定,也就是说,只能根据历史提交的问题予以衡量。那些追问政治神学的道德的人将会被引领至历史面前。如果经过仔细考察的话,这一点对于诸如顺服、勇气、希望和谦卑等的基本德性也同样有效。"在最显著的意义上",这些德性是历史的,因为而且如果它们与基督教的世代(christlichen Äon)联系在一起。人们至多可以在如下意义上称这些德性为"超历史的",即对于整个基督教的世代而言,它们能够宣称其有效性。它们的历史性关联在施米特看来乃是政治神学的证明而不是反驳。因为政治神学无意于回答[40]"什么是德性?"这一问题,其目标也不在于认识什么是永远有效的,而是在于那种遵从历史性时刻的挑战的行动,对这种行动而言,信仰尤其必要。

　　政治神学以对启示真理的信仰为前提。它使一切都从属于这种启示,并将一切都引回到启示。通过维护启示的约束力,政治神学将其自身用来为顺服服务。为了遵从启示或其自身,政治神学须得是这样一种"理论":它源于顺服、支持顺服、为了顺服。故此,道德在双重意义上是政治神学的原则。它是政治神学的开端,且是政治神学决定性的根基。这种基本关系值得予以更多关注,尤其是当我们考虑到,政治神学在一些具体情状下能够为不同的道德立场辩护这一事实。由虔诚的顺服从启示推导出的主张和要求有可能彼此不同甚至相互冲突,但这并不与支配政治神学的原则相矛盾。如果这个论断是正确的,即没有神学就没有道德,那么以下说法无疑同样正确,亦即,如果道德在政治神学中不被赋予优先地位,那么所谓的政治神学就无从谈起,也无法理解。对于施米特的政治神学而言,政治—神学的各种立场(politisch-theologischen Positionen)的差异和矛盾可以从其历史性得以解释。这些差异和矛盾源于这样一个事实,历史性行动的诫命被认为是有约束力的,对于那种历史性的独一无二的召唤,应该作出及时的应答。如果需要对以下疑问作出解释——即既然是以相同的决心顺服于一个也是同一个权威并尽力为其效劳,那些应答为什么不仅在历史上而且在历史的同一时刻彼此又会相差如此之远——那么,正像我们所看到的那样,这对于政治神学来说并不困难。人们可能会问,是否不可能存在一个更加自然的解释?然而,如果我们[41]停留在政治神学的视域中,那么施米特关于道德的基本立场就会变得前后一致。某种政治神学是否应被称为正统取决于谁相信自身受到召唤。在施米特的政治神学中没有 lex naturalis[自然法]的位置这一事实并没有使其前后一致性受到质疑。无论如何,总而言之,施米特并非否认"自然法"(natürlichen Gesetzes)能够被人的理智认识并转而信靠启示信仰尤其是原罪信仰的真理性的第一人。⑰ 至少,说施米特是"道德的批判者"与其政治神学的内在逻辑性相抵触。无论其晚年与所谓的"价值的僭政"的冲突还是终其一生与"人道主义的道德"的论战,其中之道德冲动都是显而易见的。其攻击"规范主义的霸权"的动机与决定其时代批判的道德旨趣同样一目了然。⑱ 当他攻击那种所谓的以道德取代政治的"虚幻和欺骗",认为这不过是为了掩盖并更有效地

---

⑰ 帕斯卡(Blaise Pascal),《思想录》(*Pensées*),[Leon] Brunschvicg 编订本,294、434、222、92、93([Louis] Lafuma 编订本,60、131、882、125、126)。[中译编按]《思想录》是帕斯卡生前记录在纸上的有关宗教问题的一系列随想,《思想录》不同编者对帕斯卡手稿的编排次序不同,这里的数字指各特定论题在不同编订本中的编码。

⑱ 《当今议会制的精神史状况》,页 68/69;《欧洲公法的国际法中的大地法》,页 67;《法—夺取—命名》,前揭,页 96 - 97;《语汇》,页 169、179;《价值的僭政》("Tyrannei der Werte"),收入《世俗化与乌托邦,艾博拉赫研究:恩斯特·福斯特豪夫六十五岁诞辰贺寿文集》(*Säkularisation und Utopie. Ebracher Studien, Ernst Forsthoff zum 65. Geburtstag*),Stuttgart,1967(此版在 1960 年最先以私人打印稿的形式问世的文本基础上作了很大扩充),页 42 - 43、48、51、54 - 55、58 - 59。

攫取政治的或经济的利益,其道德义愤已然一发而不可收。一般而言,这种揭露姿态——通过它施米特反对那种将政治置于道德的借口之下、打着非政治的幌子以及使用不可告人的手段的欺骗性——是如此显而易见,道德的判断和观点、对诚实和公开性的高度褒扬以及对狡诈和虚伪的抨击是如此深刻地为其政治态度和政治偏好[42]打上了烙印,(59)以至于仅仅由于这个原因如下说法也会显得令人惊愕,比如,施米特严格分开政治与道德,他是一个“纯粹政治”(reinen Politik)的理论家,把握和确定“是什么”乃是其唯一关心的问题,等等。当施米特将敌人的道德面具揭穿并将敌人借以从非道德中渔利的政治利益暴露在光天化日之下,其自身的政治利益是显而易见的。然而,施米特的批判在道德上和政治上的攻击方向(Stoßrichtung)扩展得更远。超然于所有论战性的揭露战略,他对于“逃避于规范主义”的批判的道德意义在于揭露其对于责任的逃避。在此,施米特关心的乃是对于“严酷的道德决断”的逃避,这种决断仅与某种为失败的风险所纠缠并承负着未来末日审判的重心的“具体的历史性决断”有关联。谁隐身在“规范主义”的后面,谁沉迷于道德的种种虚幻并由此错过了此时此地所亟须的,谁无休无止地诉之于规范,却不愿对其有丝毫贡献以创造正常的状态或维持那种预设了这些规范的秩序,那么他就是企图逃避这种

(59) 《政治的概念》(第三版),页56、57、59、60;《法西斯主义国家的本质和形成》(“Wesen und Werden des fascistischen Staates”,1929年),收入《1923—1939年期间与魏玛—日内瓦—凡尔赛斗争中的论断与概念》,前揭,页114;《国家、运动、人民:政治统一体的三个组分》(*Staat, Bewegung, Volk. Die Dreigliederung der politischen Einheit*),Hamburg,1933,页28;《法—夺取—命名》,前揭,页104。

决断。⁶⁰ [施米特]对于人道主义(Humanitarismus)的批判遵循了相同的冲动。然而,对于施米特而言有着决定性意义的东西唯有通过其自身之准确定位才能变得明晰起来:只有置身于"历史的召唤"这一背景下——施米特相信他通过与人道主义的道德作斗争回应了这一召唤——这个政治[43]神学家的道德决断才能够予以识别,这种道德决断乃是其斗争的基础。施米特那句一针见血的格言"谁言说人类,谁就意在欺骗"(Wer Menschheit sagt, will betrügen),⁶¹给出了一个重要的提示。首先且在其直接的语境中,这句格言意在反击那种以人类的名义推行其扩张战略的"凶残的帝国主义"。施米特尤其反对那种"对于人类(Menschheit)这一非政治化的名义的极度政治化的利用",这种利用的最终后果乃是"否认敌人具有人的品性(Qualität des Menschen)"并"由此将战争推向极端的非人道(Unmenschlichkeit)的地步"。可当施米特将源于普鲁东([Pierre-Joseph] Proudhon)的一句耸人听闻的话稍作改变创造出这一格言——谁言说人类,谁就意在欺骗——时,他悄悄将矛头指向一种更加耸人听闻的欺骗:人类(die Menschheit)"以伦理的—人道主义的形式"取代了上帝。这种具有挑衅性的"取代"提醒我们这样

---

⁶⁰ 《政治神学》,页 11、13(16、200;《论法学思想的三种类型》(Über die drei Arten des rechtswissenschaftlichen Denkens),Hamburg,1934,页 22 – 23。

⁶¹ 这句话首先被施米特在其发表于《康德研究》(Kantstudien)(第 35 卷,第 1 期,1930,页 39)上的"国家伦理与多元主义国家"中使用(参《论断与概念》,页 143),此后在其《政治的概念》第二版(1932,页 55)和第三版(1933,页 37)中重新使用。

一个事实，人类的绝对化以对上帝的背弃为先导。[62] 尤其是，即使反对上帝的斗争也假以人类的名义。[63] 施米特[44]攻击人道主义的

---

[62] "在恩斯特·云格尔那里人们发现这么一句话：'人性的对立面不是野蛮性，而是神性。'我们更愿意称之为兽性，而不是野蛮性，因为，由此事物的关系才得以明晰起来。通过使得高居于其自身之上的神圣之维（Göttliche）和超人之维（Übermenschliche）悄然隐遁，并且通过与一个无疑是更低劣之物（野蛮性或者兽性）相比较，从而使其自身以仅有的一种还值得考虑的重要性得以更加纯粹地凸显出来，人道主义的人性概念使其自身得以解放。这是一种相当普通和廉价的将自身擢升为绝对物并取消对手的竞争资格的伎俩。"《关于法制国家的争论》的"后记"（*Nachwort zu Disputation über den Rechtsstaat*），Hamburg，1935，页87。

[63] ［施米特］对于普鲁东（Proudhon）以人性的名义"反对上帝的斗争"所做的明确回应，参《政治神学》，页45（64 - 65）；也参《当今议会制的精神史状况》，页82 - 83，以及《从囹圄中得拯救》，页49 - 50 和53。参《罗马天主教与政治形式》，页69 - 73（45 - 48）。

18世纪末登上历史舞台的那个人，那个法国人，口口声声要求人权，实际上只是人子耶稣的恶魔般的可笑的模仿者，而人子在犹地亚（Judea）亲自宣布了上帝统治的消息。将其军队派往欧洲各地去的那个人，只是那位将其门徒派往普世（Oikumene）各地的人子的卑鄙的仿效者……在此，那个出自尘土的人竟敢认领所谓的"人性"（Menschheit）。只有三位一体中的第二位格（die zweite Person）才有特权将人性吸纳入神性，那个法国人却据为己有，且将所谓的"人性"还原到人自身，虽然他明明知道，人世所有的王国都将从属于这位具有人性的神。那个人，那个呼求其权利的人不仅是谋杀国王和贵族、组织全民入伍的人，尤有甚者，他还认为在这种行动中自己免于所有的罪——如同仅有那位上帝之子曾经得免除的那样，可他却不像上帝之子那样将人世的罪担在自己身上——而且由于自称摆脱了罪，他开始宣扬一种自由、平等和博爱的教义，然而，这一教义中的每一个词不仅是一个谎言，而且浸泡着眼泪和鲜血。

佩特森（Erik Peterson），《政治与神学》（*Politik und Theologie*），据尼西特韦斯笔录，页5 - 6；参尼西特韦斯（[Babara] Nichtweiß），《佩特森：生平与著作新视野》，页807。

道德，因为他在这种道德中识别出了一种反对上帝的"新的信仰"的"工具"。他向人的自我神化（Selbstvergottung）道路上的这一"加速器"（Beschleuniger）开战。哪里人道（Menschlichkeit）占据"最高的价值"，哪里就有巨大的危险，即"人的基于某种超验性和彼岸性的相对化"这一事实或将陷于被遗忘的状态。我们有充足的理由说，源自虚假宗教的危险发展到如此程度以至于它变得酷似真正的宗教。施米特所反对的"绝对人性的虚假宗教"（Pseudo-Religion der absoluten Humanität）[64]将从此变得更危险，因为它诉诸基督教的"价值"并许诺其在这个世界中实现。实际上，这种虚假宗教越有道德或者其欺骗越是一种自我欺骗，它就是越危险的敌人。———* 如果这个问题——何谓道德上所必需的？——唯有在独一无二的历史境遇中才能予以决断，那么，政治—神学的道德立场就必须在具体情境中借助敌人来确定。由此，这一立场本质上须通过敌人的本性予以定夺。如果敌人是欺诈和作伪的大师，那么公开性和诚实的呼求还远远不够；道德呼吁对那些经常将道德挂在嘴边的人很少会有触动；一旦自我欺骗的[45]大门（Tür und Tor）向他敞开，对其予以揭露的战略就很难阻止他的步伐。对于政治神学家来说，一个明确的、不再迂回的战线似乎只能存在于这样一个地方，在此欺骗被推向极致，所有的敌意被应许终结。因为，除了使人们遗忘还有敌意的存在，古老的敌人（Alte Feind）怎么可能更加狡猾地迎来他的胜利呢？** 除了使人们错误地相

---

[64] 《柯特四论》，页 108、112。

* ［中译编按］原文在此有三个中间带空格的（西文）破折号，表示文本在此有一个停顿，中译作相应处理。

** ［中译编按］Alte Feind 在基督教传统中指上帝的"古老的敌人"——"魔鬼"（或"撒旦"）。

信，他们已没有敌人，或者，他们正走在通向一劳永逸地消除了敌人的康庄大道上，这种遗忘怎么可能存在更大的成功希望呢？除了干脆否认敌意的存在并宣称其已被克服，还有什么比这伪装得更加天衣无缝呢？除了假装否认这一问题——在其存在的意义上他是什么且必须是什么——之外，还有什么比这做得更多吗？在所有的历史的变动性中，敌人的不可更改的本性理所当然地成为确实可靠的坐标，而敌意则是唯一永久不变的基点，借此人们可以通过自己的力量摆脱欺骗和自我欺骗的无根性：谁想对抗撒旦，谁就必须强调敌意的存在。敌意证明其自身乃是——sit venia verbo［愿这个词得到谅解］——撒旦的阿喀琉斯之踵(Achillesferse)，因为其"本性"(Natur)为其作伪的艺术设定了界限。"支持"或者"反对"敌意的斗争，对其予以承认或者否认，由此成为政治—神学的首要标准。尤其是，当我们考虑到与敌基督者的终末论上的交锋(eschatologische Auseianandersetzung mit dem Antichrist)时——根据教父们的教义，敌基督者的统治直到基督再临为止——这个标准就显得是一个不可或缺的试金石。⑥［46］在本章开头我们详细引述了施米特关于"时代的道德意义"的早期态度，其在敌基督者的意象中得到了最为淋漓尽致的表达，借此施米特回答了如下问题：什么是敌基督者的可怕之处？为什么敌基督者比有权势的僭主"更加可怕"？答案是："因为他知道如何模仿基督并使自己变得与基督如

---

⑥ "基督不会审判生者与死者，除非其敌对者敌基督先来引诱灵魂已死之人——尽管他们会被他引诱这件事属于上帝隐秘的审判。正如经上说：'那不法的人来是依照撒旦的行为，行各样的异能、神迹和一切虚假的奇事，并且在那沉沦的人身上行各样出于不义的诡诈之事(《帖撒罗尼迦后书》2:9)'。那时撒旦确将被释放，通过那位敌基督者，他将以他全部的力量行事，近乎奇迹，却是虚假。"奥古斯丁，《上帝之城》卷XX，第19章。［中译编按］奥古斯丁引文原文为拉丁语。

此相像,以至于窃取了所有人的灵魂。"那种可怕的东西乃是古老的敌人的欺骗和伪装,而这在敌基督者的似是而非的"全能"中达到了顶峰;这个"恶的魔法师改造了世界,改变了大地的面貌,征服了自然";它们帮助他"满足了人类所有的人为的需求,满足了轻松和舒适";

> 甘愿受其蒙骗的人们只关注那种寓言般的功效;自然俯首称臣,**安全的时代**(*Zeitalter der Sekurität*)悄然降临;一切都被悉心呵护,聪明的预见和计划性替代了神意;像创造任何一种制度那样他也"创造"了神意。⑯

敌基督者并非无所不能这一秘密只能显露给这样一种人,他毫不动摇地坚信,敌基督者的使命在于其只能作为敌人而存在。敌基督者要想建立其持久的统治,唯有当他能够说服人们相信如下宣传才能实现:和平与安全(*Frieden und Sicherheit*)的允诺能够变为现实;⑰战争和政治已不可避免地属于过去;人们不必在朋友与敌人之间,由此也不必在基督与敌基督者之间作出区分。人们在基督与敌基督者之间[47]这一最终决断的光亮之下所获得的最高

---

⑯ 《多伯勒的〈北极光〉》,页 65–66(强调为笔者所加)。

⑰ 和平与安全这个口号与敌基督者联系在一起有一个十分久远的传统。在中世纪时代的《敌基督者之戏》(*Ludus de Antichristo*)中,敌基督者的最后一句话是这样的:Post eorum casum, quos vanitas illusit, pax et securitas universa conclusit[为虚荣所戏的人们败落后,和平与安全笼罩万物](413–414 行)。这一指派(Zuordnung)乃是建立在使徒保罗的权威之上的,他在《帖撒罗尼迦前书》中这样写道:"因为当人们将要说'和平与安全'时,灾祸即突然降临到他们身上"(《帖撒罗尼迦前书》5:3)。这是圣经中唯一同时提到 pax et securitas[和平与安全]的章节。参《帖撒罗尼迦后书》第二章。

的确定性,同样也适用于缺乏终末期待(endzeitlichen Erwartungen)的此世:谁想要顺服于历史行动的诫命,谁就无论在行动上还是言辞上都不能轻易放过敌人,这些敌人服务于神意(Providenz),并通过神意来提出他们的问题。对政治神学家——支持或是反对敌意的斗争的救恩史的意义对他是不言而喻的——来说,在一个"什么也不能比反对政治事物更现代"的时代里,[68]为政治事物辩护就成了一种道德义务。

---

[68] 《政治神学》,页55(82);参《罗马天主教与政治形式》,页28(19)。

二 政治,或者何谓真理?

不过，我的说法是说，爱欲既非欲求一半，也非欲求整体，友伴啊，除非这一半或整体确确实实是好东西。毕竟，世人甚至愿意切掉自己的脚和手，如果他们认为自己的这些[部分]不好。毕竟，我认为每个人都不会紧紧抱住自身的东西不放（除非有谁把好东西叫做自己的东西和属于自身的东西，把坏东西叫做异于自身的东西），因为，除了好东西，世人什么都不爱欲。

柏拉图,《会饮》,205e-206a(刘小枫译文)

*　*　*

[51]施米特的政治事物的概念(Begriff des Politischen)以敌人这一概念为前提。只有当——"至少作为一种现实的可能性"——有一个敌人存在时,政治才能存续下去,而且只有在敌人被识别出来的地方政治才是现实的。无论如何,关于敌人的知识都似乎是最基本的。反过来讲,只要政治事物(das Politische)继续存在,很显然地,这种知识就不会完全消失。政治事物以某种认知为基础,且促进这种认知。政治事物的最深层的意义归根结底与其所拥有的相对于认知的意义是一样的吗?在其洋洋洒洒的著述的某个地方,他近乎给出了政治事物的"定义",他解释说,政治事物存在于

一种被战争的真实的(realen)可能性所决定的行为(Verhalten)中,存在于一种对于由此而被决定的有关其自身情状的清晰认识(Erkenntnis)中,以及存在于一种正确地区分(unterscheiden)朋友与敌人的任务(Aufgabe)中。①

由此,政治事物标明了一种行为,存在于一种认识,而且确立了一项任务。在这一由三个部分组成的定义中,施米特完全有理由将认识置于其核心位置。因为,那种将其自身引向战争的紧急状态的行为与某种认识[52]有着无可争议的联系,正像正确地区分朋友与敌人

---

① 《政治的概念》第三版,页16;参第二版,页37;在第一版中,政治还不在于"正确地区分敌友的任务",而在于"区分敌友的能力"(第一版,页10)。

这一任务也同样需要某种明确的认知一样。前者预设了某种敌意及其现实性和绝对必要性；后者则需要一种自我界定、自我定义，因而需要一种自我认识（Selbst‑Erkenntnis），否则这一任务无法进行。政治似乎不仅以认知为基础并促进这种认知，而且在某种确切的意义上政治事物自身即是认知。难道在其内心深处施米特将政治事物理解为：它在本质上乃是一种自我认识、为了自我认识且来源于自我认识？

不过，让我们从开端处开始[讨论]。施米特的政治事物的概念以敌人这一概念为前提首先意味着两个事情。一方面，敌人的概念被施米特的政治事物的概念用来当作一种无可争议的有效尺度，另外一方面，这个概念的意义只有在被施米特视作毋庸置疑的真理的视域中才能显示出来。如果有谁想深入这项事业的核心——为了这项事业施米特提出了他的关于政治事物的理论——那么他必须回到那个决定性的问题，这个问题在施米特本人的"理论"（Theorie）中并没有提出来，而是先于他的理论而存在，因为对施米特来说，这个问题已经一劳永逸地给出了权威的回答。谁想谈论施米特的政治事物的概念的基本前提，就不能对启示信仰保持沉默。施米特的政治学说（Schmittes Lehre des Politischen）如果不被理解为是其政治神学的一部分，就是无法理解的。要想把握敌友区分在施米特的思想中所占据的核心含义，以及要想衡量施米特赋予其政治的标准的全部分量，就不能忽视那些将敌意的肯定和否定看作政治—神学的区分对象的其他一些标准。

[53]乍看上去，施米特有关政治事物的概念的意图似乎是相当谦抑的（bescheiden）。施米特希望其对敌友的区分被理解为"一种确定标准意义上的概念，而不是面面俱到的定义和综述"。他只谈及"政治

事物的简单标准"。② 对于概念的清晰性和科学的适用性的关注似乎占据压倒一切的地位。然而当回顾这个问题时,施米特强调了《政治的概念》(Begriff des Politischen)这本书的"资讯性意图"(informatorische Bestimmung),不仅仅如此,他甚至承认其论述的"严格的教导性特征"。③ 此外,敌友的区分本身最早似乎被限定于一个有限的范围里。施米特引入该区分意在回答这个问题:正像"道德事物的领域中"存在着善与恶的区分、"美学事物的领域中"存在着美与丑的区分、"经济事物的领域中"存在着有用性与有害性或者营利性与非营利性的区分那样,"是否在政治事物的领域中也存在着一个特殊的、独立的和最终的[54]区分"。④ "政治事物的领域中"敌友的区分"与其他领域中那些相对独立的区分"相对应。因此,施米特的这种区分无非倡导一种仅仅属于政治考量的"独特领域",1927年时他尝试借此反对"直至今天仍然一统天下的自由主义思想体系"。⑤ 这与施米特"认识到政治事物乃是总体性的"(das Politische als das Totale)这个公开宣

---

② 《政治的概念》,页26。
③ 《政治的概念》,1963年重印本前言,页13、16。在1932年版标着"1931年10月"的后记中,施米特写道:

此处所谓的"政治事物的概念",须在理论上"澄清"一个极大问题。各种理论应被看作客观解释的出发点并服务于科学的讨论和操作,且被允许将那种 res dura [艰难之事]呈现出来。当前的版本包括一系列崭新的表述、注释和事例,但并不包括思路本身的变更和扩展。为此,我想耐心等候,看看一年来在那些热烈地投入的对于政治问题的新的解释中,哪些立场和观点决定性地显露出来。(页96)

至于施米特在1927—1932年间在政治事物这一概念上所作的改动,请参考拙著《隐匿的对话》页25 – 36的详尽论述。
④ 《政治的概念》第一版,页4。
⑤ 《政治的概念》第一版,页3、4、29。

称还有十万八千里的距离。⑥ 作为"纯粹政治(reinen Politik)的理论家",施米特似乎只不过是在自身的"领域"内宣告权利,自由主义思想承认这是其他的"人类生活的领域",但政治事物却"凭特殊的激情被剥夺了所有独立自主性(Selbständigkeit)并屈从于道德和法律(Moral und Recht)的规范及'秩序'"。出于防守的考虑且付出了将政治事物简化为国际政治的代价,施米特全力论证"政治事物在攸关存在的意义上的客观性(Sachlichkeit)和独立自主性"。由此他断定,敌友的区分"在理论上和实践上都能站得住脚,而不必应用诸如道德的、美学的、经济的以及其他的区分"。而且为了反击自由主义——它将敌人"转化为经济领域中的竞争者、伦理领域中的对谈者"——施米特强调,朋友与敌人的概念"在其具体的生存论的意义上不应被当作隐喻(Metaphern)和象征,不应混同于和弱化于经济的、道德的以及其他的概念,也不能被视为心理学上的私人情绪和意向的表达。"施米特的政治事物的标准所关涉的敌人据说"至少就其可能性或者说现实的可能性而言只是人的某种斗争着的整体(kämpfende Gesamtheit)","它与另外一个类似的整体相对立"。此外我们得知,它据说"只"能是公共的敌人,"hostis [公敌],而不是一般意义上的 inimicus [仇敌];πολέμιος [敌人],而非ἐχϑρός[仇人]"。⑦

[55]由此一个足够清晰的形象不是呼之欲出了吗? 显然,施米特所关注的乃是维护政治事物的独立性(Unabhängigkeit)和纯粹性,使其免于那些额外负担、非法干涉或者来自其他的"人类思想和行动的领域"的侵扰。敌友的区分关注一种必要的、严格的界

---

⑥ 《政治神学》,1934 年第二版序言(Vorbemerkung)。
⑦ 《政治的概念》第一版,页 4、5、6、26、30。

限划分,并提供一个具有可操作性的工具。政治事物这个概念所预设的敌人具有公开性和集体性,它既不是某一个体也不受制于那种个体性的仇恨;它不能被一种"规范性"确定,而是一种"攸关存在的现实性"(seinsmäßigen Wirklichkeit)的给定状态;它不受制于道德的、美学的或其他领域的评估,而是"需要实事求是地予以对待";它是在生存斗争(existentiellen Kampf)中"必须被击败"的敌人。⑧最后,与诸如朋友、敌人和战斗等概念必定相关且总是相关的那种"肉体消灭的真实的可能性"确保了施米特的这一标准的可操作性。⑨ 如果人们相信那种流传很广的意见,那么这一形象(Bild)就没有因为如下事实——施米特在其《政治的概念》第2版中偏离了他原来提出的概念,而且明确否认了他以前的同样明确的主张,即政治事物是一个独立的领域——发生什么值得一提的变化。⑩ 在那种广为流行的意见看来,当施米特如今声称,"政治事物的点"能够"从任何一个领域"抵达,敌[56]友的区分有着"标明某种联结或分离、联盟或解体的最极端的强度等级(den äußersten Intensitätsgrad)的意义",这好像只是扩大了其有关政治事物的概念的标准的适用范围:科学研究似乎与这一标准一同被不加限制地且安全

---

⑧ 《政治的概念》第一版,页4、5、9。
⑨ "诸如朋友、敌人和斗争的概念,只有当它们与肉体的杀戮存在着关联时,才具有真正的意义。战争源自敌意,因为这种敌意乃是对另一存在者作攸关存在的否定(seinsmäßige Negierung)。战争只是这种敌意的极端实现。"《政治的概念》第一版,页6(第二版,页33)。
⑩ 只要这一意见——直至1988年它仍然占据统治地位——根本没有注意到施米特已经偏离其原来的概念,这一陈述就是与事实相违背的。参《政治的概念》第一版,页3-4以及第二版,页26-27;也请参本章注释3。

可靠地运用于"人类生活的所有领域"。[11]

事实上,以上所匆匆勾画的有关施米特的画像具有欺骗性。它在个别地方站不住脚,在整体上忽略了最重要的东西。为了认识到这一点,只消仔细比照阅读一下施米特分别于 1927、1932 和 1933 年出版的《政治的概念》的三个版本就足够了。施米特的决定性的意图在第二版中比在第一版中表露得更加清晰,第三版则比第二版更加尖锐和果断。当然,如果想使施米特的概念大厦的根基大白于天下,所有三个版本都须给以最巨细无遗的关注。那种有关该文本具有严格的学术性意图的传说,或者所谓的各个版本的差异仅在于纯粹的政治意义的流俗故事(fable convenue),在三个版本中的任何一个版本面前都不成立。尽管施米特最早将纯粹政治(reinen Politik)的修辞引入讨论,尽管此后他致力于一种淡化[政治神学色彩]的(verharmlosenden)独特笔法(Selbststilisierung),[12]某种 [57]"人类思想和行动领域"的自主

---

[11] 《政治的概念》,页 27、28、62。施米特的政治事物的概念被他的一些解释者作了这样的理解,似乎在施米特所谓的这一"简单的标准"之下,这个概念与某种石蕊测试(Lackmustest)有关,这种石蕊测试向人们显示,某种事物何时将成为"政治的"。[中译编按]石蕊测试指结果立见分晓的测试。

[12] 在 1963 年重印的这本首先呈献给 *jus publicum Europaeum* [欧洲公法]专家的著作的序言里,[施米特]对法学特征的强调在其此后的主张中找到了对应物。1922 年的《政治神学》据说关涉一个"纯粹的法学作品",他的所有有关"政治神学"的主张据说都是"一个法学家的陈述",这些陈述据说都在"法学史的和社会学的研究范围内"打转(《政治神学续篇》,页 30,页 101 注释;参见 22,页 98 注释,页 110)。施米特在同一段落中毫不犹豫地插入这一信息:"我的 1922 年的著作《政治神学》的副标题为'论主权概念的社会学四章'(Vier Kapitel zur Soziologie des Souveränitätsbegriffes)。"见页 101 注释;这个说明的欺骗性丝毫不因为以下事实而有所改变,即 1923 年施米特将此书四章中的三章抽出来收入致马克斯·韦伯[Max Weber]的纪念文集,且为这些印刷品——为了迎合这一选题——挑选了"主权概念的社会学与政治神学"(Soziologie des Souveränitätsbegriffes *und*

性及其学术考量或者法学的划分均不是真正的问题所在。施米特从始至终所关注的并非政治的独立自主性,而是它的权威性(Maßgeblichkeit)。更准确地说,从一开始施米特就致力于在政治事物中寻找权威之物(das Maßgebende [直译:给定尺度之物])。政治事物的概念致力于一种"权威的分类"。它指的是"权威的统一体"(maßgebede Einheit)。即使是当施米特仍然将政治事物划归文化领域范围中的一个部分时,其政治事物的概念仍然针对那种"权威的事件"。[13] 他针对这样一种事件,这种事件打破了人类思想和行动各个"自主领域"的和平共处,意在寻找那个阻止人类生活碎片化的阿基米德点。然而,对于施米特而言,这种权威只有在其满足了这样一种现实性时才是政治的,即它以一种必然性(mit Notwendigkeit)与人类生活的碎片化倾向作斗争。只要政治事物仍仅仅被理解为高高在上者(das Übergeordnete),这一现实性就无法实现,那种稳固的领导和确定的安排的根基就不能予以保证。它的要求——正如任何一种关于统治和顺服的要求一样——就不是无可争议的。为了避免关于高与低、更高与更低、优先与从属的争论,为了避免意见、愿望和否定等等的任意性,政治事物必须通过诉诸冲突自身的"最极端的偶发性"(äußerste Eventualität)才能予以把握。政治事物"必定并总是与肉体消灭的真

---

politische Theologie)这一标题(强调为笔者所加)。这种独特笔法的最切近的理据在上引注释的结尾处有所暗示(参《语汇》,页 23、71、80)。关于施米特的防御战略的最深层次的理由,参[拙著]《隐匿的对话》,页 75 - 77(注意页 86 注释 92 中所记录的那一极端情况)。[中译编按]作者所引的注释见《政治神学续篇》,吴增定译,收入施米特,《政治神学》,刘小枫编,刘宗坤、吴增定等译,上海人民出版社,2015,页 198,注 1。

[13] 《政治的概念》第一版,页 11;参第一版页 7、12、13、14 和 15。

实的可能性(reale Möglichkeit)[58]保持一种相关性"的规定性,这为其确保了一种实质性权力的不可逃避性,这种权力是那些所谓的"观念"(Ideen)、"理性目的"(rationalen Zwecken)或者"规范性"(Normativitäten)所缺乏的。只有在一种紧急状态的背景下,政治事物的例外性才会予以显明。只有当政治事物作为一种现实性(Wirklichkeit)——即任何时候它都有权决定人的生死——展现在人的视线中时,作为权威之物的政治事物(das Politische als das Maßgebende)才能在[Maßgebende]这个词的双重意义上体现出来。*

正如施米特将政治事物的概念与"肉体消灭的真实的可能性"联结起来远不是出于一种对于学术的可操作性的兴趣一样,施米特抛弃"领域概念"也同样很少出于道德说教的考虑。如果政治事物想成为权威的,它就不能是文化范围中的一个领域。它不应臣服于它注定要克服的那种碎片。它必须能够支配人类生活的所有领域。因此,施米特不会仅仅停留于如下主张:政治事物"独立地作为一个自主的领域"客居于"其他人类生活和行动的领域中"。他也不会满足于其最早的宣称:政治事物须"有其自身相对独立的且相对而言最终的决定。"⑭政治事物的例外性通过以下事实显示出来:政治事物并不是与其他"领域"平起平坐的一个"领域";政治并非被稀释于或消灭于自由主义"文化哲学"的相对主义之中。当施米特背弃政治事物的"领域"概念时,他只是想将其理论说明或概念置于他的意图水平之上。他跟随的是他的事业的原初攻击方向(Stoßrichtung)。因为施米特的政治事

---

* [中译编按]das Maßgebende 的双重含义在于,它既指"给定标准或尺度之物",又指"具有决定性和权威性之事物"。

⑭《政治的概念》第一版,页3-4(强调为笔者所加);参第二版中新的遣词(Wortlaut),页26。

物[59]概念以之为定向的暴死的紧急状态"不仅仅限于某个'自治的'领域——诸如政治事物的领域——而是每个人都须面对的。[15]

显现于这种定向(Orientierung)中的攻击方向当然能通过不同的方式予以实现。它为彼此迥异的道路打开了缺口,这与其最先的表面印象截然不同。政治事物之所以能被理解为是一种权威之物是因为且仅当它能以全体的名义(*vom Ganzen her*)向个体索求其权利,或者因为且仅当它能向个体索求全部的(*ganz*)权利。由此,政治事物能借共同体来得到理解,这种共同体拥有随心所欲地支配"一切"(alles)的权力并对其成员的生死负有义务,因为它涵盖其全体成员的行动的全部现实性并使其成为可能。或者就个体而言,政治事物可以被理解为如下状态:因为这一状态将个体引领到最为重要的决断之前,使其直面最大的恶,且强迫他获取最极端的认同,故此,这一状态攫取了个体的全部。施米特选择了第二条道路。这是一个更有分量的选择,因为施米特一开始似乎并没有对其作过承诺。

《政治的概念》中对于国际关系的几乎是压倒一切的关注难道不是表达了那种将政治事物严格地予以整体化(vom Ganzen)理解的观点吗?将战争的趋势视作人类的极端状态难道不是证明施米特——他将战争视为民族之间的武装战争[16]——永远将民族(*das Volk*)作为政治的主体吗?难道这位宪法学家的早期著述不是为大多数读者留下了这样一种印象——即"实际存在的"诸民族(Völker)在政治世界的"多元性"中即使不是唯一的、也是决定[60]性的诸统一体(Einhe-

---

[15] 列奥·施特劳斯,《卡尔·施米特〈政治的概念〉评注(1932)》("Anmerkungen zu Carl Schmitt, *Der Begriff des Politischen* [1932]"),收入《隐匿的对话》,页105。

[16] 《政治的概念》,第一版,页6。

iten），为其辩护乃是施米特的事？⑰ 在施米特的政治事物的概念中难道不是私下里以民族为前提且民族不总是与政治事物一同被思考吗？还有，施米特称作政治事物的"领域"不是能轻而易举地在共同体的水平上加以理解吗？这仅仅是施米特找到的一种说辞和寻来的一种一般性替代品的例子吗？《政治的概念》第一版没有排除这一解释。如果遵从这种理解，那么我们可以清楚地看到施米特是如何宣称敌友的区分"在理论上和实践上"都站得住脚且"不必同时应用诸如道德的、美学的、经济的和其他领域的区分"。如果人们假设这种讨论乃是将民族看作一种自然赋予的或存在于历史中的、彼此有着巨大差异且能够予以区分的政治主体，那么这一凝练的断言，即敌人"恰恰是他者、异己者"（der Andere, der Fremde），就是有道理的。在此意义上，关于"纯粹政治"的修辞拥有一个坚固的、明晰的核心。在某种程度上，所谓敌人的"本质"甚至在如下宣称中也可以得到理解：

> 在某种特别强烈的意义上敌人乃是一种生存论意义上的他者、异己者，因而，在冲突中，敌人意味着对某人自身生存方式的否定，故此，须对其予以抗拒和斗争以保护其自身的生存方式。⑱

然而，这种阅读方式在1932年和1933年的版本中被施米特引入的明

---

⑰ "地球上的不同民族和人群都以如此的方式结合为一个整体，以至于它们之间的斗争事实上变得不再可能，由此敌友之间的区分实际上也得以中止，故而只有经济、道德、法律和艺术等等尚存，但不再有政治和国家。"《政治的概念》第一版，页19。

⑱ 《政治的概念》，第一版，页4。［中译编按］der Fremde 通常译作"陌生人"或"异乡人""外国人"，这里指政治上及宗教上的非我族类，酌译为"异己者"。在本译中，该词在不同语境下亦作"异乡人"。

确界定(Präzisierungen)予以否定,其内容的修改或者[61]政治事物的概念的进一步发展很明确地沿着另外一个路径进行下去。正像施米特极少将政治事物理解为一个自身独立的领域一样,他也极少将政治事物仅仅限定于国际政治的范围或者将民族视为所谓的政治的主体。1932年国内战争与国际战争、内部敌人与外部敌人、充满敌意的个体与充满敌意的群体不约而同地爆发出来。[19] 由此,战争本身已不能被定义为"民族之间的武装斗争",在更大程度上应归之于"有组织的诸政治统一体"(organisierten politischen Einheiten)之间的斗争,而不论其根源和范围。[20] 宗教群体的圣战和教会当局的十字军东征显得更是真正的政治体现。[21] 民族失去了其所谓的主导地位。对于政治世界的多元性而言,民族——正像它显示的——不再是绝对的。很明显,1932年时,"宗教、阶级以及其他人类群体"与民族一样也能够被称为这个世界的可能的构成单元(Konstituenten)。[22] 通过文本的添加,施米特表明,与内战、十字军东征、迫害异端或者革命不同,国际战争并不构成必然的、统驭一切的政治概念的遁点,民族既不是这一概念的前提也不与这个概念一同被思考。对政治的概念来说,民族只是其他人类群体中的一种,或者更加精确地说,它是众多可以想象的人类组织中的一个。因为一个至少包括两个人的组织在理论上是施米特的政治事物的概念唯一需要的。政治事物"诞生于"两个人走在一起并联结起来对抗某个敌人的地方。

[62]这正是那个概念的变化的意义,根据这一变化,政治事物据

---

[19] 《政治的概念》,页30、32、33、54。
[20] 《政治的概念》,页33。
[21] 《政治的概念》第二版,页48;第三版,页30。
[22] 《政治的概念》,页54(强调为笔者所加)。

说表明某种"联结或分裂、联盟(Assoziation)或解体的最极端的强度等级"。政治事物将从其与共同体的顽固缠结中脱身而出,仿佛成为流动的。然而一个决定性的步骤也由此迈出,以便揭示出作为总体(als das Totale)的政治事物的"存在论—生存论的"(ontologisch-existenzielle)意义,[23]正像施米特内心所想并且其政治神学所需要的那样。摆脱了所有的自然性的规定和所有的实质性的分类,政治事物变得无孔不入,无所不在。它是这样一种力量,即它随时随地都有可能闯入人类的生活。由于政治事物的这种潜在的无所不在性,所有的现实性均程度不同地从属于它。政治事物不仅可以随处爆发,以直接的权力证明其权威性,也可以通过将"其余的一切"纳入它的控制之下以证明其权威性:"政治性对立"——在过渡到强度概念之后施米特这样说道——"乃是那种最集中、最极端的对立,每个具体的对立越具有政治性,就越接近一种敌友划分的临界点"。[24] 在其可能性上一切都是政治性的,一切或多或少永远是政治性的。政治事物似乎是不可动摇的基点,由这个点出发并以这个点为最后归宿,一个强度不同的网渗透了整体且赋予其以秩序。与此同时,它似乎是流动着的、变动不居的、包罗万象的,因为它是不可算计的、决定性的,因为它能支配不期而至的时机。将[理解]政治事物的这种观点称为生存论的似乎还不够充分。这种诉诸强度概念[63]以作为其根基的政治总体主义(politische Totalismus)乃是一种源自个体主义的视角的结果。政治事物的确被施米特在生存论意义上予以把握。但最终,这种把握并非立足如下理由:个体的存在之所以在政治上已被决定,乃是因为个体必然遭遇对

---

[23] 参《政治的概念》第三版,页45。
[24] 《政治的概念》,页30。

其有决定权的共同体,在这一共同体面前,个体本身必须——无论愿意与否——从中选择其立场并确定其位置。相反,[这种把握是立足于如下理由:]因为个体需要将对朋友与敌人的正确区分作为其自身生命的绝对的决断。他所遭遇的对立之所以成为政治性的并非因为事实上共同体将诸如此类的对立的争论作为其事务,也不是因为就共同体而言,这种对立被认为对整体(das Ganze)有着重要的意义,而是因为某个给定的对立"根据其真实的可能性"能够变成一种生与死的冲突,在此,这种冲突"越是政治性的",就越接近敌友划分的沸点。如果将这种思考逻辑地推衍至结论,那么敌友划分之所以是政治性的并非由于它关乎共同体,而是说,[敌友]这种划分是政治性的,因为它构成了某种承担着源于最激烈的冲突的极端状态的最重量级(Schwergewicht)的联盟与解体。如果自然地对其进行考察并在理性的限度内予以"此岸的"(diesseitig)的表达,那就是说:它是人的(von Menschen)某种联盟与解体,"其动机可以是宗教的、民族的(伦理或文化意义上)、经济的或者其他的类别",这些动机"在不同的时间"可以导致不同的联盟与解体。㉕

政治事物"诞生于"两个或是三个人团结在一起并齐心一意反对一个敌人的地方。对于个体而言,当整体处于生死存亡的紧急时刻,这种质的飞跃就应运而生。对于紧急状态的共同"指涉"(Bezug)[64]产生了政治上的同盟者。它使政治联盟趋向一种"最强烈的、最紧凑的划分(Gruppierung)",因为紧急状态能够在最高程度上进行识别和区分(unterscheidet)。无论个体进入哪个联合体(Verbindungen),也不管人类中的矛盾导致何种意义上的解体,正像施米特在《政治的

㉕ 《政治的概念》,页38-39。

概念》第三版也是最后一版中宣称的那样，"这种划分无论如何都是政治性的，它被那种紧急状态所决定"。㉖ 同时，从紧急状态的这种决定性中施米特也明确地推导出了政治联盟对个体而言（für den Einzelnen）的权威性意义："政治统一体"（Die politische Einheit），他继续说道，

> 如果它们真的存在于世的话，将永远是权威的统一体，它们是总体上的（total），且是主权性的（souverän）。它们之所以是"总体上的"，首先是因为任何事件在其潜在意义上都是政治性的，并由此受政治决断的影响；其次，人在政治参与中才全面地并在生存意义上（ganz und existenziell）被攫取。政治即命运（Die Politik ist das Schicksal）。伟大的宪法学家奥里欧（Maurice Hauriou）在法学上也正确地识别出了政治联合体（politischen Verbundung）的标志，即它能够将人全部（ganz）攫取。因此某个共同体的政治特质的试金石存在于誓约（Eides）的实践，其真正意义在于人的全然的（ganz）献身，或者说，在于人通过忠诚的誓言，"凭誓言（以及在生存意义上）与他人结盟"。政治统一体之所以是主权性的，乃是因为关于权威性事件的决断——即便是关于例外事件的决断，永远与政治统一体如影随形，正如其概念所必然要求的那样。㉗

以前所未有的清晰性和尖锐性，施米特指出了在何种程度上——以及在何种条件下——对他而言政治事物[65]乃是权威之物：当它能够将

㉖ 《政治的概念》第三版，页21。"政治事物永远决定这样一种划分，这一划分着眼于紧急状态。"（第一版，页11）。"总之，这种着眼于紧急状态的划分永远是政治性的"（第二版，页39）。参第二版，页28。

㉗ 《政治的概念》第三版，页21-22；参第二版，页39。

人全部攫取时。ganz[全面/全部/全然]这个词在1933年修订过的版本中所新添加的四个句子中至少出现了三次,其中两次还被施米特特意用引号括起来予以强调。施米特所表达的关于主权性的政治统一体(souveräne politische Einheit)的观点从根本上适用于每一个政治联盟(politische Assoziation)。政治的决定性特征亦即强度——在其中个体被攫取——适用于所有的"政治划分",如果它们配得上被称为政治性的。因此,这也同样适用于政治事物的权威性,无论它是那种作为政治统一体的共同体、内战中的党派,还是游击战中的派系或组织。因为政治统一体之所以是权威的并非由于它"在任何绝对意义上"都是主权性的,[28]而是由于它本身就是政治性的,按照施米特的说法,它之显明为政治性的并非源于其实质性的特征,而是由于那种紧急状态。根据这种观点,政治的本质似乎是参与争斗的诸政治组织的力量对比的产物,似乎是一个可以变动的范围,为了确认这一事实首先需要经过紧急状态的检验。[29] 它不需要那种赋予其尺度的定向。权威性(Maßgebend)并非"本质"(Substanz),而是政治联盟的效力(Effektivität),区分敌人与朋友且在紧急状态中实施这种区分的效力。将联盟的成员全部地、在生存意义上攫住才能证明其力量。当施米特似乎不经意地将誓约引入[66]讨论并认为其真正意义乃是使自身在誓约和生存意义上保持忠诚时,我们的注意力越来越被他引向其政治

---

[28] 《政治的概念》第三版,页22。

[29] "经济的、文化的或者宗教的(Religiösen)反作用力是如此之大,以至于它们独自确定关于紧急状态的决断,这样一来,它们就恰好成了(geworden)政治统一体的新本质。"《政治的概念》第二版,页39。1933年施米特这样限定了他的陈述:"经济的、文化的或者各种教派的(konfessionellen)反作用力是如此之大,以至于它们独自确定紧急状态的决断,这样一来,它们就恰好被吸纳进(eingegangen)政治统一体的新的本质之中。"(第三版,页22)

总体主义(politischen Totalismus)的个体主义的出发点。对于此种"共同体的政治性特征的试金石"的回忆恰逢其时。

如果一个人在政治参与中全部地、在生存意义上被攫住,而他"参与"的政治联盟则为极端状态所决定,那么政治事物的权威性意义这个问题就会在极端状态这个问题面前变得更加尖锐起来。在施米特的概念中极端状态所占据的地位以及——通过仔细观察——它被赋予的能力(Kapazität)则成为注意力的中心。难道有关极端状态的定位可以与那种关于"肉体消灭的真实的可能性的指涉"相等同,由此,诸如朋友、敌人、斗争或战争㉚的概念才获得"其真实的意义"吗?难道一切都毫无区别、无条件地取决于暴死的可能性吗?这种"指涉"能够将人予以全部攫取并最深刻地给予其规定性吗?或者只有当那种生死斗争突然爆发并在现实性中持续存在下去时才能达到其最极端的强度吗?这似乎与施米特的如下宣称相矛盾:政治事物"并非存在于斗争本身"。此外,在其有关的定义性讨论中,施米特一再提及斗争、战争以及肉体消灭的"真实的可能性"(reale Möglichkeit)。很显然,对于最重要的东西而言,其事实性(Aktualität)只是次要的。然而,这种斗争和死亡的可能性要想彻底地对人的行为予以规定,它到底必须如何真实、如何切近(nah)、如何临场(gegenwärtig),这一切都没有作任何明确的说明。难道对于武装斗争的"偶发性"(Eventualität)的知识就足以为[67]政治事物的总体性这一特征奠定基础吗?抑或,"肉体消灭的真实的可能性的指涉"仅仅是一个必须添加的必要的前提,为了证明政治事物的总体性?难道说当我们遭遇生死之斗争时我

㉚ 《政治的概念》,页33;在第三版页15中,像第三版的数目众多的其他段落中那样,斗争(*Kampf*)被战争(*Krieg*)替换。

们还根本没有抵达"最为极端之地"?㉛ 其强度(Intensität)还能够提高吗?根据施米特的强度概念,这一强度不是必须增长到这样的地步,即与敌意的强度同时增长,而这种敌意乃是斗争的基础?它需要依赖某种目标和目的以便开始和实施其生存意义上的遭遇吗?生死斗争这一极端状态的定向需要追加进一步的区分。1933年施米特引入了最重要的补充,此时也正值他前所未有地强调政治事物的权威性的时刻。在《政治的概念》的最后修订本中,施米特斩钉截铁地宣称,他将政治事物视为一种状态(Zustand),这种状态将人全然地加以攫取,由此他首次将政治与竞赛(Agonalen)予以区分。㉜ 由此,战争与"非政治的—竞赛性的"竞争(unpolitisch-agonalen Wettkampf)得以划清界限。还有就是,读者可以从中认识到,战争根本不能被看作一种纯粹的事

㉛ Der politische Gegensatz ist der intensivste und äußerste Gegensatz und jede konkrete Gegensätzlichkeit ist um so politischer, je mehr sie sich dem äußersten Punkte der Fruend-Feindgruppierung, nähert [政治的对立性乃是最具强度和最极端的对立,而且任何一种具体的对立性越接近最极端的敌友划分的临界点,越具备政治性]。《政治的概念》第二版[1963年版],页30([1932年]原版,页17)。这句话是[在Punkte后面]少了一个逗号还是[在nähert前面]多了一个逗号呢?1963年的重印本([中译编按]1963年版基于1932年第二版)修改了这个标点符号的用法:… je mehr sie sich dem äußerten Punkte, der Freund-Feindgruppierung, nähert [……越接近最极端的临界点,敌友划分]。1927年的第一版中不包括这个句子,因为那时施米特还没有想到用政治事物的强度概念(Intensitätskonzept)。然而,在第三版中这句话却是这样写的:… je mehr sie sich dem äußersten Punkte der Freund-Feind-Gruppierung nähert [……这种对立越接近敌友划分的最极端的临界点](页11)。而且,在这一表面上似乎无足轻重的改动中,第三版证明自己乃是《政治的概念》更好的,也是当时最严密和最始终如一的版本。1963年施米特似乎要改正1932年版本中的一个明显的疏忽,当然,在1933年时他已经在另外一种意义上对它作过修订。如果不是1932年,那最晚也是在1933年时,他丢弃了那个已有的认识水平。

㉜ 《政治的概念》第三版,页10,页10注释1、12、15、17。

实(factum brutum)或者作为［68］毋庸置疑的指涉点,正如它最早有可能向人显示的那样,恰恰相反,它更有可能是那些大相径庭的态度、解释和目标的对象:

> 十足的士兵(有别于战士)毋宁倾向于从战争中造就一场竞赛并将政治的立场转变为竞赛的立场。㉝

如今以下问题就显得具有最重要的意义了:从战争中能够造就(gemacht)什么?人们以什么立场(Haltung)对待战争?将其看作竞赛性的(agonal)?还是将其理解为政治性的?然而,这将意味着,"关于肉体消灭的真实的可能性的指涉"对于政治事物来说已经不够充分了。就其本身而言,生死斗争还不是能够赋予人之为人(den Menschen als Menschen)以某种规定性的极端状态。因为"非政治的—竞赛性的"冲突("unpolitisch-agonale" Wettstreit)也同样可以"指涉一种肉体消灭的真实的可能性"。它所承担的暴死的危险并不比政治意义上的战争来得小。它同样是"生死斗争"。然而,其不足性源自哪里?为什么竞赛意义上的生死斗争缺乏那种"人的生命得以获得其特定的政治的张力"的"最极端的可能性"?㉞ 施米特将这种政治性的与竞赛性的之间的区分引入有关敌人概念的详尽解释的语境中。在 1927 年和 1932 年的《政治的概念》的一个段落中,他解释道,在政治事物的意义上,敌人"不是一般意义上的竞争者(Konkurrent)或对手(Gegner)",1933 年他加上了这样一句话,"敌人也不是比赛中的对手(Gegenspie-

---

㉝ 《政治的概念》第三版,页 17(强调为笔者所加)。
㉞ 《政治的概念》第三版,页 18(第二版,页 35)。

ler），不是血腥的'竞赛'斗争中的'敌对者'（Antagonist）"。[35] 我们可以肯定的是，那种竞赛性的思考显而易见地缺乏关于敌人的必不可少的知识。由此这一决定性的问题不仅没有得到回答，还被更加尖锐地重新提了出来：为什么竞赛中的血腥争斗还不能与[69]政治对抗中的敌意相提并论？对于文本中的这一简明的评论施米特增加了一个脚注，这对于那些细心的读者来说乃是一个必要的线索，由此他们可以获得所期望的答案。"竞赛性思考与政治性思考之间巨大的形而上学对立"，这条注释的中心这样写道，"在关于战争的深入讨论中得以显现"。这一观察清晰有力地指明了在后来的文字中添加的这一区分的"根本"特征，无论其在《政治的概念》中所探讨的问题还是其决定性的意图都是"根本的"，而此后的解释则着重转向了现实问题：

> 就最近一段时间而言，请允许我在此引用发生在恩斯特·云格尔与保罗·亚当斯（Paul Adams）之间（德意志电台，1933年2月1日）的无与伦比的争论，它可望很快印刷并出版。在此，恩斯特·云格尔代表一种竞赛的原则（"人并非为和平而生"），而保罗·亚当斯则在统治、秩序与和平中发现了战争的意义。

竞赛性思考与政治性思考关乎战争的意义和人的命运。一方面，战争被认为是一种永恒的生成与毁灭的表达，它因出自人的本性而得到肯定。另一方面，战争作为一种状态，其存在理由并不在其自身，而是在其自身之外。因此战争并非某种主人或国王，能够在自由竞争中以及依据竞争者的力量的对比将各自所应得的份额分配给每个人，而是效

---

[35] 《政治的概念》第三版，页10；参第一版，页5；第二版，页29。

忠于某种更高秩序的奴仆。竞赛的原则与政治的原则正好对立:根据竞赛的原则,人并非为着和平而生,而根据政治的原则,除了全部地且在生存意义上献身于统治、秩序与和平的实现之外,人不能通过其他方式成就其命运。施米特之所以称之为"巨大的形而上学对立",乃是因为他在竞赛性思考中[70]识别出了人类赋予其自身以意义的企图,亦即能够共同参与宇宙的游戏,并且为了善的斗争(guten Kampf)而斗争,㊱而他相信,他识别出了政治性思考的最深层的基础,即一切都取

㊱ 具有本质意义的不是为了什么我们投入战斗,而是我们如何战斗……战士精神(Kämpfertum),人的献身(Einsatz),即使为了最微不足道的观念也比所有对善与恶的苦思冥想要重要得多。这甚至赋予那位满面愁容的骑士(dem Ritter von der traurigen Gesalt)一种令人敬畏的神性光环(Heiligenschein)。最后,这种最高贵的人将理所当然地成为大地的征服者。对此作出决断的是世界的法、力的游戏或者上帝——随你怎么称呼它。但是,我们想显示出隐匿在我们中的品质,然后当我们阵亡之时,我们才会真正地活过最完满的一生。

恩斯特·云格尔(Ernst Jünger),《作为内在体验的战斗》(Der Kampf als inneres Erlebnis),Berlin,1922,页76。

英雄主义思维的纯洁性将通过以下问题得到衡量,即在何种程度上这种思维免于将战争描绘为一种道德现象。……这里有一个有效的尺度:人在战斗中的态度,这一战斗代表了由某种天命决定的秩序的源初关系……当生命在某个由种种面具和外衣包藏的时刻赤裸裸地以全部力量展示其自身并奋起保卫自身之时,当它从所有已养成的和学来的习惯和成规中挣脱出来,并且只受那种最为基本的法则的支配之时,这的确有某种神奇性。在愈益紧迫的危险中它[生命]赢得了信心和清白(Unschuld [或译]无辜、无罪);一般而言,谁理解究竟如何去发现,谁就将在毁灭中发现他的辉煌的自信以及令人敬佩的关于不朽的坚定情感。不是鱼死,就是网破,战斗着的人呈现出一种宏伟的图景……因为在此处可以证明,即便在这种日益紧迫的毁灭的时刻,他在多大程度上没有承受苦难。

决于人是否为了善的缘故而进行战斗并将其视作上帝的考验（göttliche Prüfung）来承负。

一旦极端状态这一问题成为注意的中心，有关战争的意义的争论就必然爆发。这使得施米特能够发挥其政治—神学立场的强大力量以对抗任何一种"非政治性"的形而上学（"unpolitischen" Metaphysik）。凭借竞赛的与政治的这一区分，施米特表明了其立场：即只有当战争承担着有关统治、秩序与和平的决断的重负时，它才能够[71]成为人类的极端状态。当施米特通过引述其朋友保罗·亚当斯㊱的观点将统治（Herrschaft）、秩序（Ordnung）、和平（Frieden）这一序列引入争论时，他不仅仅是在这场关于战争的意义的争论中选择了他的立场。施米特借助这位天主教政论家笔下的关键词向人们显明了政治事物的尊严以及这场争论的必要性。这就是说，这场关于战争的意义的争论本身不应该被理解为一场"非政治性的—竞赛意义上的竞争（Wettkampf）"，而是相反，它应该被视为那种关于统治、秩序与和平的较量的一部分，这种较量使得政治事物得以脱颖而出，这种较量本质上致力于正义的（gerechte）统治、真正的（wahre）秩序以及现实的（wirkli-

---

弗里德里希·云格尔（Friedrich Georg Jüger），"战争与战士"（"Krieg und Krieger"），收入恩斯特·云格尔（Ernst Jünger）所编的《战争与战士》，页63、64；参本书第一章[德文版]页36 - 37及注释51，此外，参瓦尔特·豪夫（Walter Hof），《通向英雄式现实主义之路》（Der Weg heroischen Realismus），Bebenhausen，1974，尤其是页240以降。[中译编按]恩斯特·云格尔第一段引文中"满面愁容的骑士"指塞万提斯笔下的骑士堂吉诃德。参《堂吉诃德》第一部，第19章。恩斯特·云格尔为弗里德里希·云格尔的长兄。

㊲ 他[施米特]将保罗·亚当斯算作最为支持他的政治—神学事业（politisch-theologischen Unternehmen）的朋友，关于这一点他在《语汇》（页165）中作了强调。

chen)和平。因此,与所有的政治性交锋(politischen Auseinandersetzung[或译:政治性争辩])一样,这场关于战争的意义的争论(Streit)同样以"什么是正确的?"这个问题为基础。然而,"什么是正确的"这一问题乃是这样的问题,它将自己摆在作为人的人面前。如果他想严肃地回答这个问题,如果他试图为自己廓清这一问题,他将会发现自己陷入种种诉求的相互冲突之中,他受制于共同体的 Nomos[法]、上帝的或是人的诫命,他会遇到各种被赋予权威性的答案。"什么是正确的"这一问题将人置于"政治事物的领域"。必须在这一领域他才能找到出路。这个问题要求这样一种行为,这种行为以生死斗争的真实的可能性为方向。它需要一种关于自身处境的认知,而这种认知受制于对于统治、秩序与和平的争斗。它使得正确地区分敌人与朋友成为首要的任务。由此一来,政治事物的领域就成为人的自我认知的场所,由此可以发现"他是什么"以及"他应该是什么",也可以决定"他愿意成为什么"以及"他不愿意成为什么","他能成为什么"以及"他不能[72]成为什么"。此即政治事物的地位(Rang)。政治神学家与政治哲人在反对任何一种严格意义上的非政治性的"形而上学"这样一个共同的立场上站在了一起。施米特在一般意义上反对"竞赛性思考"以及在特殊意义上反对赫拉克利特(Heraklit)的斗争㉝在其最重要

㉝ 在关于政治的本质的理解中,最深刻的对立并不关涉政治能不能抛弃战斗这一问题(如果政治不终结,这是根本不可想象的),而是在于另外一个问题,即战争和战斗在何处找到其意义。战争在其自身还是在通过战争赢得的和平中获得其意义呢?根据一种纯粹的、十足的战士精神(reinen Nichts-als-Kriegertums)的看法,战争在其自身中找到了它的意义、正当性和英雄主义;正如恩斯特·云格尔所说,人"并非为和平而造"。赫拉克利特也表达过同样的意思:"战争乃万物之父、世界之君王;它证明一些人是神,另一些人是人;它将一些人擢为自由人,而把另外一些人贬为奴隶。"这种意见与那种

的方面与苏格拉底借以反对前苏格拉底的自然哲学及其最新传人的批评不谋而合。[39] 因为正是在这个地方发生了苏格拉底的转向(Sokratische Wende):据说他第一个将哲学从天上拉下来并使其安顿于政治共同体之中,且迫使哲学对生活、对风俗、对好的与坏的事物加以探究;[40]与其前辈不同,这位哲人激进地、严肃地展开了政治—神学的[73]批判(politisch-thologische Kritik),并将政治[哲学]提升为第一哲学。对自我遗忘的淡出(selbstvergessenen Ausblendung)的批判,或是对有意搁置最重要的问题这一倾向的批判,使政治神学家与政治

政治的观点相对立从而被称为纯粹地好战(Kriegerisch)。

[施米特撰]辞条"政治"(Politik),收入弗兰克(Hermann Franke)编,《新时代军事科学手册》(*Handbuch der neuzeitlichen Wehrwissenschaften*), Berlin u. Leipzig, 1936,第一卷,页549。在《语汇》中施米特以讥讽的口吻更准确表达了这种对立:

或许就连猫与老鼠的关系也只是一场持久的战争的结果,而且也是对于战争出路的确定。像赫拉克利特所称,战争使一些人成为自由人,使另一些人成为奴隶。它揭开 φύσις [自然]的面纱并同时将其确定下来。这就是战争的正义性;这就是自然法(Naturrecht)。人与人之间的战争自有其荣誉留存下来,虽然并没有什么正当性。只有自然生命之间的战争是正当的。只有以下情形能使政治终止,即一些人证明自己是自由人,另一些人证明自己是奴隶,有些证明自己为猫,另一些证明自己为鼠(页204)。

对此请参《政治的概念》第三版,页42:"正如人类作为精神存在者高于动物一样,政治上的敌友区分在同样的程度上也远比动物王国中存在的对立性更深刻。"参拙著,《隐匿的对话》,页67-68。

[39] 色诺芬(Xenophon),《回忆苏格拉底》(*Memorabilia*),第一卷,第一章,11-16节。

[40] 西塞罗(Marcus Tullius Cicero),《图斯库卢姆论辩集》(*Tusculanae Disputationes*),V,10。

哲人结为一体。双方在如下问题上达成了一致：关于"正确"的争论乃是根本的争论，"我应如何生活？"乃是人的首要问题。然而，在他们各自给出的答案面前，他们相互之间却处于不可调和的对立之中。政治神学家毫无保留地依赖于信仰的 unum est necessarium［最必要的唯有一事］*并在启示的真理中找到其确定性，政治哲人则将［何为］正确这个问题彻底置于"属人的智慧"（menschlicher Weisheit）的水平，[41]并尽其所能地以最根本和最广泛的（grundsätzlichsten und umfassendsten）方式和样式予以展开。所谓的以最广泛的方式，那就是说，所有已知的答案都经过检验，所有可以想到的论证都被采纳过，所有的自以为权威的要求和异议都曾经拿来与哲学进行过交锋（Auseinandersetzung［或译：争辩］），这包括那些政治神学提供的以及它能够提供的。其之所以是最根本的反思，乃是因为其交锋所借以进行的根基不能被任何论证所超越和抛弃，关于"什么是正确的"这一问题的探讨所提出的生活方式问题本身成为这一探讨的核心。哲学在其能够给出答案之前其本身必须成为一个问题。它需要一种自我认识，它得是政治性的，如果它想使自己立足于一个哲学上可靠的基础之上的话。这就是所谓的苏格拉底转向所包含的决定性的见解。由此，政治哲学（Politische Philosophie）的源初意义在于为哲学生活作政治的辩护和理性的奠基（rationalen Begründung）这一［74］双重任务。[42] 因此，产生了一个新的分水岭，它使

---

* ［中译编按］unum est necessarium［最必要的唯有一事］语出《路加福音》十章 42 节拉丁语译本，在基督教传统里，这句话意指信仰乃是唯一必要之事。本书第四章引自基尔克果的题记亦源自此节经文。

[41] 柏拉图，《苏格拉底的申辩》（Apologie des Sokrates）20d – e。
[42] 此外请比较布鲁尔（Christopher Bruell），《论政治哲学的源初意义》（"On the Original Meaning of Political Philosophy"），收入潘戈（Thomas Pangle）编，《政治

非政治的哲学(nonpolitische Philosophie)与政治神学汇聚于一个基本点(Kardinalpunkt)上。前者否认对自身的生活方式(Lebensweise)予以政治性辩护的必要性,正如它也否认对其进行理性的奠基的必要性。而后者则一开始就否认存在这样一种[理性的]奠基的可能性。换言之,两者都建立在信仰的基础之上。它们都预设了关于什么是正当的生活(rechten Leben)这个问题的答案,并对其深信不疑,无论它是源自自然倾向的正确性,还是源自其他地方的传统价值的有效性。政治神学知道,它建立在信仰的基础之上,它愿意如此,因为它相信它知道每个人的生活必须建立在信仰的基础之上。根据施米特的学说,信仰永远反对信仰,形而上学永远反对形而上学,宗教永远反对宗教,尽管对手将自己装扮成非信仰、反形而上学或非宗教的样子。"形而上学乃是无法逃避的东西。"[43]与"竞赛的原则"的追随者——他相信在信仰斗争的纯粹的非理性中已经达到了最后的现实性并且将不能给予解释的信仰立场的冲突看作伟大的世界性游戏的一部分——不同,政治神学家坚持认为,信仰与错误信仰、真正的形而上学与异端的形而上学之间的斗争必须分出胜负。他不在乎这种信仰,即"缺少它生活就是不可能的"。政治神学建立在信仰的基础之上,因为它[75]相信信仰的真理。由此观之,任何其他对立的立场都显得是背弃或偏离这一信仰,恰恰由于这个原因这一信仰必须保持信仰的立场。故

哲学的根源》(*The Roots of Political Philosophy*), Ithaca, New York, 1987, 页 105、109。翁弗里(Stewart Umphrey)在其富有启发的讨论《为什么[要]政治哲学?》("Why Politiké Philosophia?", 载《人与世界》[*Man and World*], 第 17 卷, 1984 年, 页 431 – 452)中没有看到这一双重任务的内在关联,这两个任务还是一体的(特别参考页 444 – 446)。因此,他没能将那个具有决定性意义的对于哲学的认识挽救出来,这一认识证明:哲学的政治转向是必然的。

[43]《政治的浪漫派》,页 23。

此,在这一信仰面前,那种非信仰显得只不过是错误的或危险的、误入歧途的或虚骄的信仰。苏格拉底对自然哲人的异议——由于自我遗忘他们忽略了为其事业奠定基础的必要性,而且,他们不仅没有进一步追究[何为]正确这一问题,反而还心安理得地满足于有关信仰的种种直觉性的信念,这些信念在形形色色的独断性的宣称中得以体现[44]——经适当的修正同样有理由说是对准政治神学的。苏格拉底的批评与"竞赛性思考与政治性思考间的伟大的形而上学对立"的两个方面都相关。其之所以与"竞赛性思考"相关,是因为它非政治地误解了其自身,之所以与所谓"政治性思考"相关,是因为它将自己看作信仰冲突中的一个形而上学的参与者。[45]

施米特的政治思考之所以采用信仰的立场,并非仅仅源于对政治性思考与竞赛性思考的对立所作的形而上学解释。施米特关于这种对立所作的决定性的表达——在政治参与中人才能够全部地、在生存意义上被攫取——已经建立在一种信仰的基础之上。因为,政治事物领域内的冲突——如果正确理解的话——关乎[人的]全部(ums Ganze geht),在政治领域中,人的全部都受到掌控(der Mensch in ihr ganz in Anspruch genommen),但这只是问题的一个方面。问题的另一方面是:在政治参与中人是否能够全部地被攫取(*Teilnahme ganz erfaßt*)。我们可以假定,在政治事物的领域中他能够被全部地攫取,但这应该

---

[44] 克罗泊西(Joseph Cropsey)已经提请读者注意,苏格拉底的批评是以何种形式变得有效的,其内容上的差异又是如何得以表达的。《论古代与现代》("Über die Alten und die Modernen"),收入 Heinrich Meier 编,《现代性的诊断》(*Zur Diagnose der Moderne*),München,1990,页 230–231。

[45] "鲍姆勒(A. Baeumler)将尼采和赫拉克利特的战争概念完全解释为一种竞赛。问题是:战场上停尸间里的敌人又是从何而来?"《政治的概念》第三版,页 10 注释 1。

适用于所有情形吗？——即独立于那些使用条件吗？它对所有的人都同样有效吗？施米特假设，在行[76]动中(im Handeln)人是全然可以被支配的或者说他全然是其自身。这种假设在某种理论面前是不言而喻的，这种理论为行动相对于认识的绝对优先性而辩护，因为它将一切都置于顺服的诫命之下。一旦超出信仰的语境——在这一语境中政治神学如鱼得水——这个假设就变得无法理解了。当我们发现施米特使用充满神秘寓意的诗句即敌人乃是我们自身的问题化作形象[46]时，我们发现了同样的假设。由于施米特高度激赏这句源自其朋友多伯勒(Theodor Däubler)[47]的诗句，且认为它是真正理解其《政治的概念》的意图的关键，故此，这句格言值得倍加关注。[48] 这句诗犀利地传递了这样一种洞见，即政治事物服务于自我认识(Selbsterkenntnis)且源于自我认识。我们可以这样解读这句话：通过认识我们的敌人，我们认识了我们自身；通过界定我们自身，我们界定了我们的敌

---

[46] 多伯勒(Theodor Däubler)，"意大利颂"("Hymne an Italien")，München，1916，《帕勒莫之歌》(Sang an Palermo)，页58(第二版，Leipzig，1919，页65)。在《隐匿的对话》中，我已经告知了这句诗的来源，而且尝试由此使我对《政治的概念》这本书的解读更加富有成果(页12、35、79-80、91、96)。([作者在英译本中的增补]施米特在生前从未在他的任何出版论著中提及这句诗的出处。)

[47] 施米特和多伯勒之间的友谊——这可以回溯至一战前——在不断增加的对于施米特的传记兴趣中日益受到关注。而施米特对他的这位青年时代的朋友的——由基督教的动机所支配的——批评以及由于在基督教立场上误解了这位朋友而进行的自我批评，并没有引起多大关注。参《从囹圄中得拯救》，页45-53。

[48] 在《语汇》中我们可以在标着"25. 12. 1948"[1948年12月25日]的条目下读到这样一段话："'敌人乃是我们自身的问题化作形象／他追捕我们，我们以相同的目的追捕他。'(《帕勒莫之歌》)这句诗是什么意思，它又源于何处？对于我的著作《政治的概念》的读者而言，这是一道智力测验题。谁对我的这个问题不能给出源自其自身精神和知识的回答，谁最好不要对我那本小书的艰难论题品头论足。"(页213)

人。我们把这样一种人当作我们的敌人——就我们"认识"我们自身并使我们自身和他人认识了我们自身而言——他使我们成了问题,或者我们使他成了问题。敌人在我们的自我认识之路上被迫成为我们的朋友,当我们的自我认识具有一个看得见的形象时,这种自我认识将[77]突然转化为某种敌意的源泉。

施米特在一篇题目为"囚室的智慧"(Die Wisheit der Zelle),日期为"1947年4月"的沉思性文章的结尾处第一次使用多伯勒的这一诗句,而这篇文章很明确地将自我认识作为其主题。[49] 在关于自我欺骗(Selbstbetrug)的沉思中,这篇文章达到了高潮,准确地说,正是在这个语境中,施米特提出了敌人的问题,而且他用这个以斜体字标明的诗句来回答这个问题。正是在施米特谈到欺骗和自我欺骗的危险时,"敌人"这一问题才成为这位政治神学家的反思主题。[50]"自我欺骗乃是孤独的产物"。[51] 为了摆脱自我欺骗,施米特指望着一种"客观的力量",它就是任何人也无法规避的敌人。因为,我们被告知,"真正的敌人是不容欺骗的"。敌人是如何轻而易举地得到关于我们的真正认同的知识的?或者说,他把握我们的本质的力量难道不是建立在某种知识的基础上?什么东西能保护敌人不受我们的欺骗?如果不是我们

---

[49] "你想要认识你自己以及(或许更想知道)你的现实处境吗?"《从囹圄中得拯救》页79的起首句这样写道。这一即兴的引导性文本以这样一个信仰宣示结束:"沉默的宁静以及人的神性起源的永恒的奥秘将我们所有的人联结在一起"(页78)。参页66和75。[中译编按] Die Wisheit der Zelle [囚室的智慧]这个标题呼应此文收入其中的文集标题《从囹圄中得拯救:1945—1947年间的体验》,两者均指向二战后施米特被盟军囚禁的经历。

[50] 谈完自我欺骗之后,施米特才开始在"囚室的智慧"里谈到敌人(页88)。参本书第一章,页45以下。

[51] 《从囹圄中得拯救》,页87。以下没有引证出处的段落,参页88–90。

自己,谁会保护他免于自我欺骗?[52] 因此,基于何种帮助且通过何种神意(Fügung)的安排,敌人才能够是施米特所寻找的客观的力量,敌人何以能够承担施米特赋予他的这一任务? 施米特所赋予敌人的任务在沉思的过程中得以廓清:据说敌人迫使我们进入一种交锋状态(Auseinandersetzung),在这种交锋中我们全部地、在生存意义上被攫取。"那么到底谁会[78]成为我的敌人呢?"施米特这样问道。"确切地说应该是这样,即我能够将他承认为敌人,甚至必须能够承认他将我也承认为敌人。在这种彼此承认的承认中蕴涵了这个概念的重要性。"在此,显然地,事情不仅仅关乎与这样一种敌人的斗争,这种敌人已经满足了政治事物的"简单标准",因为他"指涉一种肉体消灭的真实的可能性"。施米特一刻也没有停止与这样一种敌人的斗争,这种敌人威胁到我们的生存(Existenz)却并没有将我们承认(anzuerknnen)为敌人,或者说,他使我们在生存意义上成了问题,我们却不需要为了承认他的承认而理解自身。还有必要明确地提及这一点吗?——即施米特从没有停止过这样的追问:对敌人的认知(Erkenntnis)与对敌人的承认(Anerkennung)是一回事吗?[53] 施米特这样问道:

> 一般而言我可以把什么人承认为我的敌人呢? 很显然只有那种能够使我变得成了问题的人。通过将他承认为敌人,我确认,他

---

[52] "所有的欺骗乃是且永远是自我欺骗"(《从图圄中得拯救》,页88)。参《语汇》,页 27、63、89。

[53] 在此请参考施米特的陈述:"那么小心一点,不要轻率地谈论敌人。人通过他的敌人给自己归类。通过承认敌意,人们为自己划分等级。但是,这样一类毁灭者是糟糕的,他们声称人必定毁灭毁灭者,以此为自己辩护。然而,所有的毁灭只不过是自我毁灭罢了。与之相比,敌人乃是他者。"(《从图圄中得拯救》,页90)

能够使我变得成了问题。那么谁能真的使我成了问题呢？只有我自己能够做到这一点。

的的确确，只有我自己能够不仅在生存意义上而且全然地使我成为问题。为什么？或许是因为只有我自己而非任何其他人能够胜任全然地认识我自己？或者说，因为只有我自己能够在那个对我来说最重要的问题——即我凭什么生活、我为什么生活——中认识自己？然而自我欺骗是怎么回事呢？敌人的客观力量该当何论呢？不过，施米特继续写道：

> 只有我自己。或者我的兄弟。事情就是这样。他者是我的兄弟。

那种任何人无法逃避的"客观的力量"又回来了。我的兄弟将使我免于自我欺骗。因为"这兄弟经证明是我的敌人"。然而，谁是我的[79]兄弟？在有关敌人和自我欺骗的沉思中施米特相信他在《创世记》的真理中找了避难所：

> 亚当和夏娃有两个儿子，该隐和亚伯。人类历史由此发端。此即万物之父。这就是推动世界历史的辩证张力，世界历史尚未终结。[54]

对施米特而言，启示和历史使敌人成为客观的力量，他能识别出这种客观力量，而且通过这种客观力量他希望能够找到免于自我欺骗

---

[54] "Historia in nuce[简而言之]，朋友与敌人……敌人乃是我们自身的问题化作形象。具体而言，这意味着：只有我的兄弟能够将我置于问题中，只有我的兄弟能够成为我的敌人。亚当和夏娃曾经有过两个儿子：该隐和亚伯"（《语汇》，页217）。参《语汇》，页238。

的出路。敌人许诺我们这样一条出路——如果我们能够在敌人那里发现最高权威(die höchste Autorität)利用的工具,以使我们投入一种客观的事件,这一事件能够将我们和他人最为紧密地结合在一起,并且在这一事件中我们遭遇了"我们自身的问题"而且必须"以行动应答"。由此,敌人在我们面前显得似乎是我们的认同的保证人。当我们找寻自身,他就与我们遭遇。当我们抵制他,我们将找到自己。施米特的"囚室的智慧"向我们显明,与敌人的相遇——这是这篇沉思的主题——乃是在政治上进行的构想,且应该从政治上加以理解:施米特并非对多伯勒的诗句["敌人乃是我们自身的问题化作形象"]作了前政治的或非政治的理解,也没有对其作"仅仅个人性的"或"纯精神的"解释。政治性的交锋(politische Auseinandersetzung)乃是根本性的。它对于我们的认同具有构成性的意义。施米特对启示与历史的沉思性的指涉恰恰有意指向这一点。施米特的意图突出地表达在这个宣称中,即他前所未有地将弑兄或内战解释为万物之父。[55] 在其文章的第二个段落,施米特引用了[80]这句诗并将它完全化为己用,正是在这里我们发现了对于这句诗的直接的政治的运用。[56] 施米特在其《游击队理论》(Theorie des Partisanen)中题为"现实的敌人"(Der wirkliche Feind)的章节里这样写道,"每一种双前线战争(Zwei-Frontenkrieg)"——很明显这里所谓的双前线战争指的是[国际]战争与国

---

[55] "许多人引用赫拉克利特的话:战争是万物之父。但很少有人敢于同时思考内战问题"(《从图圄中得拯救》,页26;参见56-57)。

[56] 在1949年3月24日致一位通信者的信里——在这封信里施米特向他的通信者提及多伯勒的两节诗的意义和出处的问题(参本章注释48)——施米特写道:"您认为我能够写出那句出自'帕勒莫之歌'中的诗,这让我很高兴;顺便提一下,相信这一点绝不会'错'。"

内战争,所以每一种战争都是双前线的战争——

> 都提出这样一个问题,即谁是我们的真正敌人。拥有不止一个敌人难道不是内部分裂的症状吗?敌人乃是我们自身的问题化作形象。如果我们自身的形象能够被明确地界定,怎么会有敌人的这种双重性呢?[57]

我们很难解释,当一个人的自身形象以相同的程度严格地将自己限定于反对这两种敌人时,为什么其自身形象仍不能够清晰地给予界定。当一个人的自身形象得以明确地界定时,难道它不应该正好有能力征召(aufbringen)数个敌人反对自己吗?至于双前线战争就根本不用提了,它建立在这样一个事实的基础之上:其他一些人——或者至少这些人中的一个人——不知道他们的真正敌人,不知道他们的问题。显而易见,施米特的思考不能作现象学式的理解。施米特使用多伯勒的诗句的前提愈发清晰地显露出来:首先是信仰一种事先确立的对于敌人的识别标准。然后是假设我们的自我认同本质上与敌人相关,通过我们所否定的,我们的自我认同才能以权威方式得以界定。最后是确信除了在行动中,人无法成就其命运。[58] 因为,施米特十分突兀地继续写道:

> 敌人并非那种不分青红[81]皂白就必须予以剪除的人,也不能由于他的无价值性就必须对其予以消灭。敌人和我处于同一水平

---

[57] 《游击队理论:关于政治的概念的附识》(*Theorie des Partisanen. Zwischenbemerkung zum Begriff des Politischen*),Berlin,1963,页87。

[58] 关于这三个假设,比较《隐匿的对话》,页96。

面上。基于这个理由,我必须在斗争中与他分出胜负,以赢得我自身的尺度、我自身的限度以及我自身的形象。

我必须承认敌人,我必须与之斗争,由此我才能够成就我的命运,由此他也能成就他的命运。

政治斗争对我的认同的形成具有最根本的意义。施米特在其关于两个战线的思考中如此顺利地过渡到第一人称单数,正像他在关于自我欺骗的沉思中作了一个相反方向的过渡那样,即从单数"我"过渡到内战中的复数"我们"。如果人要想在政治参与中全部地、在生存意义上被攫取,那么我们的敌人必须无条件地成为我的敌人,[我]自身的(eigene)问题必须被证明为政治性的问题,这个问题必须给予政治上的回答。否则,政治事物就只能在一个专门的特性上与我相关;我的本质(Wesen)中就只有某个方面会被攫取,我的本质会始终是一个并非毫无意义的在政治上既无法通约也无法企及的"余数"(Rest)。"认识到政治事物乃是总体性的"这个诉求在施米特对"敌人乃是我们自身的问题化作形象"的解释中找到了其补充性的对应物。这两种说法相互阐明。故此,事实上这节诗可以看作理解《政治的概念》这本书的钥匙。对这节诗的运用尤其显明了施米特的核心问题,即在政治事物中寻找权威之物并使其发挥作用。与此同时,这节诗展现出施米特的[政治事物的]概念中的自我认识的限度。我们已经遭遇而且以后还将遭遇的这个未经质疑的前提与这种信仰有关,即相信那个一切所仰赖的终极问题不是人能够提出的,而是历史地给予了人。这个问题乃是一个召唤,一个诫命,一个任[82]务,它必须得到应答,得到顺服,得以实现。在这种信仰的确定性面前,所有那些在人的理智和自然的眼光看来对我们认识自我以及认识敌人有着最重要意义的区分都黯然失色，比如，最紧迫的与最重要的、最紧凑的与最高的、此时此地就需要为之辩护的善与纯粹的善、最具威胁性的敌意与最深的交锋等诸如此类的区分。在政治神学家看来，对于诸如此类的区分的执着或许显得是一种张狂的"自恋"（hybrider „Ich-Verpanzerung"）的结果，[59]它必然以自我欺骗为终结：如果听从召唤，一切区分都化为乌有。这种召唤不受限制，不受支配，不能预先把握，因为在它面前我们无能为力。感受这一召唤乃是信仰的事情，正像我们冒险所作的回答也是信仰的事情一样。我们相信只有我们知道（Wir glauben nur zu wissen）［这一点］，即我们必须冒险作答，而且它需要我们的全部的投入。除了这种毫无保留的顺服，投入的强度似乎是我们所可以期望的最重要的尺度，它也是唯一能帮我们摆脱欺骗和自我欺骗的尺度。若我们唯有在历史行动中才能成就我们的命运，那么很显然地，我们是在最强烈的参与中成就这种极端，而政治的生活即施米特为之辩护的最具强度的生活[60]才是最高的生活。最具强度的事物与最高事物的那种意义深远的同化与借助最紧迫的历史行动获取最重要之事相一致。因为如果我们相信，我们自身的问题在敌人的形象中与我们遭遇，而敌人的形象作为[83]一种客观的力量不容欺骗，那么与眼前敌人的交锋对我们来说就不仅最为紧迫，而且从表面上看总

---

[59] 请比较《语汇》，页111、192。
[60] 除了《政治的概念》中的这个构想（Konzeption）之外，请参［施米特］1933年6月20日在科隆就职演讲的结束语中［把政治生活与最具强度的生活］明确等同起来，"帝国－国家－联盟"（"Reich – Staat – Bund"），收入《1923—1939年期间与魏玛—日内瓦—凡尔赛斗争中的论断与概念》，前揭，页198。参"通过法学家形成的法兰西精神"（"Die Fornung des französischen Geistes durch den Legisten"），收入《德国—法国》（Deutschland – Frankreich），第一年度，第2期，1942，页29；以及《宪法学说》（Verfassungslehre），München u. Leipzig，1928，页210、228。

已经最为重要。难道还有其他方法能够避免再次滑入"自恋"的泥潭吗?对敌人的这种信心以及向强度的突然转变是以对于某种发生在我们身上并通过我们才能发生的意义的信任为基础的,这种意义能够决定一切,并隐身在具体事物之中,然而却有着最深的确定性。或者用施米特曾给以极高评价的另外一位诗人的诗句来说就是——通过这句诗施米特告诉我们,它回答了有关他的"命运"(Fatum)的奥秘这个问题:成就你必须成就的;它总已成了(es ist schon immer vollbracht),你只需在行动中应答。㉠

施米特对那种[属于我(们)的]自身之物(das Eigene [中译编按:或译"属己之物"])的迷恋在这同一种信仰中获得了解释:比如所谓"自身的问题"(die "eigene Frage")、"自身的水平""自身的尺度""自身的限度""自身的形象",等等。这种通过完全转向所谓的"自身之物"来摆脱"自恋"的尝试最初或许会使我们感到吃惊,然而当我们将"自身之物"理解为一种赋予我们的任务时,这种悖论就显得顺理成章了。这一信仰——历史的主宰者(der Herr der Geschichte [指上帝])已经分派给我们历史的位置并分派给我们历史的任务,我们乃是这种仅凭我们人的能力无法窥测的神意的一部分——使我们承担一种任何其他系统都不能带来的特殊的重负。对这种"自身之物"的宣称或实现本身被提升到了一种形而上学的使命的级别。因为最重要的事"总已成了"并被安顿于"自身之物"中,所以我们正是通过返回并持

㉠ 《从囹圄中得拯救》,页 53。[中译编按]这句出自 Konrad Weiss 的诗原文为 Vollbringe, was du mußt, es ist schon immer vollbracht und du tust nur Antwort。其中 es ist schon immer vollbracht[它总已成了]典出《约翰福音》19:30:"耶稣受了那醋,就说'成了',便低下头,将灵交付上帝了"。"成了"在马丁·路德的德译本圣经里作 Es ist vollbracht。

守这种"自身之物",才将我们自己嵌入那种包罗万象的、超越自我的整全(Ganze)之中。当我们意识到我们[84]"自身的问题"时,我们就向那个迎面而来的召唤敞开了自己;当我们把与"他者亦即异己者"的争论置于"自身的水平",以赢得"自身的尺度、自身的限度和自身的形象"时,我们就完成了我们自己的任务。正是由于这个最深刻的理由,施米特的那些断言才据称具有彻头彻尾的"生存主义的"(existentialistichen [或译:存在主义的])特质:例如在一个早期断言中,施米特宣称战争的"意义不在于为着某种崇高的理想或是为着某种法律规范,而是为了反对自身的敌人",⑥²又如他的著名评议,即那些冲突中的参与者只能为其自身作这样的决断:"在具体发生的冲突事件中异己者的他者性是否意味着对于其自身存在方式的否定,从而必须予以反击或制止,以拯救自身的、生存意义上的生存方式。"⑥³然而,只有当这种作为任务赋予我们的自身之物被看作 factum brutum [纯粹的事实]或者与其当时的"历史的具体性"等同时,这种自身之物才能在"自恋"的危险面前许诺一个安全的避风港。这种"自身之物"本身既不能成为区分的对象,在我们的"命运"中个体的本性也不能与历史的偶在事件予以分离,而且,"自身之物"也没有为人的自我认识这一最为棘手的问题——如何界定和标明什么是人的特殊性?——留下任何其他余地,而与这一问题有着最为紧密的关联的另一个问题是:人自身到底拥有什么基本储备,历史的条件到底能够为其自然状态添加

---

⑥² 《政治的概念》第一版,页17(强调为笔者所加);参第二版,页50-51。
⑥³ 《政治的概念》第三版,页8(强调为笔者所加);参第一版,页4;第二版,页27。

什么东西,或者对之作何改变?⑭"自身之物"也没有为"自然的事物"（Natürlichem）与"蜕化的事物"（Depraviertem）这一区分留下余地,只要我们执着于"自身之物",或与此相反,只要我们借先于我们的特殊性并超逾［我们］自身的那个存在者［85］来获得我们的定向进而发展自身,那么,这样的问题——我们是否能够在最高程度上和最卓越的意义上获得自身之物（Eigene）——就不能严肃地提出。⑮ 当回避自我欺骗变成了占统治地位的观点,且对于自我认识的所有努力被抛诸脑后,诸如此类的问题和区分就变得不合时宜了。因为只要人们相信不费吹灰之力就能求助于自身之物并将对其的掌控看作理所当然的事情,那么这些问题和区分就会动摇"自身之物"所许诺的那种安全。如果将其逻辑推至极端,那么这些问题和区分将摧毁如下确定性,即好（das Gute［或译:善］）已经被一劳永逸地预设了,它不需要作进一步探究,事实上它已不能容忍这种探究。⑯ 如果考虑到施米特如何不情愿作这种探究工作,那么在其构想中朋友和友谊为何会显得如此惊人地苍白且其重要性何以远远不及敌人和敌意就迎刃而解了。在《政治的概念》的最初两个版本中,关于朋友和友谊施米特只字未提；第三个

---

⑭ 卢梭,《论人类不平等的起源和基础》（Discouurs sur l'origine et les fondemens de l'inégalité parmi les hommes）,前言（"Préfact"）,考订版,Paderborn,1984［初版］,1993年第3版,页42。［中译编按］卢梭《论不平等》的这个考订版是一个法—德双语对照版,由本书作者Heinrich Meier编订并德译。

⑮ 见前一注释所引著作中的［拙作］《关于作品的修辞和意图的导言》（"Einführenden Essay über die Rhetorik und die Intention des Werkes"）,页LX - LXXVII。［中译编按］此文中译参迈尔,《卢梭〈论不平等〉的修辞和意图》,朱雁冰译,刊《柏拉图的哲学戏剧》（"经典与解释"辑刊,第2期）,上海:上海三联书店,页189 - 236。

⑯ 参《政治的浪漫派》,页137；《论法学思想的三种类型》,页25 - 26；《政治神学续篇》,页115；《政治神学》,页52(74)。

版本将朋友附带解释为“同类者和同盟者”;(67)在1937年的一个“附录”中我们得知,朋友“这个词的德语含义(像在其他语言中一样)最初只是部落中的成员”;(68)在施米特去世后出版的一个笔记中,我们发现了[86]具有施米特风格的定义——“朋友就是赞同和认可我的人”。(69) 关键的问题在于那种所谓的“[属于]自身之物”,一切最终都被还原到对它的不加问询且不再予以区分的赞同和认可。然而,如果我们不愿意直面这一问题,即对我们来说什么是好(was das Gute für uns ist),那么,我们怎么可能就朋友和友谊说得更多呢?我们怎么可能对朋友下一个积极的定义呢?(70)

---

(67) 《政治的概念》第三版,页8。

(68) 施米特继续写道:“因此,朋友在其最源初意义上只是歃血之友(Blutsfreund),血亲(Blutsverwandte),或者经由通婚、拜把子兄弟、子女过继或者经由某种组织而‘构成的同族关系’。或许是由于虔信主义(Pietismus)及其类似运动——这些运动在通往‘上帝之友’的路上找到了‘灵魂之友’(Seelenfreund)——这种在19世纪非常典型的、目前也还相当普遍的朋友概念的私人化和心理学化的倾向才粉墨登场。由此,友谊成为一种私人之事、同情的情感,最后甚至在一种莫泊桑气氛(Maupassant-Atmosphäre)中带着爱欲色彩(erotischer Färbung)。”(《政治的概念》,附录二,页104)这是施米特关于朋友和友谊的最详尽的说明。

(69) 这则笔记写于1949年2月13日,在其中,施米特谈到了一年后发表的《从囹圄中得拯救》中关于自我欺骗的沉思:“简而言之(Historia in nuce),朋友和敌人。朋友乃是肯定和确认我的人。敌人乃是使我成为问题的人(Nürnberg, 1947)。那么谁能使我成为问题呢?归根结底只有我本人能够做到这一点。敌人乃是我们自身的问题化作形象。”(《语汇》,页217;这则笔记的第二部分在本章的注释45中已经给出了)

(70) 参David Bolotin,《柏拉图关于友谊的对话:〈吕西斯〉解释并附新译》(*Plato's Dialogue on Friendship: An Interpretation of the Lysis with a New Translation*),Ithaca,New York,1979,1988年第二版,页85、117、127、134、158-159、174-176、193。参Seth Benardete,《生命的悲剧与喜剧》(*The Tragedy and Comedy of Life*),Chicago,1993,页88-91、128-129、186、202-203、225。

对施米特来说,敌人似乎具有将其自己(*selbst*)规定为敌人的优势。至少这是施米特给我们的印象,因为在施米特那里,敌人从来不以被攻击者的面目出现,而几乎完全是以进攻者的面目出现:[71]只要敌人攻击我或者使我成了问题,他就表明是我的敌人。这种视角的修辞方面的优势是显而易见的,而"理论方面的"优势对施米特而言更加重要。当进攻者要求人的所有注意力时,那种必须予以辩护的东西就愈益显得能够成为一种预设。除此之外,敌人以其切实的或者恐吓性的攻击将我们引向我们的"自身之物"。总之,敌人的"客观力量"[87]和那种"[属于]自身之物"来源于一个权威,作为对某个事件的应召和回答,它们被紧紧地维系在一起并向同一个方向迈进。当然,在施米特关于朋友的定义的意义上,那种对我加以赞同和肯定的"朋友"将其自身定义为朋友。然而,从中我能得到什么关于我自己的信息呢?从施米特的观点看,首要的问题是:这种朋友能够促使我采取行动吗?他能向我发出"以行动应答"的挑战吗?他能逼迫我使那种"自身之物"发挥作用吗?或者只是将他看作我的朋友?他能抛弃"自恋"吗?他能向人们指出一条路以摆脱施米特所忧心忡忡的人类的任意性和"不需要末日审判"的主体主义的状态吗?在施米特的概念中,朋友没有肩负任何意义重大的功能。这与敌人在施米特的理论事业中所具有的不可或缺性形成鲜明的对比。[72]在此意义上人们才可以合乎情理

---

[71] 以下被视作例外:"没有朋友的人是可悲的,因为他的敌人将审判他。没有敌人的人是可悲的,因为在末日审判那一天我将成为他的敌人。"(《从图圄中得拯救》,页90)

[72] 请比较前一段落(Absatz)与本书第一章中的相关片段(Abschnitt):页44-47,尤其是页45。[中译编按]这里第一章中的相关片段指第一章最后一段长破折号之后的部分。

地谈论敌人的优先性。[73] 对我们的认同[88]而言这尤其适用。不是对朋友的选择而是与敌人的斗争能够使"我们是谁"这一问题水落石出。如果我们没有必要连我们的敌人也去爱，我们至少需要以敌人为参照来获得我们的"自身之物"（Eigenes）：

敌人并非那种不分青红皂白或者因为其无价值性就必须予以剪除的

---

[73] 在最重要的、使得施米特的政治神学首先成为可能的考量里，这种[敌人的]优先性却并不成立（参本章之前的注释66和71）。在施米特的概念性行动中，这一优先性才更具决定性地成为有效的。这一点似乎令人称奇，当有人"指责"他在其政治的概念中赋予敌人优先性时，施米特为自己辩护，在1963年版《政治的概念》的"前言"里——作为全然的法学理论家且仅仅是法理学家（ganz Rechtstheoretiker und nichts als Jurist）——他推进了这一论点："每一种法学概念的运动都以辩证的必然性源自否定。""在法律生活中正像在法学理论中，将否定包括在内丝毫不意味着被否定物的'优先性'。作为诉讼行动的审判只有在以下情形中才是可以想象的，即当一项权利被否定时。刑罚和刑法不是将某一行为而是将某一非法行为作为它的开端。或许，这是一种对于非法行为的'肯定的'理解以及违法的'优先性'？"（页14－15）。在同一时期，在这本书的最后一页（页124），施米特告知我们一个关于"敌人—朋友这一语言学问题"的新的考虑，它再次使得敌人的优先性成为问题的核心：

如今我认为以下情形是有可能的，即Freund[朋友]一词中的字母R乃是一个中缀，虽然这种中缀在印欧语系的语言中是罕见的。这种中缀在过去很可能比今日更为习以为常。Freund[朋友]中的字母R可能是Feind[敌人]的中缀，正像Frater[兄弟]中的字母R是Vater[父亲]的中缀，或者数字Drei[三]中的R乃是数字Zwei[二]的中缀。

[施米特]读者将会判断出，仅仅是法理学家的（Nichts-als-Juristen）施米特的这一段笔法独特的论述多么令人称奇——如果这读者阅读了1963年的"前言"后还能记得起以下事实，即针对"指责"他赋予敌人优先性而作的"法理学的"（juristische）辩护乃是出自同一个作者，这位作者使得我们以及其他人认识到"没有朋友的人是可悲的，因为他的敌人将审判他。没有敌人的人是可悲的，因为在末日审判那一天我将成为他的敌人。"

人。敌人与我处于同一个水平面上。从这个意义上说我必须在斗争中与其遭遇,以赢得我的自身的尺度、自身的限度和自身的形象。

敌人很少是必须被消灭的,我们是如此需要敌人,以至于施米特在另外一个场合禁不住对自己大声疾呼:

Heureka[我找到了],我找到他啦,敌人。人没有敌人而存在是不好的。[74]

在《从囹圄中得拯救》和《游击队理论》两本书的关于自我确定(Selbstvergewisserung)的两个段落中,施米特使"敌人乃是我们自身的问题化作形象"这句诗成为他的关键措辞,在这里他好像与"竞赛性"立场更加接近,却与那种"巨大的形而上学的对立"所最初给予人们的期待相去甚远,也就是说,这位《政治的概念》的作者自以为能够凭借他的这种"巨大的形而上学的对立"与那种"竞赛性"立场相分离。事实上,这种区分正是在所谓的最接近的段落获得了更加清晰的轮廓。在此之前施米特已经提到,与竞赛中的对手不同,敌人能够迫使我们与其交锋并在这种交锋中将我们全然地、在生存意义上予以攫取。他也同样提到了对我们的认同而言敌人的神意般的规定以及政治斗争的构成性意义。竞赛性的竞争与这一切都不可同日而语。"人没有敌人而存在是不好的"[89]这句话固然也可能出于竞赛的立场而写,但是,只有当我们无视施米特精心构建这句话的语境时,这么说才站得

---

[74] 《语汇》,页146。请再比较:"自我欺骗从属于孤独"(《从囹圄中得拯救》,页87)。

住脚。具体地说,对接下来那句话这么说就已经不适用了,那句话不仅与施米特自己的说法,而且与他对于多伯勒那句诗的阐释密切相关:告诉我谁是你的敌人,我就能告诉你你是谁。⑮"与我自身处于同一水平面上"的敌人既不是致力于人格(Persönlichkeit)的全面发展的斗争中的同道者,也不是这样一种权力斗争中的对手,在这种斗争中,生成的无辜(die Unschuld des Werdens)粉墨登场,秩序不停地建立然后又被粉碎。他[敌人]不是被赋予"自由决定权"(Frei-sich-Entschließenden)的竞赛中的对手,自我确定的人之所以与其斗争只是为了使自己变得更强大并超越其"自身之物"。⑯ 对施米特来说,他也不能等同于那种单纯为了最大限度地发展人的能力或者自然的认识而发起的严肃的竞争中的反对者。⑰ 敌人之所以与我处于同一水平面上,乃是因为他被指派给我。我之所以必须与其斗争,乃是因为他否定我的存在,或者说,为了能够是我之所是(um sein zu können, was ich bin [或译:为了能够成为我自己]),我必须否定他的存在。因为敌意意味着"攸关存在地(seinsmäßige)否认另外一个存在者的存在"。⑱ 尽管有这些克制的和认可性的修辞,对施米特而言至为根本的规定却不应该被遗忘。当然,敌人不能因为其没有价值就被消灭。他不能在一般意义上被消灭,因为人没有权力消灭那些不是经由其自身创造的东西。⑲ 但是,如果敌人既不应该被消灭也不应该被清除,那么如下说

---

⑮ 《语汇》,页243。
⑯ 参尼采,《瞧,这个人》(Ecce homo),"我为什么如此智慧"(Warum ich so weise bin),格言第7和8(KGW考订版卷VI,3,页272-273及页274,行5-10)。
⑰ 参本书页71以降。
⑱ 《政治的概念》,页33。
⑲ 参《政治的概念》第三版,页19;《价值的僭政》,页61;《语汇》,页8。

法同样正确:在[90]紧急状态中,那种具体的、现实的或自身的敌人必须被杀死。对施米特而言,在这种生死斗争中性命攸关的并不仅仅是自我主张(Selbstbehauptung)或属人的承认(menschliche Anerkennung)。施米特即便在其关于敌人的沉思中所采用的带有黑格尔色彩的措辞——比如,关于"相互承认的承认"的说法,其中蕴涵着关于"他者与自我的关系"的"概念之伟大"(die Größe des Begriffs),据说"他者与自我的关系"才是"真正的无限物",或者,蕴含着关于"否定之否定"的说法,据说"真正的无限物"依赖于这种"否定之否定"——也不能掩盖这个事实。而该隐与亚伯的故事——施米特借以向自己确定其敌人并弄清敌意的"本性"(Natur)的核心范式——则说着另一套话语。"人类历史"既非始于一场公开的决斗,亦非始于一场为了属人的承认而进行的战争。该隐杀死了亚伯。我们不清楚亚伯是否保护过自己。我们没有听说过竞赛及其对称性。至于所谓的"相互承认的承认"就更不用提了。施米特的"开端"确证了弑兄。万物之父看上去就这样。他确证了人们必须忍受的恶,尽管如此,这恶在自身中还承载着善——因为难道除此之外还能发生些别的吗?这就是使世界历史保持运动的辩证张力。

只有在人类历史的相对而言短暂的阶段——即使这样也并非处处如此——人们才成功限制了敌意,使其受制于那些具有约束力的规则,并强迫它进入一种有序的轨道。人们可以将1927年的《政治的概念》读作一种承认正义的敌人的呼吁。这呼吁采纳一种理论讨论的形式支持一种道德立场,按照这种道德立场,应该赋予敌人同样的权利,以使他寻求捍卫"自身的、存在论意义的生活方式",就像我们为了捍卫我们的生存方式和对我们的存在的肯定而要求的权利[91]那样。施米特了解这种对于敌意的态度的稀罕性:"使人放弃对于敌人的歧视和污蔑,这实在是一件稀罕的,甚至是不太可能地富于人道(Humanes)的事情。"⑧当施米特[在20世纪]三、四十年代攻击那种"朝歧视性的战争观念的转向时——这种转向威胁着要废除"放弃将战争对手罪犯化"——他将自己视为在欧洲公法(ius publicum Europaeum)中取得的文明进步的代言人。当他六十年代通过区分习俗式的敌人、现实的敌人与绝对的敌人借以抵制那种用"绝对的敌人"取代"现实的敌人"的倾向,并提供一些范畴以用来揭露这种导致将敌人唾弃为"人类的敌人"或谴责为"无价值"的逻辑时,他将自己看作"欧洲人"(europäischen Menschheit)的最伟大的成就之一的保护人。⑧ 这一切与正义的敌人(gerechte Feind)与十足的敌人(Feind tout court)根本不是一回事这一洞见并不矛盾。相反,这一切以强调的方式证实了此洞见。这种深受施米特拥护或者向往的"人性化"(Humanisierung)可以通过不同的方式实现。敌人之所以可被承认为正义的敌人,是因为他满足了一种道德准则(moralischen Kodex),或者因为他只使用"正义的

---

⑧ 《游击队理论》,页92。施米特接着写道:"如今因为游击队的出现,这种观点重又被置于令人怀疑的境地。毕竟,这种政治交道(politischen Engagements)的最极端强度是游击队的标准之一。当格瓦拉(Guevara)说'游击队员乃是战争的耶稣会士(der Jesuit des Krieges)'时,他想到的是政治投入的绝对性。"(强调为笔者所加)在《语汇》中施米特将"在否定方面的信念犯罪"(Gesinnungs-Verbrechen)——它由"被宣称为人类的敌人的人"犯下——称为政治性的,且是在这个词的最极端、最具强度的意义上使用的(页145)。下面这种说法甚是时髦,说什么施米特将这种绝对的敌意以及敌人的刑事化或者敌人的违法性的自卫看作"超越政治"的东西,且不再理解为仅仅是政治性的。

⑧ 《朝歧视性战争概念的转向》(Die Wendung zum diskriminierenden Kriegsbegriff), München, 1938,页1-2、47、48-49;《欧洲公法的国际法中的大地法》(Der Nomos der Erde im Völkerrecht des Jus Publicum Europaeum),页92、94-96;《价值的僭政》,页46、58-59。

武器”，但尤其是因为——且[92]只要——他放弃将其敌人歧视为罪犯或者恶魔(Unmenschen)。不管怎样，这种对于正义的敌人的承认需要满足一种最低限度的道德条件或者最基本的共同特质，以使正义的敌人能够被辨别出来。抑或，停止对于敌人的歧视，有没有可能是因为，敌人被构想为在机运与必然性[交织]的游戏中的对手——在这种游戏中所有的参与者都提出他们的对于某种现象的道德解释以强固他们自身的立场并挑选与其存在相适合的那种武器，由此，在这场游戏中，唯独“正义的敌人们”陷入了彼此的冲突？无论如何，施米特对于正义的敌人的承认受惠于另外一种源泉。它是这样一种信仰的表达：敌人乃是神授的世界秩序(göttlichen Weltordnung)的一部分，战争天然带有上帝的审判(Gottesurteil)的特质(82)——至少当战争是在“正义的敌人”之间进行时是如此。(83) 只要战争的双方将战争理解为上帝

---

(82) 《从囹圄中得拯救》，页58；“夺取—划分—牧养”，页494；1937年施米特以这样的话结束他的演讲“总体敌人，总体战争，总体国家”：“战争和敌意属于各个民族的历史。然而，最糟糕的不幸在以下情形中才浮出水面，即——正如在1914至1918年的战争中那样——敌意从战争中发展而来，而不是——如正确且有意义的那样——从一种之前存在的、不可更改的、真正的、总体的敌意导向一种总体战争的上帝的审判(*Gottesurteil*)。”(《欧洲公法的国际法中的大地法》，页239，强调为笔者所加)此处施米特所说的真正的、总体的敌意在此后的术语中与现实的敌意(*wirklichen Feindschaft*)相符合，这种敌意一方面区别于那种单纯的决斗或“游戏”的习俗式的敌意(*konventionelle Feindschaft*)，另一方面区别于那种企图“清除”敌意本身的绝对的敌意，从而成为正确且有意义的敌意：“1914年时欧洲各民族和政府间并无现实的敌意就昏昏然投身于一次世界大战中。这种现实的敌意仅仅起源于战争本身，这种战争始于由欧洲的国际法来规范的各国之间的传统意义上的战争，终结于充满革命的阶级敌意(Klassenfeindschaft)的一种全球性内战。”(《游击队理论》，页96)

(83) 这种限制(Einschränkung)适用于国际法理论家。正如我们将要看到的，对于政治神学家们来说，这种限制在严格意义上不成立。

的审判,这种战争——如果我们暂且不考虑其目标[93]的话——就似乎与那种竞赛性的竞争易于混淆。最重要的已经被预设;秩序的意义本身——在这种秩序中每个人都为了保存和发展其自身之物而战——并非争论的对象。然而,一旦敌人离开这种共同的基础,且使得人对这种具有约束力的秩序发生疑问,最后企图将敌人予以"清除"或"消灭",其情形就大不一样了。在那种致力于"消除战争"的战争中,在那种将"绝对的敌人"假称为克服所有敌意之路上的所谓最后的障碍的全球性的内战中,这种敌意获得了那种国家间的"有所限制的"(gehegte)战争所远不能比的强度。因此,这又一次证明:施米特心目中的那种决定性的争论——对他而言这种争论关乎整体(Ganze)、意义和秩序——乃是关于敌人的争论。对敌意的肯定与否定彼此处于不可调解的冲突之中。为了说明敌人和敌意对他意味着什么,施米特不从那些受欧洲公法的观念所支配的国家间的战争中挑选例证是恰当的。这种如此"稀罕的,甚至是不太可能地富于人道的"事情——它这么晚才予以实现且只持续了几个世纪——怎么可能适合于澄清敌意的源初的和普遍的现象呢? 与其"存在论的—生存论的思考方式"(ontologisch-existenziellen Denkart)相一致,施米特把更为根本的切入点作为其思考的开端。以该隐与亚伯为范式(Paradigma),他追溯了人类历史上的首例弑兄或内战事件。内战摆脱了战争的限制(Hegungen des Krieges)。它对所谓的正义的敌人毫不知情。只有在内战中"人们所谓的战争"才获得"其最终的和严酷的意义"。[34] 只有在内战中敌意的全部真理才会向人显现其自身。然而,在施米特的这一范式中还有其他内容获得了表达的机会。当施米特让人想起(in Erinnerung ruft)该隐弑兄这一事件时,他也提醒[94]

---

[34] 《从囹圄中得拯救》,页26;参56-57和89。

我们这一事实,敌人乃是我的兄弟,通过一种共同性他和我联结在一起,这一共同性超越了所有的属人的承认:借由我的承认,敌人成了正义的敌人,但是由于他的存在与我的存在,由于那种不容我们主宰的命运,他是我的兄弟。与此同时,施米特还提醒我们这个事实:这种兄弟之间的敌意与区区家庭关系无关,也与"纯粹的属人事物"无关。他让人想起,反叛乃是这一弑兄事件的根本原因,⑧由此他指涉一个君王(König),这个君王与赫拉克利特的王(der Basileus des Heraklit)风马牛不相及。正如战争几非万物之父和万物之王,世界历史——施米特认为它还没有终结——亦几非黑格尔的世界历史。对于这位"基督教的厄庇米修斯"而言,人类历史始于对上帝的不顺服,终于上帝的审判(Gericht Gottes)。亚当、夏娃以及最终的审判日(*Jüngste Tag*)划定了救恩史的视域,施米特关于敌人的沉思就辗转腾挪于这个视域中。⑧通过引证该隐和亚伯的故事,施米特用圣经的真理(Wahrheit)反对赫拉克利特和"赫拉克利特式的厄庇米修斯——黑格尔"。⑧

---

⑧ 比较加尔文关于"创世记"4章2、5和7节的评注;另参翁贝托·卡苏托(Umberto Cassuto),《〈创世记〉注疏·第一部分:从亚当到挪亚》(*A Commentary on the Book of Genesis. Part I: From Adam to Noah*),Jerusalem,1978,页205-207以及212。

⑧ 《从图圈中得拯救》,页89和90。

⑧ 在《语汇》中施米特谈到了"使基督教的厄庇米修斯清晰可见的伟大任务,与之相比,黑格尔作为赫拉克里特式的厄庇米修斯乃是一个背教者(Abfall)。然而,这位背教者比起[赞同]联合国[理念的]汤因比(UNO-Toynbee)和西方的实证主义者来仍然要伟大千万倍"(页212)。参见71和本书第一章32页以降以及注释40、41、42。对照这里引述的施米特对黑格尔哲学所持的立场——尤其对照他向科耶夫提出的"问题",即在黑格尔那里究竟是否可能有敌人的容身之地,请比较施米特在《政治的概念》中所重述的黑格尔的"敌人的定义"(页62)。

施米特对敌意的辩护有一个神学的根基,与敌人的斗争遵循一种神[95]意般的命定(providentiellen Bestimmung)⑧:我要将敌意播撒在你的后裔与她的后裔中这一裁决先于该隐的弑兄。随着这个裁决,我们回溯到某个信仰原则,正是在这一信仰原则之上施米特构建了他的政治—神学的思想大厦,而且这一信仰原则在 1932 年以后的《政治的概念》一书中有着决定性的地位。⑧ 这个时候——最晚在这个时候——施米特对如下信念更加坚信不疑:与那个自身的、现实的、总体性的敌人的斗争在如下情形中将接近其最极端的强度等级,即当它关乎与这样一种敌人的斗争时——其道德尊严遇到了挑战,其历史的合法性发生了争议,其宗教的正统地位遭到了否定;或者关乎与这样的敌人的斗争时——从他自身的立场来说这种敌人将其对手攻击为绝对的敌人。敌意的最强阶段开始于敌人以非对称的关系彼此遭遇。然而,最强的阶段就是最具决定性的阶段。这蕴涵于关于政治事物的强度概念的逻辑中,这种逻辑将权威与最高的强度相等同,由此立刻产生了如下问题:施米特将何种敌意看作最强的?他关于敌人的"本质"的说法针对什么样的敌人?在他看来政治事物达到什么样的强度才能"在与众不同的意义上"被称为政治性的?因为正如战争"依据

---

⑧ 借助该隐和亚伯的故事,施米特唤起的不是某个以易记方式概括为一种洞见的神话,这种洞见能同样出色地建基于人学(anthropologisch begründen)并且能从另外一些来源推导出,相反,施米特借助这个故事指向一个对于基督徒——以及犹太教徒——具有约束力的信仰的真理。参《语汇》,页 215。

⑧ 《政治的概念》,页 67 以及第三版页 49。尽管这个明确的表述仅见于 1932 年[的第二版],可事实上,这个句子的实质从第一版起就处于第七章的核心位置,这一章致力于"人学上的认信"(anthropologischen Glaubensbekenntnis),或者更准确地说,致力于"政治理论与关于原罪的神学教义的关系",1932 年施米特将这些字眼添加进了这一章。

其敌意的程度(Grade der Feindschaft)或多或少能够成为战争"一样,⑩同样,根据修订过的[96]"政治事物"的概念,政治(die Politik)必须依据敌意的强度(Intensität der Feindschaft)或多或少成为政治性的,且或多或少能够成为政治(Politik)。至于在施米特看来什么时候政治事物才能达到其制高点,可以从《政治的概念》中的两个段落予以说明,这两个段落关乎"伟大政治的巅峰"(Höhepunkte der großen Politik)。自从放弃有关领域的构想(Gebiets-Konzeption)后,这两个段落就被添加进文本中,它们更加清楚地向我们表明,最有强度的、最具决定性的敌意以一种非对称的关系为前提。第一段话写道:

政治思考和政治本能只有通过区分敌人与朋友的能力才能在理论上和实践上证明其自身。伟大政治的巅峰发生于这一瞬间:敌人在一种具体的明确性中被识别出来。

第二段则借助四个事例说明了对施米特来说伟大的政治意味着什么。

---

⑩ "克劳塞维茨(《战争论》[*Vom Kriege*, Berlin, 1834], III, 页140)说:'战争只不过是以另外一种手段(Mittel)所进行的政治交往的继续。'对他而言,战争乃是一种'政治的区区工具'(bloßes Instrument der Politik)。这话当然也说得是(Das ist er allerdings auch),但是并没有穷尽对于政治本质的认识。除此之外,如果仔细观察的话,在克劳塞维茨那里战争并不是诸多手段中的一种,而是敌友划分的 ultima ratio[最终尺度]。战争有自己的'语法'(也就是军事-技术的特别合法性),但政治乃是战争的'大脑',战争并没有'自身的逻辑'。也就是说,战争只有通过朋友与敌人的概念才能获得其自身的逻辑,第141页上的这句话道出了所有政治事物的核心所在:'战争从属于政治,由此它获得了后者的特性。一旦政治变得更强大、更有力,战争也将如此,且能够达到企及其绝对形式的高度。'根据敌意的强度的不同,战争成为或多或少的战争。"《政治的概念》第三版,页16注释1(强调为笔者所加)。

第一段结束于施米特的一个核心声明,在其中第一次回响起多伯勒的那句诗,而第二段以那句出自《创世记》三章 15 节的根本性的经文作结。克伦威尔(Oliver Cromwell)在 1656 年 9 月 17 日的演说中引用过这一经文,而施米特则在《政治的概念》的关键段落利用这一经文作为其自我解释的中介。[91] 施米特想让我们知道,在现代世界范围里,[97]他"在克伦威尔反对教宗势力下的西班牙的斗争中"识别出了"那种敌意的最有力的爆发",正如在伟大政治的巅峰时刻这种敌意所可能显明的那样。克伦威尔的敌意

> 比 18 世纪那种当然也不可低估的[伏尔泰发出的]écrasez l'infâme[碾碎无耻之徒][的口号]还要强烈,比施泰因男爵(Freiherrn vom Stein)对法国的痛恨和克莱斯特([Heinrich von] Kleist)的"打死他们,末日审判时谁也不会向你们过问这件事"的仇恨更强烈。

克伦威尔的言辞(Rede)比启蒙思想家伏尔泰(Voltaire)以道德和人性的名义对天主教会发出的战斗口号(Schlachtruf)更强烈,比游击队员—诗人(Partisanen-Dichter)克莱斯特的绝对的民族起义的呼吁(Aufforderung)更加强烈——正是克伦威尔自我宣称说,他反对忠实于教宗的西班牙的敌意乃是建立在启示的真理(Wahrheit der Offenbarung)的基础之上。对克伦威尔的政治—神学的辩护在施米特一针见血的如下归纳中臻于顶峰:

---

[91] 在这一格言的启发下,施米特此后的这一声明——"在此期间,我们已经认识到,政治事物乃是总体性的"(Inzwischen haben wir das Politische als das Totale erkannt)——才能获得其完整的意义。

西班牙人是你的敌人,上帝在他身上种下了敌意;他是"自然的敌人,秉承神意的敌人(providential enemy)";谁把他看作偶然的敌人,他就不知道圣经和上帝之事(Dinge Gottes),上帝说,我要把敌意播撒在你的后裔与她的后裔中(《创世记》3:15);人们可以与法国讲和,但不可以与西班牙讲和,因为它是一个天主教国家,除非教宗愿意,否则根本没有和平可言。㉒

新教的政治家和专制者(Diktator)在一种[98]具体的明晰性中识别出来的秉承神意的敌人(der prodiventialle Feind),乃是真正拥有主权的教宗。

伟大政治的巅峰出现在这样一个瞬间:在这一瞬间中,秉承神意的敌人得以识别,自身的命运得以完成。施米特所谓的伟大的政治与半个世纪之前尼采在《善恶的彼岸》中所假设的"伟大的政治"形成鲜明的对比。根据尼采的说法,欧洲应该为之而早作决断的"漫长、可怕的(furchtbar)关乎自身的意志",那种"数千年来一直能够为其自身设定目标"的贵族的意志,那种结束了——至今还被称作'历史'的——无意义和偶然的可怖统治"的"伟大的冒险"的意志,乃是属人的意

㉒ 被施米特挑选的、以如此顺序排列的引文——克伦威尔对于敌意的解释在《创世记》三章 15 节达到了顶峰——出自卡莱尔(Carlyle)编订本的卷 III (1902,页 269、270 - 271、272、274 - 275)。整个演讲占据了超过 40 页的版面。施米特添加了《创世记》三章 15 节的出处。五年后在其"总体敌人、总体战争、总体国家"的讲演中,施米特说:"英国对抗西班牙的海战乃是日耳曼民族与拉丁民族之间、新教与天主教之间、加尔文宗(Kalvinismus)与耶稣会之间的世界战争,而且很少能够看到诸如人们在克伦威尔面对西班牙人时的立场中所发现的那种极度深刻和终极性的敌意的爆发的事例。"(《1923—1939 年期间与魏玛—日内瓦—凡尔赛斗争中的论断与概念》,前揭,页 238)

志,而在施米特看来,这种属人的意志必须被看作普罗米修斯式的张狂(Hybris[或译:肆心])的怪胎。施米特的伟大政治仅在如下情形中才与尼采的"为了对大地的统治(Erd-Herrschaft)而战斗"有所关联,即当它以这种战斗的形式与尼采所预言的"[追求]伟大政治的强制"(Zwang zur großen Politik)进行决定性的对抗时。那种通过鼓吹对大地的统治从而表明其要求的人,难道不是政治神学家的秉承神意的敌人吗?㉝ 同样,施米特的伟大政治与尼采之前及尼采以降的、通常意义上所谓的"伟大政治"也有区别。施米特所引用的四个历史事例没有一个源自古典意义上的国家之间的权力政治。没有一个事例能够唤起我们对那种来自现代国际法意义上的"有所限制的战争"中的敌意的回忆。没有任何一个事件能够代表那种"外部"与"内部"的分离、代表政治与经济、政治与道德以及政治与宗教的区分。在此,施米特谈论的乃是[99]"伟大政治的巅峰",他不再以"纯粹政治的理论家"的面目出现。他想表明这样一个立场,政治——用克劳塞维茨的话来说㉞——只有在以下情形中才能"获得其绝对的形式",即当它达到了信仰斗争的强度。在伟大政治的巅峰,信仰与错误的信仰(Irrglauben)进行着斗争。在这两个关于"伟大的政治"的新增加的段落的启发下,㉟施米特之转向强度概念的最深刻的意义,以及伴随这一转向所导致的特殊后果及其体现就一目了然了:通过对《政治的概

㉝ 尼采,《善恶的彼岸》,格言 208 和 203;参"关于一千零一个目标",《扎拉图斯特拉如是说》(KGW 考据版,VI,1,页 70 - 72)和《[尼采]遗著》(Nachlaß),KGW 考据版,VII,3,页 350,行 26。

㉞ 参本章注释 90。

㉟ "伟大的政治"这一概念只在《政治的概念》的这一段落出现过。关于这一点,请参考写于 1929 年的"不为人知的柯特"(Der unbekannte Donoso Cortés),收入《柯特四论》,页 75 - 76、78。

念》的新版本进行不动声色但却独具特色的文本添加,施米特从悄悄放弃所谓的"纯粹政治"的假定⑯——根据这一假定,朋友与敌人的区分"在理论上和实践上的成立无需同时运用所有那些道德的、美学的、经济的以及其他的区分",1927年时施米特仍将这些区分不加界定地归之于"其他的、相对独立的人类思想和行动的领域"⑰——过渡到1933年版本中的这个评断,即依据敌意的强度,战争或多或少能够成为战争;通过明确地提及"离经叛道者和异端"(Ketzer und Häretiker)⑱,施米特从对于"内部敌人"、内战和革命的新发现,过渡到高度重视教会的"圣战和十字军东征",并认为它们乃是"建立[100]在一种尤为真正(*echten*)和深刻的对于敌人的决断的基础之上的行动"。⑲ 政治事物的通常的层级化(Gradualisierung)在施米特对于那种"伟大政治"的最极端的强度等级的指涉中找到了它的遁点。让政治事物从其与共同体的顽固缠结中摆脱出来并转化为一种流动的联盟状态——这种状态可以从任何方位抵达且能够攫取任何事物——这只有在那种朝向信仰斗争的概念定位中才能获得其充分的意义。作为这一概念定向的结果,必须最终将 *politiké koinonía*[政治共同体]本

---

⑯ 《政治的概念》,第一版,页25-26。1932年施米特删去了诸如"纯粹政治的理论家"、"纯粹的政治概念"以及"纯粹的政治思想家"这样的习惯用法。

⑰ 《政治的概念》,页27(强调为笔者所加)。1927年施米特写道:"朋友与敌人的区分在理论上和实践上的成立无需同时运用道德的、美学的、经济的或者其他领域的区分。"(《政治的概念》第一版,页4)

⑱ 《政治的概念》,页46-48;参页29、30-32、42、43、47、53、54。

⑲ 《政治的概念》第三版,页30(强调为笔者所加)。1927年时教会的圣战和十字军东征尚没有存在的空间;1932年时施米特第一次谈到它们是"如其他战争一样建立在对于敌人的决断这一基础之上的行动"(第二版,页48)。请比较此句前面那个句子中值得关注的插入部分(第一版,页17;第二版,页48;第三版,页30)。

身在本质上或在最完满的意义上理解为信仰共同体。当施米特1933年作如下解释时，他就毫不犹豫地得出了上述结论：

> 对于政治决断来说，即使是那种正确认识和理解的纯粹的可能性以及由此而来的参与讨论和作出判断的权利，也只能建立在生存意义上的分享和参与(*Teilhaben und Teilnehmen*)的基础之上，建立在真正的参与(*participatio*)的基础之上。

以上声明——通过它施米特使自己与所有伟大的政治哲人形成了尖锐的对立，从柏拉图到卢梭，这些政治哲人中没有人会想到去否认异乡人(Fremde)"在政治决断中有正确地认识和理解的区区可能性"[100]——显而易见地将一种信仰共同体的特殊性纳入其视野之中。如果说它适用于某个地方[101]的话，那么再也不会比在信仰共同体中更加适合的了，这种信仰可以被追溯到一种人的全部理智所无法企及的真理，而这个共同体相信自己受其赐福，并且认为自己在生存意义的参与中(in der existentiellen Teilhabe)与尤其属于本共同体的真理——在这种完美的参与中(in der vollendeten participatio)——不可

---

[100] 在柏拉图的情形中，只消回忆一下《法义》以及在柏拉图全部对话中赋予那个雅典异乡人(Fremde)的独一无二的地位就足够了。就卢梭而言，我们可以举《社会契约论》中"论立法者"(Du Législateur)为例（第二卷第7章）。此外，两位哲人通过其行动使我们理解了这个问题，亦即作为哲人，他们认为自己有能力正确地识别出具体共同体——尽管他们不是其中的公民——的政治前提并且对其政治决断决定性地施加自己的影响，这样做不仅无损而且正是由于这样一个事实：他们是作为异乡人发表意见并作出判断。

分割地联结在一起。⁽¹⁰⁰⁾ 在那种对于"新信仰"(neuen Glauben)的尖锐

⁽¹⁰⁰⁾ 《政治的概念》第三版,页8;参第二版,页27;请参考《教会的可见性:一个经院学的考量》("Die Sichtbarkeit der Kirche. Eine scholastische Erwägung",以下简作《教会的可见性》),收入《大全》(Summa),第2季度,1917,页71、75、79。以下插入语——在1927年和1932年的版本中没有与其相匹配的对应物——位于上引的1933年版的引文之前:

> 一个异己者——in suo esse perseverare [保持在自身的存在中]——既不能对"紧急状态"是否已经出现这个问题作出决断,也不能对这样一个更深入的问题作出决断,即为了保卫自身之生存并维护自身之存在,什么东西作为一种"最极端的手段"对于保存生命乃是必需的。异己者和那种另类者(der Fremde und Andersgeartete)或许表现出一副严格的"批判的""客观的""中立的""纯粹科学的"面目,而且在类似面纱的掩蔽下混入其异己者的判断。他的所谓的"客观性"或者只是一种政治的面纱,或者是彻头彻尾的、失去所有本质物的不相关性(Beziehungslosigkeit)。

关于《政治的概念》第三版中的这一个段落和其他段落中的反犹主义的暗示,请参考《隐匿的对话》,页14-15注释5和6;参施米特的社论,《德国的知识分子》("Die deutschen Intellektuellen"),刊《西德意志观察家》(Westdeutscher Beobachter),第126号,1933年5月31日,以及《国家、运动、人民》,页45。施米特用一般性陈述表达了他对斯宾诺莎的 in suo esse perseverare [保持在自身的存在中]的看法,那与其说是公开表述的反讽式援引,不如说是暗地里的影射,他也含蓄地批评了西美尔(Georg Simmel)(《社会学:关于社会化形式的研究》[Soziologie. Untersuchungen über die Formen der Vergesellschaftung],Leipzig,1908,页687 关于异己者的客观性和参与性;参页686和690),不久之后施米特的学生和朋友福斯特豪夫(Ernst Forsthoff)赋予这些批评彻底的反犹主义的转向并以最粗暴的方式加以展开和发展(《总体国家》[Der totale Staat],汉堡,1933年,页38以降;参页48)。在[反犹]盛行的情形下(unter den obwaltenden Umständen),将这段话解释为直接针对"异己者和那种另类者"的化身的犹太人,乃是再明显不过的"历史性的—具体的"运用。尽管如此,它只是一种解释,这种解释只是赫然显明了这样一个东西,

攻击中,施米特最终使其《政治的概念》达到了巅峰,从而使其形象得以圆满完成。最后一个版本的最后一章对于"自由主义教义手册"(liberalen Katechismus)的"所有存货"的攻击,对于将自己"伪装成'科学'的19世纪自由主义形而上学"的攻击,以及对于其"教父"(Kirchenvater)贡斯当(Benjamin Constant)的攻击,所包含的不仅仅是把[102]因大卫·施特劳斯(David Friedrich Strauß)而流行起来的以新信仰反对旧信仰的论战简单地予以倒转。[102] 施米特的这种攻击并非站在旧信仰的立场而是站在正确的信仰的立场。正是从这种[信仰]立场出发,施米特相信他能一举击中自由主义和马克思主义的要害,且能够将后者界定为只是"运用19世纪自由主义思想方式的一个事例"。通过与鼓吹经济的、工业的和技术的进步最终战胜了政治事物这种异教教义做斗争,施米特将目标指向两种主义的信仰核心,[103]并忠实于这一准则,即"所有精神性的表达都有意无意地将一种或正统或异端的教条(Dogma)作为其前提"。[104]

施米特的概念构成所采用的尺度即信仰斗争乃是真的(wahre)信仰与异端的信仰的斗争。在这种信仰斗争中,某种联盟与解体的最极

即当 *politiké koinonía*[政治共同体]被理解为一个信仰共同体时,它意味着什么,或者在相应的历史条件下它能够意味着什么。[中译编按] *in suo esse perserverare* 语出斯宾诺莎《伦理学》第三部分,命题六。

[102] 《政治的概念》第三版,页54以降,第10章。正文所引片段出自页55-56、57和58。

[103] 作为与新信仰在"政治上—论战上针锋相对的一个典型系列",施米特以简扼的方式作了如下援引:"自由、进步和理性与经济、工业和技术联手战胜了与国家、战争和政治联手的封建主义、反革命和暴力——国内政治活跃于议会制和闲谈中,它们战胜了绝对[王权]制和独裁制(Absolutismus und Diktatur)。"(《政治的概念》第三版,页56-57;参第二版,页74)

[104] 《政治的浪漫派》,页5。

端的强度等级(äußerste Intensitätsgrad einer Assoziation und Dissoziation)得以实现。最具强度的敌意是那种权威性的敌意。因此,"在显著的意义上"它与统治、秩序与和平相关。我们需要关注那件唯有它才要紧的事([der] Fall..., auf den es allein ankommt)。日常政治只是这件事的微弱反映,与这一件事相比,日常政治显得只是在或多或少的意义上才是政治性的,日常政治甚至对这件要紧事是反其道而行之的,而且只要有可能就会尽量阻止这件事——这一切都不能动摇这一件事的核心性。正如"伟大政治的巅峰"的例外性很难动摇政治对于正确理解[103]施米特的构想的决定性意义,同样,过去那种对于正在临近的敌基督者的统治的期待的无休无止的落空,也丝毫不能免除信仰者对于撒旦的威胁的关注——这种威胁随时都可能降临到他的身上,也丝毫不能免除他对于那个前所未有的事件的关注。那件"唯有它才要紧的事"乃是施米特所有思考的出发点和落脚点。任何想把握施米特的概念性行动的人,都必须过问这件事。因为正是这件事,而不是绝大多数通常意义上"是件事"(der Fall ist)的事情,才是施米特的概念构成的关键所在。那种在"学术的可操作性"的尺度下显得不可思议的事在如下情形中,即当施米特的定义在最大程度上运用其上的这件事变得昭然若揭,当那些个别的主张(Aussagen)、散落在各处的事例和引证以及间接的和附带的解释得以融贯一体的那个观点能够被识别出来时,将会是另外一番光景。施米特的概念之所以在现象学上如此不合"时宜",这可以从其对那个有权决定一切且对于施米特来说唯有它才要紧的事的指涉得以解释。[109] 比如当施米特在《政治的

---

[109] 见前文页78和80。在第二版中,施米特试图通过辅助性构想来消除其概念的显而易见的现象学缺陷:在国家中,跟首要层面的政治决断一起,"大量次级层面的关于'政治性的'概念粉墨登场了",或者如他在1933年所写的那样,

概念》的一个令人惊异的段落中强调指出，只有处于冲突中的参与者本人才能确定"异己者的他者性（das Anderssein des Fremden）[104]在具体的冲突事件中是否意味着对其自身存在方式的否定，由此为了拯救其自身生命的存在方式必须对其予以抵制和斗争"时，这句话既不是指涉某种政治的现实性在现象学上的杂多性，也并非止步于施米特所谓的"政治事物的简单标准"。谁不能在如下意义上一下子想出一打能够激化为战争的或革命的冲突并由此无可争议地"指涉一种肉体消灭的真实的可能性"的政治冲突的事例呢？——这种冲突中的敌人无需借助与"异己者的他者性意味着对自身存在方式的否定"这一洞见遥相呼应的决断来确定。如果考虑到施米特为了强调这句话曾经对它作过两次加工，那么我们就有充足理由从字面上理解这句话。尤其是，这句话来源于《政治的概念》中唯一明确地关乎"敌人的本质"的段落。如果这句话首先关乎这个敌人（der Feind），其"在冲突事件中意味着对某个人自身存在方式的否定，由此必须对之予以抵制或斗争"，那么此后的问题就是那种意义深远的决断，即敌人的他者性是否意味着对某个人自身存在方式的否定，或者说，对这种他者性是否由此就必须予以抵制和斗争。⑩到底是什么事使得施米特[105]的行文

"大量次级层面的、以涉及某一现存国家而著称的关于'政治事物'的概念是可以设想的"（第二版，页30；第三版，页12；参施米特在此后论述"潜在的内战"时所作的巨大修改）。尽管如此，他仍然要求自己"以纯粹现象学的方式"工作，而且他的许多追随者以及对手也都是这么说的。关于这一点，施米特有多种说法，下面是其中之一："我的《政治的概念》避开了所有的一般基础，它是纯粹现象学的（亦即：[纯粹]描述性的）……"（[中译编按]此句引文原文为法语）。[施米特] 致 Julien Freund 的信，1964年11月10日，收入《施米特文库》（*Schmittiana*）卷II，*Eclectica*[系列丛书]79–80（布鲁塞尔，1990），页58。

⑩ 《政治的概念》第三版，页8（参本章注释101）。关于敌人，施米特1927

如此精雕细琢？这句话在最高程度上与谁有关呢？谁仅仅由于其存在而有否定的权力呢？哪种存在者(welchem Sein)拥有这种否定的权力且由此必须对其予以抵制和斗争呢？在这个问题面前，欧洲公法的法学家将显得无能为力，而政治神学家却并非如此。[107]

年写道："他就是那个他者，那个异己者，且满足以下本质：在一种特别具有强度的存在论意义上，他是一个另类者和异己者，以至于在冲突情形中他意味着对于自身存在方式的否定，由此，为了维护自己的、与存在相适应的生活方式，必须击退他并与其战斗。"(第一版，页4)1932年时，这句话被拆成了好几句话，且被很长的插入语隔断，在内容上也作了重要变动，在这一问题上施米特是以这样一种方式结束他的分析的："只有当事人自己才能确定那种极端的冲突状态；也就是说，每个当事人自己才能决定，在具体呈现出来的冲突情形中，异己者的另类存在是否意味着对于自身生存的否定，且由此必须予以还击和斗争，以维护自己的生活方式。"(第二版，页27)在1963年新出版的"未作改动的"文本中，施米特将他原来的陈述的基本要素再次分解为两个段落，予以扩充。

[107] 当施米特提出"在黑格尔那里究竟是否可能存在一种'敌人'"这个问题时，科耶夫(Alexandre Kojève)毫不犹豫地确认了这一对施米特来说生死攸关的事实。施米特以这种疑问的方式向这位黑格尔专家和盘托出了自己的根本怀疑，它关系到"黑格尔的敌人概念，尤其是关系到《精神现象学》论'论苦恼意识'那一节中的词语'敌人'"(《精神现象学》，Hoffmeister 编，页168)。"我关注的是这样一个表达：敌人在自身最为独特(几行后改为：在自身固有的)的形象中。当人在兽性的功能(tierischen Funktionen)里显示自己时，谁是这样的敌人？更准确地说：他怎么可能在这种兽性的功能里显示自己？在那里他要找寻什么？在我的小书《从囹圄中得拯救》中(页95-96)，在论述'敌人'时，我引用了多伯勒的诗句：敌人乃是我们自身的问题化作形象"([施米特致科耶夫]1955年12月14日书)。1956年1月4日科耶夫回复道：

"在自身最为独特的形象"中的敌人最可能是魔鬼，更准确地说：基督教的魔鬼，他正是"在兽性的功能里"显示自己。对黑格尔而言("对我们而言"或"就其自身而言")，这些功能乃是"虚无的"(nichtig)，因为人否定这些功能，并且只是作为其否定而成为人，而不仅仅是兽。然而，由于那个"苦恼的意识"(亦即宗教人，更准确地说，基督徒)在其为承认(为其人的现实性和尊严)

而进行的斗争中,显示出其作为一个奴隶面对死亡和生命的冒险,从而躲避斗争,所以,"对它[即苦恼意识]而言",那种兽性特征并**不是**"虚无的",而是强有力的,也就是说"魔鬼般的"(teuflisch)……当人在敌人面前有畏惧之情时,他将变得"如魔鬼一般",由此而变得"强有力":他是"主人",别人是其"奴隶"(最起码,只要别人没有逃离他跑到"彼岸世界"中时是这样)。您问:"在黑格尔那里究竟是否能有一种敌人?"如同常见的那样:是又不是。是——倘若且只要存在着为承认而进行的斗争,亦即[倘若且只要存在着]**历史**。世界**历史**乃是人与人之间的[充满]敌意的历史(一般来说动物中不存在这样的历史,因为:动物们**为着**某种东西而"争斗",而从不出于敌意)。不是——倘若且一旦历史(=为着承认而进行斗争)在绝对知识中被"扬弃"。由此,归根结底敌意只是"逻辑"亦即人类言辞的一个环节。智者的完善的言辞(绝对知识)也(在《精神现象学》中)谈到那种(已成过去的)敌意,但智者的谈论从不**出于**敌意,也不是**冲着**敌人们去的。

[中译编按]科耶夫引文里方括号中内容[即苦恼意识]为作者迈尔所加。

三　启示,或者谁不赞同我谁就是反对我

依照圣经,智慧的开端在于敬畏上帝;依照希腊哲人们,智慧的开端在于惊异。由此,从一开始我们就被迫作出一个选择,被迫站一个队。那么我们站在哪一边呢?我们面对的是效忠耶路撒冷与效忠雅典这两个不可兼顾的要求。

施特劳斯,《耶路撒冷与雅典》

＊　　＊　　＊

　　[109]对于启示的信仰关乎着政治神学的生死存亡。因为政治神学以启示的真理或者说一种信仰的真理为前提。因此政治神学不得不从一开始就在非信仰中识别其敌人。通过反对敌人,政治神学为自身进行辩护。与那些成千上万的错误信仰(Irrglauben)的变种不同,非信仰(Unglaube)能够以其凝练的形式使政治神学彻底地成为问题。对于政治神学来说,将非信仰看作错误信仰并把它当作"攸关存在的"(seinsmäßigem)敌人而与之遭遇是更加重要的,至于其处于防守状态还是转入进攻状态则无需理会。在信仰与错误信仰的斗争中不存在"中立者":在启示真理面前朋友与敌人分道扬镳。谁否认这一点,谁就是欺骗者。谁质疑这一点,谁就顺服了敌对者(Widersacher)。因为,正是在这里体现出了政治神学所要求的能够攫取一切并渗透一切的真理的威力(Gewalt der Wahrheit),因为,这种威力能够迫使我们作出决断,召唤我们进行非此即彼的选择,这种选择是任何人都无法逃避的。敌意乃是与启示信仰相伴而生的。一个神学家——他证明,神学思考经过数百年的令人安慰的协调和虚伪的"综合"已经能够获得一种尖锐性和明晰性——这样说道:"恰恰因为存在上帝的启示,才会有反对[110]上帝的敌意。"并继续说道:"哪里启示不能唤起信仰,哪里就会招来反叛。"①

　　为此,在启示信仰中敌友的区分不仅找到了其理论根据,与此同时还证明了其实践上的不可避免性。施米特的政治神学不仅在其学

---

　　① 布尔特曼(Rudolf Bultmann),《新约神学》(*Theologie des Neuen Testaments*),第 9 版,Tübingen,1984,页 370;参页 427;《约翰福音释义》(*Das Evangelium des Johannes*),Göttingen,1941,页 296;参《三部约翰书释义》(*Die drei Johannesbriefe*),Göttingen,1967,页 43。

说（Lehre）上而且在其操作（Vollzug）上都把自身决定性地理解为政治神学（politische Theologie），因此对于其政治神学的这种双重性需要给予进一步考虑。就其不仅仅停留于将启示真理"运用于"政治事物或者为了理解政治事物而"诉诸"（heranzuziehen）启示真理，而是试图将启示本身理解为政治性的而言，此所谓学说意义上的［政治神学］。就其将自身理解为置身于缓刑（Probe［或译：考验］）状态与审判状态之中的历史行动且知道如何区分敌友而言，此所谓操作意义上的［政治神学］。这两个环节——政治神学的样式（Modus）及其教义（Doktrin）——分享着这样一个共通点，即信仰的顺服（Gehorsam des Glaubens），这也是政治神学的存在理由（raison d'etre）。[②] 顺便说一句：如果一种政治理论宣称自身建基于启示，那又如何可能没有看到，这种宣称及位于其根底处的一种历史事件的断言（主权者的权威由此宣告自身的意志），正面临一系列与之相竞争的宣称和断言，而这使得一种政治区分变得无可避免？尤其是，这种理论怎么能够对这样的洞见——即信仰的顺服从一开始就包含和需要这样一种区分——无动于衷呢？恰恰相反，难道不是每一种神学都郑重其事地将其自身理解

---

② 加尔文是这样评论《罗马书》一章5节的：

我们由此可知，顽固抵抗上帝的权威，且颠覆所有祂的秩序的人，正是那些轻蔑而不敬地拒绝福音书教诲的人——福音书教诲的目的乃是驱使我们对上帝顺从。此处还须注意，信仰的本性因此被标上顺服之名，因主借着福音书呼召我们；我们借着信仰回应呼召。反之，所有对抗上帝的顽固者之首，是不信仰（sicuti contra, omnis adversus Deum contumaciae caput, est infidelitas）。

《保罗〈致罗马人书〉评注》（Commentarius in Epistolam Pauli ad Romanos），Parker编，莱顿，1981，页16（德文译者 Haarbeck, O. Weber 编，Neukirchen，1960）。［中译编按］加尔文引文原文为拉丁语，本书原著附有德译。中译据拉丁文译出。

为一种建立在启示基础之上的政治神学吗？以至于，难道不是那种不把自身理解为政治神学的启示神学就不可能理解其自身吗？

　　施米特与 20 世纪的任何一位其他政治理论家都不同。他将启示与政治(Politik)视为一体且不遗余力地试图把两者结合在一起。这招致很多神学家的真正不满，因为，施米特的这种事业的"激进主义"(Radicalismus)有可能在政治上被看作不明智和危险的。然而在政治上危险的事情却能促成对于那个论题的洞见(Einsicht in die Sache)，且对哲人尤其具有启发作用。事实上，还有什么比那种指向"更深刻的关联"的思想的"激进主义"能使人得到更多教益呢？还有什么比这种"激进主义"所招致的困境、其有意无意所显明的非此即彼的可能性以及其自身已无力再问的问题能使人得到更多教益呢？施米特从神学上或者说在启示的真理这一恒常的视角下理解政治事物，并且从政治上或者说在顺服与反叛的决断这一视角下理解神学，从而为我们提供了思考政治与启示的相互关系并深入探究双方之诉求的机会。这中间正体现了施米特的政治神学的超越历史时段的永久意义。施米特理论大厦中这种将启示与政治在两个方向予以勾连的核心要素乃是这样一种思[112]想，即把政治事物还原为一个三方格局(triadische Konstellation[或译：三角构造])，这种三方格局可以随时随地发生，以至于为了反对某个敌人而联合在一起的两个人就能组成一个政治联盟，也就是说三重位格(drei Personen)就足以使政治事物得以实施，而不管它关乎自然的位格、法律的位格或是超自然的位格(Personen)，也不管这三重位格是否实际存在。* 敌友的区分这一导向使得政治事物与神学事物成为可通约的。

---

　　* [中译编按]Person 一词这里有对基督教核心教义"三位一体"中的"位格"(Person)的指涉；酌译为"位格"。在本书中，当 Person 涉及具体个人时，一般译作"人格"。

最后的步骤则是向强度概念的转向。当政治事物凭借敌友区分这一手段被定义为"某种联结与分裂、联盟与解体的最极端的强度等级"时,③从政治顺利地过渡到启示神学的道路就大敞其门了。区分敌友这一政治必然性由此可以追溯到堕落（Stündenfall）中的朋友—敌人格局（Freund-Feind-Konstellation）,而在另一方面,顺服与反抗、信靠上帝与背弃信仰这种神学基本决断的政治特性也大白于天下。与那种秉承神意的敌人的斗争"在其显著的意义上"可以被理解为一种政治斗争,在有关人类的真正敌人与朋友的神学学说的视域中,历史可以被理解为一个救赎的进程。基督与敌基督者的终末遭遇——在这一遭遇中人必得进入一种生与死的"联合或者分裂"——[113]由此显得好像是一种对信仰的许诺（Verheißung des Glaubens）而且是伟大政治的完成。施米特并不仅仅局限于为"超验之门"大开方便之门。④

---

③ 《政治的概念》,页27、38、62;参页28、30、36、37、54、67。"就'政治性的'（politisch）这个词而言,既没有任何一个与之相关的领域也没有任何与之相关的素材（Materie）能够与其他领域和其他素材相区分,相反,'政治性的'这个词乃意味着某种联盟与解体的强度等级。当敌友的划分对象能够从中得以明晰时,任何一个领域都有可能成为政治性的。'政治性的'这一概念并非任何新的素材,而只是……一种'新的转向'"。《雨果·普鲁士:其国家概念及其在德国国家学说中的地位》（Hugo Preuß. Sein Staatsbefriff und seine Stellung in der deutschen Staatslehre）,Tübingen,1930,页26注释1。

④ 参《政治的概念》,页121–123。关于上帝与人之间的友谊,托马斯·阿奎那（Thomas von Aquin）写道:"友爱维持于某种平等中,而许多事情是不平等的,因此看来无法维系友爱。正因为如此,为了人与上帝之间更亲密的友爱,对人而言上帝权且成为人,因人自然与人是朋友;于是,一旦我们可见地认识了上帝,我们就将陷入不可见的爱中。"《反异教大全》（Summa contra gentiles）,IV,54（"上帝成人是合宜的"）:《全集》（Opera omnia）,XV,Leonina编（Rom,1930）,页174（强调为笔者所加）。（施米特在他本人持有的《政治的概念》第三版上添加了"《反异教大全》IV,54"这个出处。）[中译编按]托马斯引文原文为拉丁语。

如果说当某种意志或诫命将两三个人联合在一起以对抗另外一个敌人时政治事物即应运而生，那么[20世纪]30年代初期施米特对其政治事物的概念进行修订之前，那在严格意义上被称作"政治的"事物，现在看来显得充其量不过是那种远为全面的政治—神学的现实性(politisch-theologischen Wirklichkeit)的一个世俗部分。施米特为极其多样的政治联盟创造了空间：为诸民族和诸阶级，为城邦(Polis)、教会和国家，为各种游击队、各种教派(Sekten)，等等。这一行动的目的并不在于其最高程度上的一般性和最宽泛的适用性，而在于它能够在概念上将政治事物揭示为施米特所说的那种决定一切的东西并且使这种决定一切的东西在政治事物中发挥作用，而伴随着概念的扩充的那些已经被我们详细讨论过的规定性和引证证实并强化了这一点。比如说，施米特对"敌人的本质"所作的更确切的陈述，他关于"伟大政治的巅峰"的新段落，他关于政治决断中的"正确认识和理解的区区可能性"基于其上的"真正的参与"所作的评议，或者，他让人想起的以一种"尤为真正和深刻的对于敌人的决断"为基础的教会的圣战和十字军东征，这些都揭示出，[114]在施米特的概念形成中，他把信仰共同体看作最为完美的或者"最具强度的"政治联盟，而把为信仰的斗争看作最深刻的或者说"最极端的"政治斗争。这一定向(Orientierung)在《政治的概念》第三版中体现得尤其明确，在这一版中，施米特与施特劳斯进行了一场隐秘的对话。[施特劳斯]这位政治哲人使得[施米特]这位政治神学家与1932年或1927年相比在1933年更加尖锐地确定了自己的立场——《政治的概念》的作者通过这位政治哲人对其著作的解释和批判，看见自己得到了更好的理解，也认识到自己的思想遭遇了前所未有的挑战。⑤即使是他的同时代人，即便这人对有关事态几乎毫不知情，只要他浏览过《政治的概念》的第三个版本，那他就能毫不费力地至少感觉到施米特对于信仰斗争的强化，且在那种上帝与撒旦的决断中[115]猜测到敌友区分对于施米特最终具有怎样举足轻重的意义。⑥

---

⑤ 在拙著《施米特、施特劳斯与〈政治的概念〉：一场隐匿的对话》（[中译编按]以下简称《隐匿的对话》）出版后，我得到了两份施米特于1932—1933年间对于施特劳斯[对其《政治的概念》]的"评注"所作的评价的见证。Piet Tommissen为我提供了天主教神父、施米特早年的学生 Werner Becker 于1933年12月15日写给施米特的一封信，此信以这样的句子开始："我刚刚再次读完施特劳斯对您的《政治的概念》所作的批评，它真的是——正如您那次在科隆所说的———份出色的批评。"Becker 在施米特的指导下以一篇研究霍布斯的论文而获得博士学位，他在"再次"阅读了施特劳斯的批评后，从他的立场出发对施米特的著作提出了"两个希望"：

> 希望这一著作达到政治的形而上学的高度——这将指明这个事实，即至高的政治的概念乃是正面的，因此它是秩序，只不过它是一种特定的秩序，在这秩序中，斗争的概念和敌人的概念"一同设定"（mitgesetzt）(Dirks)，而且只有当存在着一种能够区分敌人的可能性和意愿（Bereitwilligkeit）时，这秩序才尤其可见甚至得以形成。另一个希望是：这部著作达到政治神学的高度。

为了回应施特劳斯的挑战，施米特在其1933年出版的《政治的概念》第三版中以他的方式满足了这两个希望。克劳斯（Günther Krauss）——他1932至1933年间在施米特指导下撰写关于 Rudolph Sohm 的博士论文（《权利的概念》[Der Rechtsbegriff des Rechts]，Hamburg, 1936）——1988年告诉我，施米特当时以这样的话提到施特劳斯的那篇文章："您一定要读一下那篇东西。没有任何人像他那样把我看得那么透彻。"

⑥ "敌友关系的原型是上帝与撒旦之间的关系。上帝与撒旦之间的对立并非像两个同样应受敬重的对手——他们必须在竞赛中、在决斗中检测他们的力量以确定他们之间所应存在的高下和优劣——之间的那种关系。在上帝与撒旦之间一场决战（Entscheidungsschlacht）呼啸而行，根据事物的神意秩序（providenziellen Ordnung der Dinge），这一决战必将以上帝的胜利和撒旦的毁灭而告终。从一开始起，上帝就总是'朋友'，而路西弗（Luzifer）则总是'敌人'。""因为上帝总

正像施米特的概念构成的目的(Ziel)——或者说他此后借助其"整个的精神生存和公共生存"的"秘密的关键词"称之为"为了真正[本质上]天主教的锋芒(die eigentlich katholische Verschärfung)而奋斗"——⑦在《政治的概念》1933年的版本中更加清晰地呈现在人们面前一样,⑧施米特之作为理论意义上的行动者的根基(Grund)也在这个版本中更清晰地得以体现。当施特劳斯将其对施米特理论的解释推进到关于政治事物的基本选项的冲突时,在其极端的追问中他首先想到的就是这一根基。施米特的回答使[116]那些细心的读者不可能不确定这一点,即对施米特来说,政治决断的必然性植根于信仰的真理性。与此相关联,将政治事物追溯到施米特对之所作的三方格局的

是——即使以一种最不连贯的方式——在朋友背后散发着光芒,而魔鬼(Teufel)则总是在敌人背后散发着光芒,因此在敌友关系的背后必然藏匿着一种形而上学。分享这种形而上学的就是朋友,拒绝这信仰的则是敌人。"恩斯特·尼基什(Ernst Niekisch),《关于〈政治的概念〉》("Zum Begriff des Politischen"),刊《抵制》(Widerstand),第8卷,第12期,1933年12月,页369。

⑦ "那是我整个的精神生存和公共生存的秘密的关键词:为了专属天主教的锋芒而奋斗(抵制中立化的鼓吹者,审美的游手好闲者,反对支持堕胎者、倡导火化者以及和平主义者)。在这一促进天主教的锋芒的道路上,Theodor Haecker已不再与我并肩战斗;此时几乎所有的人都离我而去,即使Hugo Ball也不例外;唯有Konrad Weiß以及像Paul Adams那样的忠实的朋友还和我在一起。"(《语汇》,页165)

⑧ 这一点即便对于那些值得注意的细节也是有效的,那些细节似乎与这本书中的主要旨趣并无直接关联,但通过具体描述种种对立(Gegnerschaften),那些细节与施米特对其"为了专属天主教的锋芒而奋斗"的解释恰好相吻合。因此,1933年施米特将以下最不"符合时宜的"段落添入了这个文本:"一个纯粹的'文化的'或'文明的'社会体制将不缺乏'社会的指征'(sozialen Indikationen)来祛除不受欢迎的赘物并借助'自杀'或'安乐死'使那些不合时宜者消失。然而,没有任何一种纲领、理想以及合目的性能够为这种对于其他人的物理生命的支配权提出辩护理由。"(《政治的概念》第三版,页31,强调为笔者所加)

还原以及向强度概念的转向都担保了这种根本的推理链的连贯性：它们将施米特放在这样的位置上，使他得以在政治的对立中挖掘其背后所深深潜藏着的神学的或"形而上学的"对立，并在后者的不可避免性中识别出前者的不可克服性。⑨

对于施米特来说，"所有政治的形而上学的核心"早在其1922年的《政治神学》中已经确定了。然而，只是在此书1933年11月第二版开头的"前言"中，施米特才相信自己能够作如下宣称："在此期间，我们已经认识到，政治事物乃是总体性的（Inzwischen haben wir das Politische als das Totale erkannt）。"⑩这两个声明前后相隔11年，但却在同一本书中相遇，这使得人们有机会衡量施米特在三个场合中对政治事物所作的新定义对其政治神学有何种意义，以及这种新定义在多大程度上使得他扩充并加强了对于政治神学的把握。因为，如果人们不想成为如下误解的牺牲品，比如所谓的1922年以后施米特是出于"为一种独立的政治事物的概念奠定全面的根基"的理由才走上了这样一条

---

⑨ 《政治的概念》第三版，页10、19、45；参拙著《隐匿的对话》，页69-71。
⑩ 《政治神学》，页46、54（65、79）。在"第二版前言"（Vorbemerkung zur zweiten Ausgabe）中施米特写道：

新教神学家尤其是亨利希·福斯特豪夫（Heinrich Forsthoff）和弗里德里希·戈嘉顿（Friedrich Gogarten）指出，如果没有"世俗化"这个概念，我们历史上最晚近的一百年就根本无法理解。的确，在新教神学中，根据另一种据说是非政治的学说，上帝被认为是"全然的他者"（Ganz Andere），正如从属于新教神学中的政治自由主义以同样的方式视国家和政治为"全然的他者"。在此期间，我们已经认识到，政治事物乃是总体性的（Inzwischen haben wir das Politische als das Totale erkannt），且由此而得知，关于"某事物是否是非政治性的（*unpolitisch*）"这样的决断永远意味着一种政治性的决断，而与谁作出的这个决断、这一决断以什么样的论据为自己辩护没有关系。这甚至适用于如许问题，即一种确定的神学究竟是政治性的还是非政治性的神学。

道路,据说这条道路最终将他引领到这样一个立场,而这种立场[117]"无异于在论题上斩断了神学与政治之间的历史脐带",⑪或者说得更尖锐一点,如果人们不至于竟敢宣称施米特已经背弃了政治神学,那么,人们就能将政治事物乃是总体性的这个宣称——该宣称出现在一本无条件地强调神学的优先性的论文即《政治神学》的开头——理解为一种政治神学的宣称,"在此期间"这种政治神学为其自身确保了致力于整体的手段。一旦"认识到"政治事物"乃是总体性的",这种总体就与潜藏于"所有政治"(aller Politik)背后的"形而上学的核心"发生了关联。所有的一切都围绕着一个重心(Ein Gravitationszentrum)运动,没有任何东西能够摆脱政治神学的基本管辖权。然而只要"形而上学的核心"不能被理解为其自身就是政治性的,那么政治事物就不能"被认为是总体的"。施米特对于政治事物的重新定义为之提供了前提。没有什么能比这种重新定义更能使我们丰富和强化对于政治神学的理解。

让我们更加仔细地考察一下施米特的政治总体主义的神学意涵。首先我们需要区分施米特的学说借以展开的两个层面:与对手进行交锋的政治—神学的层面,以及在狭窄意义上的"理论"层面。在政治—神学的交锋层面,所谓的"所有政治的形而上学的核心"首先等同于"形而上学"或者更准确地说等同于神学,施米特在每种政治理论、政治学说、政治立场中都辨识出神学这个基础。事实上一个人必须得承认,在每一种精神立场中都能觉察到这种神学的存在。因为他现在知

---

⑪ 巴利翁(Hans Barion),"'世界历史的权力形式'?:关于第二届梵蒂冈会议(1968年)的政治神学的研究"("Weltgeschichtliche Machtform"? Eine Studie zur Politischen Theologie des II. Vatikanischen Konzils [1968]),《教会与教会法》(*Kirche und Kirchenrecht*),Paderborn,1984,页606。

道,至少可以将经济假设、道德律令或[118]美学需求当作"形而上学的核心的派生物"。施米特关于多诺索·柯特(Donoso Cortés)的强调对其本人也极为适合:他"在其极端的精神性中永远只能够发现对手的神学"或者——我们也许会补充道——朋友的神学、"同道者(Gleichgearteten)和同盟者"的神学。⑫可如果施米特所谓的"所有政治的形而上学核心"不过意味着每一种政治的和精神的立场都以某种确定的"形而上学"或神学为根基,那么,难道这不是意味着施米特将"形而上学"或神学"认识为总体"吗?在此情形中又怎么理解政治事物的总体特征(totalen Charakter des Politischen)呢?难道只有当所有的事物都事先被还原为神学事物并在神学的视角中得到理解,政治事物的总体特征才能被认识到吗?"政治事物乃是总体性的"这个认识由此将与以下双重预设联系在一起:[一方面]神学事物向我们揭示了整全(das Ganze),[另一方面]凭借这种揭示,神学事物经证明是政治性的。当人们直接转去探究在上文勾勒的意义上,"形而上学的核心"如何能够被理解为政治性的,他们可以得到同样的结论。形而上学的或神学的立场具有多样性且它们彼此相互偏离和矛盾,这个事实还不足以奠定任何政治关系。就其自身而言,这些立场为真理而进行的竞争还不足以促成敌友的区分。然而,一旦某种神学宣称其自身秉承了来自那个要求顺服的主权者的权威的启示,情况就彻底改变了。从这种神学的观点看,所有事物都要经受一种"新的转向"。这种神学不认为自己面对任何不恰当的或站不住脚的形而上学。这种神学不必为了反对各种谬误来断言自己的洞见。在一个自我定向(sich orientiert)的世界里,并非知识[119]与无知而是罪与救赎才是决定性的因素。

---

⑫ 《政治神学》,页54(79);《政治的概念》第三版,页8。

这种神学必须弄清楚,某一精神立场究竟以一种正统的抑或是以一种异端的教义(Dogma)为其假设。它知道自己是在信仰的顺服中才与那种不顺服遭遇。由此,对于这种神学来说,这种"形而上学的核心"就显得不仅潜在地而且现实地、彻头彻尾是政治性的:不必非得等到形而上学的或神学的立场成为敌友区分的对象。无论"有意或无意",⑬这类形而上学的和神学的立场总是已经与[区分]朋友与敌人的不可动摇的分界线相一致地选定阵线了。因为分界线是绝对的,故而选定阵线就是不可避免的。即使一个人决定不去拥护任何一种形而上学的或神学的立场,即使一个人在信仰的斗争中否认自己有知识有能力,他也不能回避选定阵线的义务。谁不为信仰的真理而作决断,他就是决断反对它。正是在这种神学的基础上,"认识到政治事物乃是总体性的"这个宣称才在"形而上学的核心"中获得了确证。在这种神学基础的支持下,施米特相信他能够迫使其每一个对手参与到政治—神学的斗争之中,在这一斗争中,"形而上学"永远只能与"形而上学"相遇,神学永远只能与神学相遇,信仰永远只能与信仰相遇。⑭ 政治—神学的斗争是如此总体化(so total)、如此全方位和无孔不入,以至于即使是所有政治神学的不共戴天的敌人、那个致力于消灭神学和政治的巴枯宁,也不得不证实了政治神学的真理性,甚至于他"必定成为反神学事物的神学家"和"敌[120]视专政的专制者"——他必定如此,因为撒旦没有胜过上帝的威力(Gewalt)。⑮

---

⑬ 参《政治的浪漫派》,页5,以及《政治的概念》,页59。
⑭ 对此,《隐匿的对话》(页81-88)中有大量详尽的论证。
⑮ 《政治神学》,页84。在1922年的第一版中,这个句子、同时也是整部书的最后两个词语是:已成为(geworden ist)。当施米特"认识到政治事物乃是总体性的"以后,他在1933—1934年时将这两个词语替换为:必定成为(werden mußte)。

一个理论家阐释其他思想家的方式能够显示出他自身的思想。人如何阅读,往往就如何写作。敌友问题何以引起他最大的关注,尤其值得对其本人予以关注。还有什么比在"理论"层面上探究施米特的核心宣称的神学意义更能说明问题呢?而还有什么比他认识到"政治事物乃是总体性的"这个宣称更加核心的吗?一个步伯纳德(Bonald)和多诺索(Donoso)后尘的神学家从不忘怀神学与政治理论之间存在着"不可思议的丰富的类比性",这样的神学家自然不会忘记提出以下问题并予以相应的回答:何种神学立场与其认识"相一致"?以伯纳德、多诺索和施米特为例,这种神学立场是否在有神论、自然神论或无神论以及在一神论、多神论或泛神论中有其"对应物"?⑯ 如果一个作者告诉他的读者,所谓权力本身乃是邪恶的这一格言与上帝已死这样的说法"乃是一个意思",那人们有理由认为,该作者对其政治事物乃是总体性的这一宣称"在根本上意味着什么"必定了如指掌。⑰一旦人们相信施米特的话出自肺腑,这一宣称的神学意义马上变得一目了然:只有当存在一位或多位神(实际上是一位神——至少是一位神),且这位神积极地干预历史事件并作为位格(als Person)向人提出要求时,政治事物才能够是总体。只有这样,所有的一切才与某一位格、与此位格的意志以及由该[121]意志创造的对手(Wildersacher)产生关联。因为政治(Politik)只存在于位格与位格之间,存在于诸位格的意志、行动和洞见(Einsicht)的动力场中,而从不存在于观念、法或者随机的序列中。没有谁能比施米特更加清楚这

---

⑯ 参《政治神学》,页52(76);《当今议会制的精神史状况》,页89。
⑰ 《关于权力的谈话》(Gespräch über die Macht),页23;《语汇》,页201;参页139、157–158、169 以及,《政治的概念》,页60。

一点。[18] 无论是亚里士多德的思维着自身的神还是伊壁鸠鲁的装饰着宇宙的诸神都不足以赋予政治事物乃是总体性的这句话以真理性。然而，对于亚伯拉罕、以撒、雅各的上帝，三位一体的上帝，以及马克安（Marcion）的上帝[19]或穆罕默德的上帝，情况就另当别论了。如果存在一个要求顺服的上帝，这个世界就不是仅仅"拟政治的"（politomorph），[20]而是在整体上成为政治性的：一切都可以区分为朋友与敌人，因为一切都臣服于某种统治。我们无法想象有什么东西能够摆脱最高的主权者（höchsten Souveräns）的统治。

因此，施米特的政治总体主义在最重要的方面并非以敌人的优先性为其前提，相反，其支撑点锚在上帝的优先性上，这个上帝迫使人们作出决断，同时面临来自不顺服的反叛。然而，不顺服的反叛自古以来就是古老的敌人（Alten Feindes）的本质定义。[21] 通过将政治事物与敌友区分联结在一起，施米特为政治事物开启了"形而上学的核心"。通过使敌友区分从对于共同体的牵缠中摆脱出来，施米特以"形而上学的核心"为出发点使得该区分潜在地成为无所不在的：朋友与敌人的格局（Konstellation）可以牵涉所有东西，而且简直可以字面上发生在所有地方。总之，这两种运动集中体现于政治事物乃是总体性的这

---

[18] 《政治神学》，页11、32 – 33、46、56（16、44 – 45、65 – 66、83）；《罗马天主教与政治形式》，页35 – 36、39 – 40、56（23、26、37）；《政治的概念》，页28 – 29、37、39；《语汇》，页202、203。

[19] 《政治神学续篇》，页116 – 123；参《西奥多·多伯勒的〈北极光〉》，页68；《罗马天主教与政治形式》，页16(11)。

[20] 参《政治神学续篇》，页119。

[21] 尼尔·福赛斯（Neil Forsyth）以丰富的材料在其著作中研究了这一问题，《古老的敌人：撒旦与关于斗争的神话》（*The Old Enemy: Satan and the Combat Myth*），Princeton, N. J., 1987。

句话中。即使施米特没有说过这句话,在［122］施米特的理论中它仍能占据承重的"轴心"之一的位置。㉒ 因为对于施米特自身的事业来说,他对政治事物的这一重新定义所具有的意义和成就不可能比这句话表述得更加凝练了。这句话有着许多层面(Valenzen)并可以用来作为多种功能的标示的缩写符号。就其神学意义而言,这句话在施米特的政治神学框架中所传递的信息与下面这句话同样多:要求顺服的上帝乃是万物、世界和历史的主宰者(der Herr der Geschichte)。就其历史意义而言,这句话回应了时代的挑战,在这个时代中"没有比反对讲政治(gegen das Politische)更时髦的了"。㉓ 就其论战意义而言,这句话驳斥了自由主义的"文化哲学",这种所谓的"文化哲学"顶多在其所谓自主的"文化范围"的广大领地中赋予政治事物一块"自身的领域"。㉔ 就其道德意义而言,这句话以其道德诉求的严苛性反对那种人可以摆脱政治事物的"幻象",以其道德诉求的真实性反对那种隐藏在非政治性"面具"后面推行政治性意图的"欺骗";当这句话帮助人

㉒ 除了1934年的《政治神学》的"前言",还可参考"总体国家在德国的进一步发展"("Weiterentwicklung des totalen Staats in Deutschland")(1933),《1923—1939年期间与魏玛—日内瓦—凡尔赛斗争中的论断与概念》,前揭,页186;《1924—1954年间宪法学文集》,页361;《国家体制与第二帝国的崩溃:市民战胜士兵》(Staatsgefüge und Zusammenbruch des zweiten Reiches. Der Sieg des Bürgers über den Soldaten),Hamburg,1934,页29;《"法治国"的争论意味着什么?》("Was bedeutet der Streit um den Rechtsstaat?"),载《国家科学》(Staatswissenschaft),第95卷,第2期,1935,页197。关于这一"轴心",参《政治的概念》,页122。

㉓ 《政治神学》,页55(82);参本书第一章,页47,并参《隐匿的对话》,页31—32。

㉔ 关于施米特的文献中流布最广的错误之一是这样的假设,即施米特与捍卫"政治事物的自主性"脱不开干系。没有什么误解比这个假设更彻底地误解了施米特的政治构想,这尤其表现在,该假设忽视了"政治事物乃是总体性的"这个句子的重要涵义。

们廓清了所谓的"去政治化只不过是一个在政治上特别有效的政治斗争的武器"这一事实时,它为"政治上的诚实和干净"立下了汗马功劳。㉕ 就其战略意义而言,这句话具有如此的优越性,即它能够使信仰者与非信仰者直面非此即彼的生死决断的无可逃避性,并[123]构筑一个广袤的前线以"确证敌意的存在",对抗生活的严酷性的丧失。最后,就其人学意义而言,这句话与"人能够在政治上全然地被攫取"有着同样的意涵。

对["政治事物乃是总体性的"]这句警言的人学释义充分说明,我们没有放弃考察施米特的政治总体主义的神学意涵,且一刻也没有忘记它们之间存在"最深刻的关联"。人之所以只能在政治上被全然地攫取,乃是因为且仅当政治顺服于某种神学上的规定(theo-logischen Bestimmung)之时,这就是政治神学的立场。当施米特在其《政治的概念》的最后版本中明确地宣称,人"在政治参与中将全然地、在生存意义上被攫取"时,他没有"忘记"这一前提——正如我们看到的那样,这一事实与其他事实一道都是来自这样一个事实:施米特将"形而上学的对立"引入了争论,这种对立存在于政治性思维与竞赛性思维之间;与此同时他毫不含糊地探讨了统治、秩序与和平,这三者是政治争论的对象和目的。有关正义的统治、最佳的秩序与现实的和平的争论与人类整体息息相关,因为正是在这种争论中"我应该如何生活?"这一问题被迫切地摆在了人的面前。而人在政治参与和政治行动中才能全然地被攫取则与某种毫无保留的认同或者与某种不可抗拒的权威联系在一起。除了凭借他的爱或者他的顺服,难道还有其他东西能

㉕《政治的概念》第三版,页54;参页36、46、53、56、60;《国家、运动、人民》,页27-28。

够使人全然地被攫取吗？利维坦(der Leviathan)所强求的顺服不足以做到这一点。有死的上帝(der Sterbliche Gott)缺乏那种能够深入人的内心深处以攫取其良知、德性以及最深渴望的权威力量。1938年施米特将在其最重要的著述之一致力于[讨论]这个论题。然而早在1933年，受施特劳斯几个月前发表的[124]一针见血的批评影响，施米特已经开始与《利维坦》的作者产生分歧。由此他也第一次觉察出那位作者的"极端个人主义"(extremen Individualismus)。㉖ 事实上，施米特的政治总体主义不仅仅与竞赛性思想处于"形而上学的对立"状态，后者将生死斗争当作宏大的宇宙游戏的一部分，由此失去了对施米特而言的那种性命攸关的严酷性。"在形而上学的意义上"，施米特的政治总体主义还与那种将暴死看作最大的恶的"极端的个人主义"格格不入。一个把其他人施加于他的死亡看作最大的恶的人，怎么能在政治上或神学上全然被攫取呢？由此，无论如何这里需要说明的是，为了将暴死对于人意味着最大的恶这种意见当作一种错误而予以摒弃，人们既没有必要追随那种竞赛性信仰，也没有必要接受施米特的信仰：单单是柏拉图为我们记述的有关他的朋友苏格拉底的例子，就足以提醒我们这一事实。㉗

在"唯有它才要紧的事"([der] Fall, auf den es allein ankommt)中，政治事物(das Politische)与神学事物(dem Theologischen)恰相投合(zusammenfällt)。在上帝与撒旦之间所作的决断既是神学的，同时也是政治的，基督与敌基督者之间的区分同样如此。在"伟大政治的巅峰"，当秉承神意的敌人在具体的明晰性中被识别为敌人，神学事物

㉖ 《政治的概念》第三版，页46；关于这一点的详细论述请参拙著《隐匿的对话》，页40–45。

㉗ 柏拉图，《克力同》(Kriton),44d。参《申辩》(Apoligie)29a – b。

与政治事物即在一个确立敌人的过程中相遇了。施米特关于例外状态的定向使得他认识到政治事物乃是总体性的,却不必因此而不得不否弃神学事物对于总体性的诉求。恰恰相反,它使施米特能够借助政治事物将神学事物当作权威之物(*das Maßgebende*[或译:权威])来发挥其作用。通过将这两种权力联结起来,施米特远远超越了其在《政治的概念》第一版中所提到的只是对自由主义思[125]想——"无论是从政治的角度还是从宗教的角度"[28]——予以"修正"这一层次。然而,在事物的正常进程中,神学事物与政治事物却并不相契(deckungsgleich)。远非一切在神学上重要的事物就必须成为政治关注的对象或政治交锋的对象,而且,正如我们有很好的神学理由不一定非得把每一个政治的决断锚在神学的观点上一样,我们也有很好的政治理由排除某些对于政治进行干预的领域或者暂时搁置来自这些领域的干预。尽管如此,神学事物在施米特那里所具有的根本的优先地位却是毋庸置疑的。当施米特在《政治神学续篇》中按照通常的做法将神学事物与政治事物分别在"精神层面上"和"世俗层面上"予以分离,从而试图据此使"政治事物的潜在的无所不在性"与"神学事物的无所不在性"相对比时,神学事物在他那里所具有的根本的优先地位就变得更加清楚不过。[29] 神学事物是无所不在的,政治事物也能如此。神学事物乃是十足的总体(*das Totale tout court*),政治则是有条件的(*be-*

㉘ 《政治的概念》第一版,页 30–31。在此后的两个版本中,这段话都被删去了。

㉙ "从世俗层面看,政治事物潜在的无处不在性断言了自身,从精神(geistlichen[译按:或'灵性的'])层面看,神学事物的无处不在性[断言了自身],它以不断更新的表现形式显示其存在。"(《政治神学续篇》,页 73)

dingungsweise)总体。㉚ 施米特在这件事上的结论性话语——由于明显的理由他避免谈及"政治事物乃是总体性的"——以前所未有的精确性表达了一种长期以来固定不变的观念。㉛ 神学事物的优先性是施米特的总体主义(Totalismus)的前提。政治事物在通常的理解中代表的是其自身所不是、然而经由它能够栩栩如生地回想起来的东西。它代表一个[126]先于它而存在并成为其根基的他者(ein Anderes),然而,这个他者其实并非那位"全然的他者"(Ganz Andere),因为在决定一切的那件事中,这个全然的他者以一种真实的当下性突然现身并显现和存在于政治之中。㉜ 它们之间的关系也可以这样确定:如果说"政治事物"对于人有着全然的生杀予夺的权力,那么"神学事物"——要求顺服的上帝——对人总已经并永远以同样的方式拥有这种权力。因为"上帝想要和需要的无非是一切(alles)"。㉝

这样我们就重新回到了关于"世界和人的有罪性(Sündhaftigkeit)这一神学的根本教义(Grunddogma)",它对施米特的政治神学有着关键的重要性。㉞ 这一根本教义可以表述为:上帝想要的无非是一切,他要求无条件的顺服,而这个世界无法满足这个要求。因此,人的有罪性并非每种神学的根本教义,而是属于那些神学:这些神学建立在启示的基础之上且并关涉一个命令人们顺服的上帝。在关于有罪性的

㉚ 请注意《政治神学续篇》,页118和123。
㉛ 参《政治神学》,页46、50、51、52、55、56(65、71、73、75、82、83)。
㉜ 参《政治神学续篇》,页118注释。
㉝ "不存在任何这样的领域,对之我们可以说那儿没上帝什么事——上帝不需要干预……上帝想要的和需要的无非是一切!"卡尔·巴特(Karl Barth),《论基督徒的生活》(Vom christlichen Leben),München,1926,页22以下。
㉞ 《政治的概念》第三版,页45(第二版,页64)。参本书第一章页29以降,第二章页94以降。

教义中,这些神学尝试把握世界与这位上帝之间的关系。有关原罪的教义(Erbsündenlehre)首先关涉上帝,其次才与人有关。与此相应,施米特反复提到的"本性恶的人"与"本性善的人"的区分㉟具有一种政治—神学的意义。这种区分并非首先关涉一种人学的认知或推测,其目标毋宁说在于信仰与非信仰这一根本问题:[127]在有关"善人"或"恶人"的信仰之争中,对施米特来说问题归根结底与其说是对于人的"危险性"的承认,不如说是对于上帝的主权的承认。当然,最初看上去似乎是另外一种情形。在《政治的概念》中,施米特用单独一章篇幅来处理有关"人学"(Anthropologie)的争论,根据过去六十年来可以觉察到的反应来判断,这给很多读者——如果不是大多数读者的话——留下如许印象:人的"危险性"似乎是施米特唯一关心的问题,这位政治理论家似乎仅仅期待和要求他的读者承认这样一个结论,即人乃是一种"成问题的"和"危险的存在"。施米特如何成功地给人造成了这样一种印象呢?如果不是因为这种印象,他的著述几乎不可能产生其实际上产生的政治影响。他怎么知道如何将那些他认为容易受影响的读者引领到争论的神学核心,使得这些读者遭遇我信还是我不信(Credo odor Non-Credo)的"道德困境"(moralischen Disjunktion)呢?这一章的第一句话这样写道:

㉟ 参《政治神学》,页 50–52(70–75);《罗马天主教与政治形式》,页16–17,67(11,44);《政治的浪漫派》,页 3 以下;《论专政:从现代主权思想的开端到无产阶级的阶级斗争》(*Die Diktatur. Von den Anfängen des modernen Souveränitätsgedankens bis zum proletarischen Klassenkampf*),München u. Leipzig, 1921,页 9、146–147。

人们可以将所有的国家理论和政治观念以人学的标准予以检验，并根据它们究竟——有意或无意地——以"本性恶"的人抑或"本性善"的人的假设为前提，来对它们作出区分。

由此，施米特从一开始就引出了原罪教义，而且使所有的国家理论和政治观念都有意无意地与其发生某种关系，尤其是在上面提到的那个段落的最后一行里，我们突然遇到了"人学的信仰表白"（anthropologischen Glaubsbekenntnis）这一关键性的暗示。然而，施米特继续写道，这种区分"完全是概括性的，不能在一种特定的道德的或伦理意义上予以理解"。他向他的读者保证道，"决定性的"问题乃是，

人——作为每一种深入的政治考量的前提——究竟应被看作一种有问题的还是没有问题的存在。人究竟是一种"危险的"还是没有危险的、冒[128]险的还是无危害的非冒险的存在？㊱

难道"人学的信仰表白"或多或少只是一种貌似合理的假设？在其向着原罪教义上升的第一个阶段，施米特的起首工作是如此平常，以至于他的事业看起来简直是毫无危害，至少是没有风险。一方面，"本性恶的"人与"本性善的"人这一区分似乎构成了国家理论和政治观念的两个范畴，它们可以无区别地被视作国家理论和政治观念，而不必考虑它们是否与原罪教义相一致。另一方面，"本性恶"与"本性善"这一区分可以诠译为施米特相信他在"本性恶"这一抉择中找到了最

㊱ 《政治的概念》第三版，页41（强调为笔者所加）。我的引证系根据最后一版，因为这个版本不仅内容上更为准确，语言上也比第一版和第二版更胜一筹（参第二版，页59）。

广泛的共鸣。因为,谁会否认人就是一种成问题的、有危险的、喜欢冒险的存在呢?施米特当然知道,人学的争论由如下问题点燃,即人是否过去是且将来也永远是这样一种存在。让我们暂时搁置如许事实,即人究竟应该被视为本性善的抑或本性恶的这个问题尚未触及争论的要害。在第二个阶段,施米特开始发起攻击。他否认自由主义或者无政府主义的"以人的'善'为其前提的理论和建构"与国家理论和政治观念有任何关系。也就是说,在施米特看来,那种"对于'本性的善'的信仰"既不能用来作为正面的国家理论的基础,也不能用来作为对于政治事物予以肯定的基础。他关于无政府主义和自由主义的批评的结论乃是

> 奇特的且的确令许多人颇为不安的[129]断言,即真正的政治理论乃是以人的"恶"为前提的,也就是说人绝非毫无问题的存在,而是"危险的"、"动荡的"(dynamisches)存在。这一点对于真正意义上的政治理论家而言并不难证明。㊷

真正的政治理论乃是肯定政治事物的理论。这种理论与人乃是恶的这一原罪教义的真理完全相符合。施米特并没有走得如此之远以至于干脆规定对原罪的承认。相反地,他将原罪教义的真理呈现为一种就人之常识(gesunden Menschenverstand[或译:健全的人类理智])而言直接就貌似合理的版本,这种版本必定似乎对人之常识极为熟稔,因为人之常识总是习惯于这样一种认识,即人是"恶的",也就是说人绝非毫无问题的存在,而是"危险的"存在,此乃人的堕落神话(des

---

㊷ 《政治的概念》第三版,页43(强调为笔者所加);第二版,页61。

Mythos vom Sündenfall)的"真正含义",也是原罪理论的本质所在。施米特挑选了所有人都能接受的最小公分母,以使这些人投入到反对"'[人]本性为善'的信仰"的"人学的"争论之中,并使他们在反对自由主义和无政府主义的斗争中成为自己的盟友。在一个很短的插入语中,人的有罪性及其救赎的需要被第一次引入其思想进程之中,从而为其迈出最终的也是决定性的一步做好了准备。施米特以教育家、私法学家和道德家的"人学的"思想前提为一方,来反对以政治思想家和神学家的"方法论的思想前提"构成的另外一方,后者也同样反对人学的"乐观主义"。在[施米特向原罪教义上升的]第三阶段,"政治理论与有关罪的神学教条之间的关联"被明确地表达出来。他已不再谈论人的"危险性"以及人的"动荡的"、[130]"冒险的"或者"成问题的"特征。从这一章的第一句话开始,施米特所难以释怀的这种"关联"——就我们目前所知——

仅仅在像波舒哀([Jacques - Bénigne] Bossuet)、迈斯特([Joseph de] Meistre)、伯纳德和柯特这样的作者那里才体现得尤其清晰,在其他无数作者那里则在同样的强度上有效。它[这种关联]首先在其存在论—生存论的思想方式上得到解释,这种思想方式本质上与一种神学性的和政治性的思想进程相符合。当然,[这种关联]也可以从其方法论的思想前提的亲缘性得到解释。

"如果一个神学家不再认为人是有罪的且是需要救赎的,也不再区分可救赎者与不可救赎者时",那他就不再"是神学家",同样,如果一个政治思想家不再区分敌人与朋友,那他也就不再是政治思想家。政治神学家只有通过如下步骤才能成为政治神学家,即他认识到这两种区分之间的关联并亲自将神学事物的与政治事物的"思想进程"联结在一起,在理论上对其予以阐明,并将其付诸实践。这正是"像波舒哀、迈斯特、伯纳德和柯特这样的作者"所做的工作。对于那些还没有认识到神学的思想前提与政治的思想前提——两者都"导致人与人之间的区分和分裂,导致一种'距离感'"——间的"方法论关联"的意义的人来说,施米特向我们指出,新教神学家特洛尔奇(Ernst Troeltsch)和天主教作家塞利埃(Ernest de Seillière)"通过大量教派、异端、浪漫派和无政府主义分子的事例向我们表明,否认原罪使得所有的社会秩序遭到瓦解和摧毁。神学的思想前提与政治的思想前提间的方法论关联由此得以澄清"。㊳ 由此,施米特逐步地使我们注意到这一根本的推理链,而[131]且在《政治的概念》仅有的一次明确提及原罪的段落中,施米特最终使我们面对一种无可争辩的非此即彼的选择:信仰,抑或无秩序。

《政治的概念》一书中的"人学的信仰表白"(anthropologischen Glaubensbekenntnis),其意图并非在于提出一个或多或少貌似合理的(plausible)"人学"的假定。施米特引证原罪教条(das Dogma von der Erbsünde)也并非要为其"人的概念"公理提供一个有效的论证。相反,他之所以利用人学的争论,乃是为了使原罪教义(Erbsündenlehre)得以粉墨登场。另一方面,他这样做的目的并非仅仅也并非首先为了维护原罪教义在政治上的不可或缺性。对于施米特来说,原罪教义的意义首先在于维护启示神学的核心地位以及每一种他所理解的真正

㊳ 《政治的概念》第三版,页44、45-46;第二版,页63、64。

的道德的前提。㊴ 问题的关键乃在于他的信仰表白的真理性。那些流传甚广的意见——所谓的施米特原本很容易地就能以"诉诸当今的哲学人学"代替"诉诸原罪",或者正如有时人们所说的那样,他本来可以诉诸那些不相信进化论生物学的教条的读者来达到"同样的结果"[132]——误解和错失了最重要的东西。㊵ 任何洞见或任何人学的结论都无法"取代""世界的有罪性和人的有罪性这一神学的基本教义"。正是伴随着这种"距离感",它才与对上帝的主权的承认不容置疑地联系在了一起。上帝——"他宣称道,我要将敌意播撒在你的后裔与她的后裔中"——的主权乃是这样一个会合点,已被救赎的与不能被救赎的、被拣选的与未被拣选

㊴ 参本书第一章页 26 以下,以及页 40–44。Werner Becker 于 1933 年 12 月 15 日给施米特的信里写道:

> 这样一种说法是错误的,即说什么您受"对手的道德见解"的"约束"——但您确实受……他的道德术语的束缚。您拒绝在道德方面把人看作恶的,因为"道德的"这个词汇很容易被误解为"人道主义的"。困难很可能在于,不可能在对原罪置之不理的条件下去谈论所谓的人性、他的危害性、危险性和他的需求。然而,对于基督徒来说,却存在着一种道德的品质,对于这种品质,人们必须以虔诚的现实感予以接受和应用,却不可能由此而给个体造成一种道德的谴责。人根本不是良性的(gutartig)恶的动物(像霍布斯所认识到的那样,在其著作中,"经由理智的引导"与诸如驯化训练[Dressur]和习惯的养成[Gewöhnung]等概念是全然等同的),而是……一个有善良意志的(gutwillig)罪人,他挣扎于这一由着救赎的事实而来的、无法打破的自由和有限性的张力之中。

㊵ 参 Heinrich Meier 编,《进化论生物学的挑战》(*Die Herausforderung der Evolutionsbiologie*),München,1988,页 8–11。阿诺德·盖伦(Arnold Gehlen)——这位二战后"哲学人学"的领军人物——受到了来自施米特的如许质疑,即他的人学归根结底只不过是建立在"达尔文主义的信仰"之上,这种信仰假定人起源于动物祖先。

的、朋友与敌人这三种区分在其中相遇。在那个主权中,"人的区分和分裂(Einteilung)"——由于这个原因"那种通常的人的概念的千篇一律的乐观主义变得没有可能"——获得了其最终的根据。谁"漠视"上帝的主权,谁就无法理解原罪教义和恩典教义的意义,正像他无法理解施米特何以攻击"[人]本性的善"以及"通常的人的概念"一样。正是这种"漠视"才是施米特攻击的靶子。他的攻击指向这样一个世界,这个世界否认其"有罪性"并忘记了这样一个事实:

> 在一个由为善的人组成的善的世界中,唯有和平、安全和所有人的和谐大行其道;在此世界中,教士和神学家将会像政客和政治家一样让人觉得碍手碍脚。[41]

神学家和政客之所以在这个世界上被认为碍手碍脚(*störend*)——而非如施米特最先写的那样多余(*überflüssig*)——乃是因为他们让人想起上帝的主权、他的安排和诫命(Setzungen und Satzungen)以及在顺服与不顺服之间进行决断的必然性,而这一切都意味着对于这个世界的否定。"那种通常的有关人的概念的千篇一律[133]的乐观主义"乃是施米特直到其晚期著述仍然不厌其烦地予以攻击的"人的自我授权"(*Selbstermächtigung des Menschen*)的表达和密码。在一篇出版于1933年3月、标题为"国家学说中的世俗化神学"(Säkularisiert Theologie in der Staatslehre)的讲演中,戈嘉顿(Friedrich Gogarten)将那种与上帝的主权相对立的概念——他称之为"人的自我授权和自主性"

---

[41] 《政治的概念》第三版,页45;参第二版,页64。

（Selbstmächtigkeit und Autonomie des Menschen）——定义为对"那种所有的其他秩序赖以建立的世界的根本秩序亦即由造物主和造物构成的秩序"的反叛。[42] 由此他击中了［信仰］事业的核心（den Kern der Sache），这使得他与施米特站在了一起。这篇明确地引证施米特的《政治神学》且几个月后又被施米特本人在其《政治神学》的"第二版前言"中引用到的讲演，[43] 乃是一篇不仅就其历史意义而且就其系统意义而言都值得关注的政治神学的证词。在目前的语境中，它尤其值得关注，因为它包含着从神学角度对于施米特在"本性善的"人与"本性恶的"人之间所作的"人学的"区分的最富于启发性的评论。"如今"，戈嘉顿试图这样澄清施米特的这种［人性之善与恶的］对立的意义：[44]

因为个体的道德—宗教的自主性观念［134］已经完全支配了我们的思想方式，一种危险就在所难免，即人的本性是善的或者人的本性是恶的这两句话有可能在人的道德—宗教的自主性这一思想语境中被理解为一种自相矛盾。然而事实上，［施米特所说的］

---

[42] 他［戈嘉顿］在 1933 年 1 月 18 日于布雷斯劳大学（Universität Breslau）Leopoldina 礼堂举行的国庆节讲话，后在 1933 年 3 月 2 日和 3 日的《慕尼黑快讯》（Münchner Neueste Nachrichten）上以简缩版发表。如今，这一讲话以批判版的形式收入戈嘉顿（Friedrich Gogarten），《听从与应答：文选》（Gehören und Verantworten. Ausgewählte Aufsätze），Tübingen, 1988（页 126 – 141），参页 126 和 132。

[43] 参本章注释 10。就亨利希·福斯特豪夫（Heinrich Forsthoff）这位施米特特提到其名字的第二位新教神学家而言，他被引证的著作是《人道主义幻象的终结：一项关于哲学和神学前提的研究》（Das Ende der humanistischen Illusion. Eine Untersuchung über die Voraussetzungen von Philosophie und Theologie），Berlin, 1933。

[44] 戈嘉顿的解释以《政治神学》中的一句话作为其出发点："每个政治观念都以某种方式对人的'本性'表明立场，并且假设，他或者'本性为善'，或者'本性为恶'。"（页 50、72）

人是恶的这句话所表达的思想内涵与那种占支配地位的人的道德——宗教的自主性观念所能表达的完全不同。这句话与所有那些由这种道德思想所促成的关于人的特性(Eingenschaften des Menschen)的思想和断言有着尖锐的对立。

在戈嘉顿看来,这种道德思想乃是

> 以人的自我授权和自主性为其出发点。[人的自我授权]是人的善的存在,正因如此它不可被取消,它甚至不能被人的潜在的恶——这一点当然无法否认——的存在消除……与此形成对照的是,人"本性是恶的"这一断言则不是以人的自我授权为其出发点,恰恰相反,它是以某种权力(einer Macht)为其出发点,而人则臣服于这种权力。只有来自这一权力、置身这一权力并借助其对应物——说得更加清楚一点、明确一点就是:只有臣服于这种权力——人才是人本身。正是在这一权力及其对人的权利要求(Anspruch)面前,人才是恶的。人乃是恶的在此意味着:他不愿成为那个当其臣服于这一权力时的他自己,而想任意支配其自身并向自身负责。

通过突出以下两点,戈嘉顿强调了上帝的最高权威:首先,

> 人应该这样看待自己,即人之为人并非建立在其自身的基础之上,而是建立在向某种绝对权力负责的相对者这一基础之上,为此,这种权力赋予他以生命,也由此拥有了将其毁灭的权力,或者说,这种权力能够将人打入永恒的毁灭(ewiges Verderben)。

其次应该注意的则是，

> 我们这里所谓的本性恶的存在的根源并不能在有记载的人的历史中得以证明。它并不起源于人的历史中某一个别的、特殊的事实，而是一劳永逸地决定了人的全部[135]历史。他的全部人格（Person），他之作为人格的全部存在（sein gesamtes Personsein），正如在其历史中所表现的那样，总已是恶的了。它总已包含着对那种最高权力的反叛了……无论关于善与恶的知识在哪里降临到人……，在那里，他总已沾染了恶；在那里，他自身已是恶的；在那里，他已不再在单纯的、无可争议的、孩童般地对于那种权力的顺服的意义上被称为善的，而在这种权力面前他才能成为他自己。㊺

从启示信仰的视角观之，人"本性上"乃是恶的，因为他生来就使自身解除了对于那种权力的"孩童般顺服的奴役"（Hörigkeit），而他本应该变得臣服于那种权力的。他的恶的存在（Bösesein）无异于对于上帝的主权的漠视。本质上它是一种不顺服。尽管存在着许多对于人

㊺ 戈嘉顿（Gogarten），"国家学说中的世俗化的神学"（"Säkularisierte Theologie in der Staatslehre"），页137-138。请注意页132以及139-141；此外参"善与恶的双重意义"（"Der doppelte Sinn von Gut und Böse"，1937），尤其是页202以下，收入《听从与应答》（Gehören und Verantworten）。在戈嘉顿的评论的参照下，请比较施米特与那种"在善与恶之间预设一种选择的自由"的道德主义者所保持的距离，以及施米特对于这样一种"神学的支撑"所持的保留态度，这种"神学的支撑通常（gewöhnlich）将善恶区分变成道德神学（Moral theologische）领域的事，或者至少与其混为一谈"。《政治的概念》第三版，页45-46（强调为笔者所加）；第二版，页63-64及注释24。

的堕落和原罪的神学解释,但在这一点上各种解释都存在着某种默契。[46] 这种默契乃是:人追求依靠其自身的力量而生活——只遵从其自然的理智和自身的判断——是一种原罪。神学不得不在哲学生活中发现一种人之堕落(Sündenfalls)的顽固的重复和更新。面对这一使得神学与哲学得以区分的不可跨越的鸿沟,个别哲人之间所存在的分歧——比如关于人学的认识——就显得黯然[136]失色了[47]:关于人的本性的评判的所有分歧与那种[哲人间的]根本的一致——即这种本性使得哲学生活成为可能并由此揭示了这种生活是好的存在(*Gutsein*)——相比能够说明什么问题呢？依启示信仰的标准衡量,哲人们彼此不仅仅有着某种相似性;从权威和顺服的标准观之,显而易见的是,什么将他们实际上统一起来、什么又使他们产生分歧经证明乃是次要的事情。伟大的神学家始终知晓这一真理并坚持不懈地强调这

---

[46] 参《政治神学》,页51(73-74);《罗马天主教与政治形式》,页17(11)。列奥·谢夫奇克(Leo Scheffczyk)和亨利希·科斯特(Heinrich Köster)在其著作——《原始状态,堕落与罪:教义史手册》(*Urstand, Fall und Erbsünde. Handbuch der Dogmengeschichte*),卷II,3a、b、c分册,Freiburg i. Br,1979—1982——中,提供了一个教义史的概况,同样如此的还有尤利乌斯·格罗斯(Julius Gross),《原罪教条的历史:恶的起源的问题史》(*Geschichte des Erbsündendogmas. Ein Beitrag zur Geschichte des Problems vom Ursprung des Übels*),München u. Basil,1960-1967,四卷。

[47] 在前面所提到的那封给施米特的信中,Werner Becker甚至写道:"人们是否像霍布斯和卢梭那样看待人,更多是一个品味问题(Geschmacksache)。这两个人在您所说的'反宗教的世俗积极性'方面是共同的。事实上,这就是我们与之斗争的敌人。"Becker的措辞可能显得有多缺乏审慎且夸张过头,他对共同敌人的辨识所持的立场就多么有启发性,正是从这一立场出发Becker才如此落笔。为此,人们不得不承认,这位霍布斯的解释者、天主教神父以及施米特的学生通晓那些"最深刻的关联",而且他把握到了敌意的本质,这对其导师的思想乃是决定性的。参本书第一章,页20以降以及页34。

一分界线。1933年布尔特曼(Rudolf Bultmann)心里想着海德格尔(Martin Heidegger)——海德格尔与他自己的接近使他更加明确地意识到那种决定性的分歧[48]，而他[137]借助下面这句话捕捉到了这一分歧："信仰将哲学的存在这一选择评判为人的一种自我奠基的自由行动，这样的人否弃了其对于上帝的依从。"[49]从启示信仰的立场观之，对哲学生活的选择乃是建立在不顺服的行动之上。或者就像圣波纳文图拉(der heilige Bonaventura)与《敌基督者》(Antichrist)的作者以

[48] 在其作品《现象学和神学》(Phänomenologie und Theologie)中，海德格尔从另外一面的界限出发同样尖锐地得出了这一结论。这一作品乃是海德格尔1927—1928年度于图宾根大学和马堡大学的讲课，此后以题献给布尔特曼([Rudolf] Bultmann)的形式于1970年出版，在这部作品中，海德格尔认为，

信仰在其最内在的核心乃是作为一种特殊的存在的可能性，以面对本质上从属于哲学且事实上也最为变化无常的存在形式这一死敌。信仰如此地根深蒂固，以至于哲学甚至根本不打算采取措施以任何一种方式与其死敌做斗争！整个此在的这种信仰与自由的自我承担之间的生存论意义上的对立……必须将神学与哲学之间的可能的联盟承担为科学，否则，这种交流就只能是一种纯粹的、摆脱了所有幻象和脆弱的沟通尝试的一厢情愿。由此，并不存在着某种像基督教哲学(eine christliche Philosophie)这样的东西，这简直是"水火不容"(hölzernes Eisen)。

《现象学与神学》,Frankfurt/Main,1970,页32；参页18-20、26-27；《全集》，第9卷，页66、52-54、60-61；此外参考[海德格尔的]《尼采》(Nietzsche)，Pfullingen，1961，第一卷，页14。关于海德格尔所说的"[信仰]如此地根深蒂固，以至于哲学甚至根本不打算采取措施以任何一种方式与其死敌做斗争！"，请比较本书第二章中关于政治哲学的源初意义那一段落(页70以下)。

[49] 布尔特曼,《神学百科全书》(Theologische Enzyklopädie)，Tübingen，1984，页89。请注意页93、131、143、201，并参页69-70、108、165。Eberhard Jüngel和Klaus W. Müller将布尔特曼的马堡讲课稿结集出版，其认真细致足以与这种神学的自我反思的重要性相匹配。

几乎相同的文字所断定的：哲学本身看起来就好像是[知]善与恶的知识树。⁵⁰

你可以吃园子里所有的果子；但[知]善与恶的知识树的果子，你不许吃。卢梭在如下意图中发现了这一禁令的"理由"："[这禁令]一开始即把仅靠人自身在很长时间里无法获得的一种道德赋予人的行动"。⁵¹ 不管这位日内瓦哲人的解释可能还会有别的什么原因，⁵²它都清楚不过地表述了将源初的道德上的非此即彼的选择安顿于启示信仰之中的意图。卢梭试图予以解释的这种"对其自身而言理所当然但在任何其他文明秩序中就无法理解的禁令"，确保了一种先于所有关于人的善恶知识的道德对立。这一禁令由此确保了一种确定性，这种确定性超越了人的安全或者不安全，并且彻底地满足了道德人对于绝对有效性的需要。这样的道德人乃是潜在的信仰者。*然而，圣经的这个第一条禁令不仅仅奠定了人的非此即彼的道德决断的确定性。它不仅仅使人意识到了顺服与不顺服之间的区分，同时还否弃了人类生

---

⁵⁰ "哲学乃知善恶之树，因真理之中掺杂谬误……学习哲学之人宜常自警；一切背离基督教义之事皆须远离，因其有害于灵魂。"波纳文图拉（Bonaventura），《讲道集：论时间》（*Sermones de tempore*），基督降临节的第三个周日（]Dominica tertia Adventus），《全集》（*Opera omnia*）卷IX，页63（Quaracchi 编辑本）。[中译编按]波纳文图拉引文原文为拉丁语。

⁵¹ 卢梭，《论人类不平等的起源与基础》，注释IX，考订版，页320。

⁵² 同上。除了对页318以下的评注外，另参页XXXI - XXXLV，页XLI - XLIII，页LXV及注释68，页70-74及注释80、84、86、88、90。

* [中译编按]此句原文为英文（Moral man as such is the potential believer.），语出施特劳斯（Leo Strauss）的文章"《卡扎尔人书》中的理性法"（The Law of Reason in the *Kuzari*），收入《迫害与写作艺术》（*Persecution and the Art of Writing*），The Free Press，1952，页140。中译见《迫害与写作艺术》，刘锋译，页133。此句紧随本书第一章（原版页27）引述的句子："一个人不必本性虔敬，为了全身心地渴慕启示，他只须对真正的道德亦即对'绝对律令'怀有一种热烈的兴趣。"

活在顺服之外的可能性的途径。因为它并非禁吃所有的果实,而是禁吃那种能使人获得一种自己作主的生活(selbstbestimmtes Leben)的果实。经过更仔细的观察可以得知,这一禁令只不过意味着[圣经]与哲学二选一中的圣经的选择(biblische Alternative zur Philosophie),在此意义上它根本不是仅仅"对其自身而言才是理所当然"。所有此后关于哲学的禁令和判断都可以从这个最初的禁令中找到其根据,其中尤其是禁止提出这一问题——这一问题与哲学具有同样的源初性且由于这一问题哲学必须成为政治哲学(Politische Philosophie):*quid sit deus*?[什么是神?](53)圣经里的上帝可以在任何时间和地点并以任何方式向他愿意的任何人启示其自身。启示的上帝通过其行动、在其意

---

(53) 西塞罗(Cicero),《论诸神的本性》(*De natura deorum*),I,60。施特劳斯(Leo Strauss),《城邦与人》(*The City and Man*),Chicago,1964,页241。这个世纪([编按]20世纪)没有任何其他哲人像施特劳斯那样与圣经的传统争辩过。参"耶路撒冷与雅典:一些初步反思"("Jerusalem and Athens. Some Preliminary Reflections")(1967),收入《柏拉图式政治哲学研究》(*Studies in Platonic Political Philosophy*),Chicago,1983,页147-173,尤见页155;《论〈创世记〉的解释》(On the Interpretation of *Genesis*)(1957),《人:法国人类学杂志》(*L'Homme. Revue française d'anthropologie*),第XXI卷,第1期,1981,页6-20,尤见页18-19;请注意《迫害与写作的艺术》(*Persecution and the Art of Writing*),Glencoe,III,1952,页107;"论《游叙弗伦》"("On the *Euthyphron*"),收入《古典政治理性主义的重生》(*The Rebirth of Classical Political Rationalism*),Chicago,1989,页202-203;并比较"法拉比的'柏拉图'"("Farabi's 'Plato'"),《路易斯·金斯伯格禧年祝贺文集》(*Louis Ginzberg Jubilee Volume*),New York,1945,页376-377、393,以及《苏格拉底与阿里斯托芬》(*Socrates and Aristophanes*),New York,1966,页33、45、52-53。[中译编按]施特劳斯"论《游叙弗伦》"中译见徐卫翔译,收入《古典政治理性主义的重生——施特劳斯思想入门》,郭振华等译,叶然校,北京:华夏出版社,2011,页255-276;"法拉比的'柏拉图'"中译见张缨译,收入《迈蒙尼德与法拉比——施特劳斯讲演与论文集:卷三》,北京:华夏出版社,即出;《苏格拉底与阿里斯托芬》中译见李小均译,北京:华夏出版社,2011(2021修订新版)。

志确定的范围里并且以其判断为准绳使其信仰者认识到他是谁。由此,信仰的顺服在那种哲学的问询中觉察出了一种对上帝的反叛、拒斥(Zurückweisung)和[130]张狂(Hybris[或译:肆心])。对信仰的顺服来说,哲学显得——像加尔文所说的——就像是一种放肆的好奇的举动,[54]或者——像路德所说的那样——是一条在其终点矗立着虚无之迷惘无望(die Verlorenheit des Nichts)的路途的起点。[55] 由此,"顺服

---

[54] "从中我们得知,探寻上帝最正确的道路和最适宜的次序,并非试图彻底参透祂的本质,因其更应当受崇拜而非被细致地探究。"加尔文,《基督教要义》(*Institution christianae religionis*),1559,Barth/Niesel 编订本,I,5.9. 参见加尔文《基督教要义》I,6.2:"所有对上帝正确的知识都出自顺服。"以及加尔文《基督教要义》III,7.1:

此人成就何等了得!他教导曰,自我并不属己,他废弃自己理性中的支配与主宰,以至交由上帝决断。因为被毁灭者最有效的灾祸乃其自我服从。故唯一拯救之处既非理智,亦非意志,而是仅仅追随先行之主。([中译编按]加尔文引文原文为拉丁语)

此外,参考加尔文关于《创世记》2:16-17 的评注。在《加尔文反对好奇心》(*Calvin wider die Neugierde*)(Nieuwkoop,1980)这本书中,E. P. Meijering 就这个问题,即哲人应该向 *quid sit deus*?[什么是神?]这个问题作出何种程度的让步,对"宗教改革思想与教父神学思想之比较"作出了有意思的"贡献"。

[55] "这表明,无论谁凭其理性去思考上帝时,他都是迷惘无望的(verlorn),因为在上升和攀登时他变得迷惑,可以确定的是,他会说,根本没有上帝。他被撒旦带着走,他[撒旦]领着他和他的思想离开[上帝的]话语,没人能帮他。"路德在其 1528 年 8 月 15 日关于《约翰福音》17:1-3 的讲道中(参见:Clemen/Hirsch 编订本,卷 VII,页 217,*WA*[魏玛版],卷 XXVIII,页 92),处理了福音书里如此核心的几节,并从基督教信仰的角度对 *quid sit deus*?[什么是神?]作出了一番重要的、在其尖锐性和清晰度上尚无前例的评论,因此我们在这里重述这个关键的段落时,不会只采用出自罗雷尔(Rörer)抄本的简捷摘录,而是未经删减地采用了克鲁齐格(Caspar Cruciger)在路德生前就已出版的版本。据称,路德将其誉为"他最好的书",并说"这是除圣经之外我最喜爱的书"(*WA*[魏玛版],卷 XXVIII,页 34)。

抑或不顺[140]服?"这个问题转化为这样一个答案:启示信仰抑或虚无主义(Nihilismus)。如果说 quid sit deus? [什么是神?]这个具有不顺服色彩的问题必定以虚无为终结——因为上帝乃是所有有关上帝的知识的主人,但如果没有这一知识,所有其他知识都变得不确定,每一条诫命都变得可质疑——那么,反过来说就是,有了信仰的顺服似乎就可以指望一切。只有上帝才拥有关于上帝的知识,这种知识在圣经中被称为永恒的生命,而且唯有启示这一超越人类并且克服了所有

路德在解释《约翰福音》17:3 耶稣的祈祷——"认识你独一的真神,并且认识你所差来的耶稣基督,这就是永生"——的语境下,谈到出自西赛罗《论诸神的本性》(De natura deorum)I. 60 里的希耶罗—西蒙尼德斯插曲(Hieron-Simonides-Episode):

……谁若想平安顺遂,那无论如何必须提防理智和人的思想从该信条中所能把握的一切,并且他一定要知道,没有任何东西能帮助人抵御魔鬼的引诱,要坚守经书上简明清楚的言说,无需深思或辨析,而应干脆闭上他的眼睛说:凡基督所言,就应当且必定是真的;无论我自己和任何其他人是否能够理解、领会和知晓这如何为真。他清楚知道他是什么,并且知道关于他自己他应该谈些什么,或者怎样谈及自己。谁若不如此行事,谁就必定碰壁、困惑和跌跤。因为,仅凭借理智或感觉去领悟信仰之道中即使最微末的教义,也是不可能的。意即:若无上帝之言(Gottes wort),世上从未有人能够达到和掌握关于上帝的某种正确的思想和特定的认识,这一点,就连异教徒们(die Heiden)自己也有过证明。因为他们曾描述过一位博学的诗人西蒙尼德斯(Simonides)。有人要他在规定时间内回答一个问题:什么是神,或者说,关于神他是如何思考且相信的。他[西蒙尼德斯]要求推迟答复,给他三天时间来思考有关问题。三天之后,他该作答了,但他却请求再给三天时间,以便他能考虑得更仔细。于是又过了三天,可他却再次要求延长答复期限。直到最后,他既无法再拖延,也不想拖延了,他答道:我该说些什么呢? 我对那些问题思考得越久,就知道得越少。这表明,人类的理性,越是力求爬得高远,从而去探究和确定上帝的本质、作为、意志和决断,它离[自己的目标]也就越远,并且最终导致这样的后果,即它认为上帝是虚无(nichts),并且它根本什么也不信。(WA[魏玛版],卷 XXVIII,页 91–92,重点为笔者所加)

人类不确定性的事件才能担保这种知识。对启示的信仰许诺能够有效地保护[信仰者]免遭虚无主义的危险。它指向一个特定的事件,对此事件没有任何尘世间的权力能够染指——就基督教而言,它核心地、决定性地指向上帝化身为耶稣基督这一道成肉身事件。施米特称这一事件"具有无限的、不可逾越的、无法征服的历史意义",并在接下来补充道,他关于基督教(Christenheit)的"本质核心"的宣称"应该与所有那些哲学的、伦理的和其他样式的中立化划清界限",由此,他强调了这一事件的惊世骇俗的、超越所有人为努力和感知的不可企及性。启示的纯粹事实(factum brutum)既不允许涵摄(Subsumtion)也不允许满不在乎(Indifferenz)。"发生在那个处女身上的道成肉身"的"历史事件"——它违背了事物的自然秩序——除了信仰的谦卑以外不能经由其他方式[141]靠近。(56) 然则,不出于信仰的一切皆是罪。*

启示指引了一条通达"上帝的知识"的唯一得到许可的路径。在启示中,神性全能者(göttliche Allmacht)显现自身而不受丝毫拘限。启示以信仰的确定性作为其前提和内容,即确信对于上帝来说没有任何事情是不可能的。在对人的诫命和应许之中,启示揭示出神的意志的深不可测性并由此维系了"世界的根本秩序":造物主相对于其造物的无限优越性,全能上帝的不受限制的主权。因为只有无法理解的上

(56) 《基督教历史图景的三种可能性》,前揭,页930。"我确实没有改变。面对这些观念,我的自由没有界限,因为我始终与我那不可能被占据的中心保持联系。这个中心不是一个'观念',而是一个历史事件,即上帝之子的道成肉身。对我来说,基督教首先不是一种教义,也不是一种道德,甚至(请原谅)不是一种宗教;它是一个历史事件。《反异教大全》III 93"(《语汇》,页283)。参《教会的可见性》,前揭,页75-76;《历史的结构》,前揭,页153;此外,参本书第一章页26以降和页37-40。[中译编按]《语汇》引文原文为法语。

* [中译编按]此句出自《罗马书》14:23。

帝才是全能的。由此，施米特有充足的理由坚持这一"历史事件"的"不可征服的独一无二性"——这一事件对施米特来说就是整个基督教——并且强调，基督教就其本质核心而言并非像它从属人的眼光来看可能表现的那样："在比较宗教学的意义上，没有道德，没有教义，没有关于悔罪的布道，没有宗教。"基督教必须是那种历史的一部分，该历史受神意的主宰，施米特则称其为"永恒事物突入时代的进程之中，这种突入在辉煌的见证中怒号，并在种种强壮的创生（Kreaturierungen）中成长"。当然，那是这样的"见证"和"创生"：其独特性无可比拟，它们以一个核心的或奠基性的事件为其根基，该事件的不可理解性只能在信仰中得到接受，要不然就在不信中被拒绝。这句话——*Ecce, ancilla Domini, fiat mihi secundum verbum tuum*［瞧，<我是>主的婢女，愿照你的话成就于我罢］*——在施米特看来正是人的应答的 Ingrund und Inbild［正确的态度和正确的形象］，［142］上帝的全能要求人给出这样的应答。(57) 政治神学家意识到全能与深不可测性（Unergründlichkeit）之间不可分割的关联，这种关联最终以各种面相在启示信仰中与我们相遇。不仅在对救赎的各种事实及其宣称的考虑中，而且在对于奇迹和上帝之神意（göttliche Providenz）的完全信仰中，在原罪学说和恩典观念中，在永生的应许和永死的惩罚中，我们都遇到了这种全能和深不可测性之间的不可分割的关联。面对"从无中创世"（creatio ex nihilo）这一所有奇迹中的最大奇迹，施米特强调说，"从虚无中创世除了使世界之源于上帝变得无从理解且置世界的起源

---

*［中译编按］此句出自《路加福音》1:38。

(57)《基督教历史图景的三种可能性》，前揭，页 930－931；《语汇》，页 30、269。"不是 humanitas［人道］，而是 humilitas［谦卑］"（页 274）。［中译编按］Ingrund und Inbild 语出 Konrad Weiss。

于不可理解的事物中以外没有其他意义",这可谓击中了问题的要害。[58] 他接纳莱昂·布劳伊(Léon Bloy)的 *Tout ce qui arrive est adorable* [凡是发生的事情都是可仰慕的]并作为一位基督教的厄庇米修斯复述了这句话,从而旗帜鲜明地使自己成为神性全能者的拥趸。[59] 他赞扬加尔文的恩典教义(Gnadenlehre),因为它"将那种与其相匹配的不可预测性和不可衡量性"重新置于"正确的秩序中",我们由此发现他站在了上帝的深不可测性一边:"它[加尔文的恩典学说]把恩典的概念从人化了的、规范化了的秩序中挣脱出来并将其重又安顿到与其相匹配的、超越人类的规范化的神性秩序之中。"[60]在同样的意义上施米特为神学辩护,使其免于"蒸发"为"单纯的规范的道德";他提醒我们敌人与朋友、已获救赎者与不能被救赎者、[143]被拣选者与不能被拣选者之间的区分的"存在论—生存论的"特征;他以"世界和人的有罪性"反对"选择自由的观点"。[61]

事实上,在为上帝的全能辩护方面——如果需要为其辩护的话——没有比关于罪和恩典的教义更显著地让上帝的全能依赖于其

---

[58] 《语汇》,页212;参施米特本人关于 creatio ex nihilo [从无中创世]的观点,页60;《政治神学续篇》,页125。

[59] "*Tout ce qui arrive est adorable*[凡是发生的事情都是可仰慕的]。谁不再有能力赞美上帝的全能,谁就至少应该在其面前保持沉默。""1907年的柏林",页14;《语汇》,页8。

[60] 《论法学思想的三种类型》,页26。

[61] 《政治的概念》第三版,页45。"在神学成为道德神学的程度上,选择自由的观点应运而生,人在根本上具有罪性这种教义则式微了。'人是自由的且被赋予了选择的能力;据此并没有一些人本性即善,而另一些人本性即恶。'伊里奈乌(Irenaeus),《驳异端》(*Contra haereses*)(L. IV. c. 37,《米涅教父集》[Migne] VII,页1099)(《政治的概念》第二版,页63注24。)[中译编按]伊里奈乌引文的原文为拉丁语。

深不可测性了。因为,若要不使上帝的全善(Gottes Allgüte)遭到损害,还有什么办法能使人的堕落与上帝的全能相互协调呢?若要不使全能的观念不得不遭到抛弃,还有什么别的办法能够保全对上帝的全善的信仰呢?如果不是依赖于上帝的意志的深不可测性,怎么能够做到这一切呢?"上帝许可已经发生的,不许可没有发生的。"[62]如果要想使上帝的全能不受质疑,那么所有那些关于人的堕落的意义、必然性及其最终理由的问询都必须在上帝的意志的深不可测性面前止步并保持沉默。关于恩典的拣选的探询也不例外。"婴儿在出世以前,既没有做过善事也没有做过恶事",为什么上帝喜爱雅各,却憎恨以扫?这样一种拣选如何与神的正义保持和谐?无论人们会给出以下两种回答中的哪一种——[其一,]"由于那位始祖的罪,所有的人一生下来就应该受到诅咒",因此上帝对那些经由其恩典而获拯救的人是仁慈的,"与此对照,对那些没有获救的人他是公正的,而他没有对任何人不公正";[63] [144]或者[其二],干脆放弃任何这种拖沓的中间步骤而直截了当地回答道,上帝之所以不会不公正在于这个理由,因为"他愿意这么做,这么

---

[62] "1907年的柏林",页14。
[63] "诚然所有人因初祖之罪而生来即被定罪,而上帝凭其恩典拯救他们,祂唯凭恻隐之心拯救:故对于所救者,此乃恻隐之心,对于所不救者,此乃正义,对此二者皆无不公。"托马斯·阿奎那,《使徒保罗书信集评注大全》(*In omnes S. Pauli Apostoli Epistolas Commentaria*),Turin Marietti 1902,《罗马书评注》(*Ad Romanos*),第 IX 章,第3讲,页136([Helmut] Fahsel 德译本,页313)。参第3讲末尾,第4讲,页139(Fahsel [德译本],页321-322)。类似说法见奥古斯丁《致辛普利西安,论各种各样的问题》(*De diversis quaestionibus ad Simplicianum*) I, 2, no. 16。[见][Kurt] Flasch 编,《恐惧的逻辑:[奥古斯丁]自397年以后的恩典教义》(*Logik des Schreckens. [Augustinus von Hippo.] Die Gnadenlehre von* 397),拉丁语-德语对照本,Mainz,1990,页220-202;参 no. 20,页226。[中译编按]托马斯·阿奎那引文原文为拉丁语。

做出于一种永恒性且使他感到满意”,因为他的意志“不受任何法则和义务的约束”(64)——在这两种情形中,关于恩典拣选的属人辩护都在上帝意志的深不可测性那里找到了其最终的避难所。任何造物都无权反对全能造物主的意志。这样,在有史以来最有影响力的政治神学著作之一中,对于上帝的公正的质疑被另外一种相反的质疑化解了:

> 受造的难道应该对造他的说:你为什么这样造我呢?窑匠难道没有权柄,从一团泥里拿一块作成贵重的器皿,又拿一块作成卑贱的器皿么?([中译编按]罗马书9:20-21)

然而,对于全能造物主的不受限制的权利的诉诸(Berufung)——如果它是一种与其权利相符合的诉诸的话(65)——在同样的程度上与上帝意

(64) “故上帝并非不义,因其意志无关律法与义务,祂如此意愿且始终自足。不受任何事物支配的自由意志不可能不义,若所做之事皆不违背律法,则不可能不义。”路德,《1515—1516年〈罗马书〉讲座》(*Vorlesung über den Römerbrief* 1515-1516),页156。“祂想在我们中间完成此事,使我们的心智满足于在选民与弃民中分别,不去追寻高于祂意志的原因,故给予一些人光明以至拯救,夺去一些人光明以至死亡,在上帝看来本该如此。我们必须重视这几句话:祂愿[怜悯]谁,祂愿谁[刚硬]([译按]语出《罗马书》9:18),除此之外不许我们再有僭越……而在暗中行事有效的撒旦,却是祂的臣仆,只按祂的命令行事。”加尔文《使徒保罗书信评注》(*Commentarius in Epistolam Pauli ad Romanos*),页209(Weber编订本,页194)。[中译编按]路德和加尔文引文原文为拉丁语。

(65) 加尔文的义疏尤其清楚:“作品不该同它的作者争辩,其理由在于作者仅凭自身之正当而制作。“能”(Potestas)这个词并非意味着陶匠足够有力量、有魄力做他想做的;而是意味着[其所做]最正当地符合他的能力。他[指保罗]想要归于上帝的不是无节制的‘能’,而是理所应当的‘能’。”《使徒保罗书信集评注大全》,页212(Weber编订本,页197)。参路德[前揭],页154。[中译编按]加尔文引文原文为拉丁语。

志的深不[145]可测性这一前提联系在一起。也就是说,只有在这一前提条件下,受造物才能在爱的顺服中肯定造物主的意志,也才能将"愤怒的器皿"与"仁慈的器皿"感受为一种保罗所说的上帝的*Herrlichkeit*[荣耀]、*gloria*[荣耀]、*dóxa*[荣耀]的见证。(66)

上帝意志的深不可测性足以为上帝的所有属性(alle göttlichen Attribute)辩护:仁慈,愤怒和荣耀,上帝的全能和全知,他的善和公正。然而在其深不可测性中难道不是所有的属性皆消弭于无形了吗?上帝的全能足以排除所有的矛盾并承纳任何一种奇迹。然而,如果不再有任何事情看起来是不可能的,那么还会有什么事情能被称作奇迹呢?上帝的全能的深不可测性乃是为了在整体上奠定启示的可能性所唯一需要的前提。但是,在此情形中什么东西必须被预设呢?(67)

最终,一切都取决于这一人们必须在其面前保持沉默的问题——这不仅仅对施米特是如此。德尔图良(Tertullian)的[146]指导原

---

(66) 保罗《罗马书》IX, 11－23。"愿此事被执着而坚定地相信——神愿怜悯谁就怜悯谁,祂愿谁刚硬就使谁刚硬,也即,祂怜悯祂愿怜悯的,而不怜悯祂不愿怜悯的——这是某种隐秘且人所不能查知的公正。"(奥古斯丁《致辛普利西安,论各种各样的问题》I,2. 16,页198;参页202("祂以极隐秘和远非人所知悉的公正行审判。"),页212、232("这种拣选太过隐秘,以至于完全无法向我们这同一堆人显明"),页238。类似说法见托马斯·阿奎那:"从中可知,人不该带着理解神的审判的意图而去细究其理由,因它远超人的理性。"(第IX章,第4讲,页139;Fahsel[德译本],页321)。加尔文:"且祂也以祂的沉默提醒我们,该恭敬地崇拜我们心智所不能把握的奥秘。于是我们要知道,上帝放弃言说别无目的,只因祂看到祂巨大的智慧无法被我们理解。"(页211,Weber编订本,页196;参页204－205及212;Weber编订本,页191及197)。路德:"在此我仍要提醒,心智尚且不洁的人不该急于探察,切勿坠入恐惧与绝望的深渊,而要首先在对基督之伤的沉思中洁净心灵的眼睛。"页160。[中译编按]此注引文原文皆为拉丁语。

(67) "我将是我所将是"(Ich werde sein, was ich sein werde),《出埃及记》3:14;参33:19,以及保罗,《罗马书》9:15。

则——我们对某件事负有义务,并非因为它是善的,而是因为上帝命令这么做——伴随着施米特漫长人生的荣辱和兴衰。[68] 在"法学家和神学家德尔图良所说的话"中,一种以上帝的主权为核心的思想找到了其简洁的表达,这一思想以上帝的主权为其出发点,并不断地重新返回到这个核心。[69] 德尔图良的著名格言提醒我们想到这样一个同样

---

[68] 《政治的浪漫派》,第一版(1919),页84;第二版(1925),页136;《论法学思想的三种类型》(1934年),页25-26;《政治神学续篇》(1970年),1919年和1925年施米特再次引述了德尔图良的原文:audaciam existimo de bono divi praecepti disputare, neque enim bonum est, idcirco auscultare debemus, sed quia deus praecipit [仆不揣冒昧,论及上帝命令之善,并非因其是善,故而我们应当听从,乃因其是上帝所令]。1934年施米特把这一指导原则译成了德语:Wir sind zu etwas verpflichtet, nicht, weil es gut ist, sondern weil Gott es befiehlt [我们对某件事负有义务,绝非因为它是善的,而是因为上帝命令这么做],并且将这一相应的缩简的拉丁语文本置于括号中放在译文之后。然而,在这一段的任何地方施米特都没有说明这句话的出处。此句引文出自德尔图良的《论悔罪》(De poenitentia) IV (《全集》[Opera Omnia],米涅(Migne)编,Paris, 1866, I, 1344A),而且在这么一个陈述中找到了它的续篇,这个陈述可以视为施米特整个政治神学的座右铭:"为彰显顺从,需以上帝大能之威严为优先:施令者之权威乃优先于服从者之实益。"[中译编按]德尔图良引文原文为拉丁语。

[69] 新教神学家德·盖尔仿(Alfred de Quervain)比天主教作家雨果·巴尔(Hugo Ball)更为清晰地指出了这一点,巴尔没有想到底,他主张,施米特的思想在教宗的主权那里找到了其归宿。"朝向绝对者的意图,这一意图乃是他的旨趣",巴尔是这样描写施米特的,"它最终不是引向了规定一切的抽象,无论它称作上帝、形式、权威或者其他的东西,而是引向那位作为绝对位格的教宗。"《卡尔·施米特的政治神学》("Carl Schmitts Politische Theologie"),刊《高地》(Hochland),1924年6月,页264;参页277、278、279、284。然而,对施米特来说,上帝绝不是某种抽象。他同意哈曼([Johann Georg] Hamann)对康德的批评(《政治的概念》,页89)。对德·盖尔仿而言,"具有决定性意义的"乃是,"对于道德、世界观以及固持于自身并主张自身的权力关系的自负(Selbstherrlichkeit),施米特看得一清二楚。在此,关于上帝主权的知识将不会被置之不理。它是前提。"《政治的诸神学前提:一个政治神学大纲》(Die theologischen Voraussetzungen der Politik.

著名的问题:上帝意欲某一善的事物是因为它是善的;抑或,因为上帝意欲它,某一善的事物才是善的? 由此:善的事物之存在独立于上帝的意志还是恰恰相反? 进一步[追问]:存在上帝的意志必须受其拘限的一个标准、一种秩序和一种必然性吗? 还是根本没有这种东西? [147]施米特的回答是不容置疑的。事实上,他颇具原创性地引入了德尔图良的"经典名言",为了用它来反对以任何方式使限制上帝的主权成为其目标和结果的尝试:上帝的意志既不能受制于自然的秩序也"不能被逻辑的严格性所强制",还"不能臣服于某种法律之下,像政治革命者试图使君主臣服于公意面前那样"。这就是德尔图良"经典地表达"的"对立"。[70] 15 年后,施米特试图如此澄清与德尔图良的格言相关联的前提:"那一位格性上帝(eines persönlichen Gottes)的不可探究的忠告——只要一个人信仰上帝——总已是'秩序井然',而不是单纯的决断。"仅当上帝不是这样一个上帝,即不是全能、全善、深不可

Grundlinien einer politischen Theologie),Berlin,1931,页168;请注意页43、63、64、70。

[70] 《政治的浪漫派》(1919),页84。在第二版中施米特修改了这个段落,添加了两个句子,使得他的立场变得更加锋芒毕露:

哲学如何——费讷隆([François] Fénelon)如是问——想去限制上帝的权威? 这[么说]是对的,即上帝以此种方式臣服于一种普遍的秩序之下,以致这位权威者的诫命及其每个行动都将变得不可能。在此,存在着某种与政治上的革命者的思想方式可作类比之处,这些革命者试图使国王臣服于公意(volonté générale)。这是一个古老的对立,对此德尔图良提供了一个经典的表达:audaciam[肆无忌惮]……(《政治的浪漫派》,1925,页137,强调为笔者所加)。

这一对立的最经典出处(locus classicus)是柏拉图的《游叙弗伦》(Euthyphron),从哲学观点考察这部柏拉图对话的文章前文已经提及,此即潘戈(Thomas L. Pangle)从施特劳斯的遗著中整理出来并以"论《游叙弗伦》"为题于1989年出版的那篇(参本章注释53)。

测时,他才并非总已是"秩序井然"。对于上帝的信仰、对于通过基督所启示的上帝的信仰决定着万有与虚无(Alles und Nichts)。[71]

信仰使不确定性得以终结。对信仰来说,唯有确定性的源头(Quelle)、真理的起源(Herkunft)才是决定性的。[72] 启示许诺了一种人的任意性不可撼动的庇护,相比之下,无知只具有次要的意义。在这一点上,同样也是德尔图良——施米特与其有着如此多的共同点[73]——撰就了这一经典表达:praestat per Deum nescire, quia non

---

[71] 《论法学思想的三种类型》,页26(强调为笔者所加)。

[72] "亚伯拉罕的上帝、以撒的上帝、雅各的上帝,而非哲人和学问家的上帝。确定性、确定性、情感、喜悦、平静。耶稣基督的上帝。"帕斯卡尔,"1654年11月23日备忘录"(*Le Mémorial du 23 novembre* 1654)(《全集》[*Oeuvres complètes*],Mesnard编,Paris,1991,第三卷,页50)。参见德尔图良,《论基督的肉身》(*De carne Christi*),V(Migne, II, 805B – 807B)。[中译编按]帕斯卡引文为法语和拉丁语。

[73] 这种共同性——如果我们将最重要的东西放在一边,也将施米特本人曾提及的最显而易见的东西暂时置之不理——扩展到他们的修辞和思维方式的特殊性,这种共同性——经适当修正(mutatis mutandis)——得到了这样或那样的解释者们的注意。扬·瓦辛克(Jan H. Waszink)在其关于德尔图良的著作《论灵魂》(*Über die Seele*)(Zürich u. München,1980,页316)中写道:"因为德尔图良在其占压倒性优势的论战作品中不断地变换他的观点,使其观点剧烈地受当时情形的影响,致使其信仰学说中很少有一个'固定点'。这就使其思想世界的系统发展受到了某种局限。"尽管如此,这些为数极少的"固定点"仍是"固定的",而且它们及其重要。由此,另外一位德尔图良研究者可以如此宣称道:"在教义问题上,德尔图良的理解从根本上乃是保持不变的,这一点儿也不奇怪。因为他不是为了在平静的劳作中深化他的既有知识,而是试图以其作品直接干预生活以及他那个时代的精神斗争,所以,他虽然使那个已经规划好了的思想大厦予以竣工,但却在很少的一些地方作了改造……在德尔图良的发展进程中不存在断裂。"参 Carl Becker 为德尔图良的《护教篇》(*Apologeticum*)所作的导论(第三版,Darmstadt,1984年),页20。请比较布鲁门伯格(Hans Blumenberg)对德尔图良的刻画:《现代的正当性》(*Die Legitimität der Neuzeit*),Frankfurt/Main,1966,页283(新版,1988,页345)。施米特认为这一刻画是该书中"对我最重要的段落"(《政治神学续篇》,页115)。

revelaverit, quam per hominem scire, quia ipse praesumpserit［未经上帝启示之无知，远胜（人）擅自揣定之有知］。[74] 那个拥有绝对统治权的上帝的诫命终结了人的自决权（Belieben）。但其方式并非以对所有已经拥有它的人都有约束力的那种知识使那种任意性（Willkür）得到终结。而是以这样一种方式：借启示的或习传的诫命让人面对顺服或者不顺服之间的决断。神性主权者的"权威的诫命"导致了"人的分裂"，［使人］产生一种"距离感"。他借助区分创造秩序，借助分离创造共通性（Gemeinsamkeit）。施米特的罗马见证［149］者（［译按］指德尔图良）对这种源于上帝之诫命的人的分裂有着清晰的认识。他知道在基督徒与反叛基督者（Empörer gegen Christus）、[75]正统派与异端（Ketzer）、上帝的朋友[76]与上帝的敌人[77]之间作出区分。尤其是，他知道那种将他以及他的后继者与哲人们相区分的深刻对立。这位政治神学家——他以顺服对抗哲人对于善的探究——不仅在事实上"经典地表达"了这一"古老的对立"，而且以令人难忘的简洁表述了这一对立：

雅典与耶路撒冷有何相干？［柏拉图的］学园与教会有何相干？

---

[74] 《论灵魂》(De anima) I, 6(《米涅教父集》II, 689B, 拉丁系列)。参布鲁门伯格,《现代的正当性》, 新版, 页349。

[75] Christi rebelles［反叛基督者］。《反异端的法规》(De praescriptione haereticorum) IV, 4(《米涅教父集》II, 18B［拉丁系列］)。

[76] 就这一点而言, 见佩特森(［Erik］Peterson),《上帝之友：宗教术语历史考》("Der Gottesfreund. Beiträge zur Geschichte eines religiösen Terminus"),《教会史学刊》(Zeitschrift für Kirchengeschichte), N. F.［新系列］IV, 页161-202,特别是页180以降、194、198；另见本书前文页112以降及［第三章］注释4。

[77] Dei hostes［上帝的敌人］。《护教篇》(Apologeticum) XLVIII, 15(Becker 编订本, 页216;《米涅教父集》[Migne] I, 595B［拉丁系列］)。

异端与基督徒有何相干?

——德尔图良的一句即使不是最有名、无论如何也是颇为有名的话的开端作如是说。[78] 就德尔图良的思想而言,"哲人与基督徒、希腊的门徒与上天的门徒"之间的尖锐对立具有典型性。他与"异端的领袖们"(Erzvätern der Ketzer)的对立乃是其"我信"(Credo)的直接结果。[79]

[150]在施米特那里,情形并无二致。诚然,那位前康斯坦丁[大公会议]时代来自北非的教会学者,与这位后宗教改革时代来自中欧

---

[78] "雅典与耶路撒冷有何相干?[柏拉图的]学园与教会有何相干?异端与基督徒有何相干?我们的教导来自所罗门的廊,他亲自教导:要以淳朴的心寻求主。那些带来了斯多亚式、柏拉图式和辩证法式基督教的人们本该看到!在耶稣基督之后,我们不需要好奇;在福音之后,我们不需要探究;正因我们信,在信之外,我们一无所求!此即我们卓越之信,除此之外皆不存在我们所当信者。"[德尔图良,]《反异端的法规》(De praescriptione haereticorum),VII, 9 – 13(Preuschen 编,页 7;《米涅教父集》II,23B – 24A[拉丁系列])。[中译编按]德尔图良引文原文为拉丁语。

[79] "至此,在哲人与基督徒之间、在希腊的门徒与上天(caeli)的门徒之间、在沽名钓誉者与(生命的)拯救者之间、在空言者与躬行者之间,在错误的创建者与毁坏者之间,在以错误为友者与以错误为敌者之间、在真理的歪曲者与真理的恢复和传播者之间、在真理的偷窃者与真理的捍卫者之间,有何相似之处?"[德尔图良,]《护教篇》(Apologeticum)XLVI,18(Becker 编订本,页 206;《米涅教父集》I, 580A – 581A, 拉丁系列)。Haereticorum patriarchae philosophi[异端的领袖是哲人们]。[德尔图良,]《驳赫尔墨根尼》(Adversus Hermogenem),VIII;《论灵魂》,III,1(《米涅教父集》,II,223C;II,692A)。德尔图良对苏格拉底的判断是:"因此,苏格拉底那时全部的智慧,乃出于强自镇静的刻意,而非出于对确证的真理的信念。没有上帝,真理由谁证实?没有基督,上帝经谁被认识?没有圣灵,基督因谁被寻见?没有对信仰的宣誓,圣灵如何被领受?当然,苏格拉底更易于被一个不同的灵所驱动。"《论灵魂》(De anima)I,4(《米涅教父集》II,688A, 拉丁系列,[中译编按]德尔图良各段引文原文为拉丁语。

的基督教的厄庇米修斯之间，被十七个世纪的神学与哲学间跌宕起伏的关系史所隔断，这是一段对抗与交流、统治与顺服、反叛与妥协的历史。然而，没有任何历史事件能够毁灭事物的秩序，也没有任何更成功的历史的调停（Akkommodation）能够取消一种首要的对立。一个政治神学家——他以历史行动者的身份投身于当代的政治—神学的斗争之中，并企图利用其概念、理论、设想"有意识地对时代产生影响"[80]——必须使其战略和修辞与不断改变其自身的种种历史条件相适应。然而，如果他想把自己看作一个政治神学家，他就不得不顾及那一个"古老的对立"，并确立自己的立场，不论历史发生何种变化。施米特与哲人以及哲学生活的对立不仅仅以间接的或者说伪装的方式体现出来。施米特并不满足于以德尔图良的口吻说话，也不满足于像费讷隆大主教那样质疑：哲学如何想去限制上帝的权威。他对哲人的攻击并非只是徒劳地似乎针对的是其他对手。比如，他在评论多诺索·柯特——他的又一位精神同道——时说,，没有任何一个"俄国无政府主义者""在断言'人是善的'时具有这样一种基本的信念，而那位西[151]班牙天主教徒正是带着这样的基本信念给出了这个问题的答案：如果上帝没有告诉他，他怎么知道他是善的？"[81]在一个显眼的地方，施米特以他自己的名义解释道："我认为17世纪从习传的基督教神学到'自然的'科学性体系的转变乃是欧洲历史上所有的精神转向中所迈出的最剧烈和最具后果性的步伐。"而且，对于在这转变的所有后果中什么才是他所特别关注的，施米特并没有留下悬念：

---

[80] 《1924—1954年间宪法学文集》，页8。
[81] 《政治神学》，页52（74）。

那些从历经很多世纪才形成的神学思想中发展出来的概念,如今已经失去吸引力并变成私人的事情。上帝自身在18世纪的自然神论形而上学中被驱逐出这个世界,变成实际生活中各种斗争和对立的一个中立的仲裁机构;他——正如哈曼对康德的批评一样——变成了一个概念(Begriff),而不再是一个存在者(Wesen)。[82]

"这一欧洲精神史上最剧烈且最具后果性的转向"——施米特将它看作现代性的中立化和去政治化的"一系列阶段"的开端——对他而言意味着背弃了对那个特殊神意(die partikulare Providenz)的信仰、背弃了对那个绝对地进行统治的上帝的信仰。[83] 无论人们对于这一转向所引发的"历史的具体境遇"会说些什么,那个特殊的神意都将其自身引领到"德尔图良所经典地表达过的"那一对立面前。对于那个根本对立的[152]持久不懈的关注——其他一切都出自这一对立——能够使人避免产生错误的看法,比如:说施米特的反抗只"具有时代意义",说

---

[82] "中立化和去政治化的时代"("Das Zeitalter der Neutralisierungen und Entpolitisierungen"),收入《政治的概念》,页88 - 89。参《中立化的中间阶段的欧洲文化》("Die europäische Kultur in Zwischenstadien der Neutralisierung")第一版的遣词造句,刊《欧洲评论》(*Europäische Revue*),卷5,第8期(1929年11月),页524 - 525。

[83] 《政治神学》,页37、44(49、62)。关于迈斯特(Joseph de Maistre),施米特说他"仍然充满了古典时代的神学的概念,他看待无意义的单个人还先于统治着我们的、超越性的、秉承神意的力量"。关于迈斯特所依赖的神学,我们在另一个段落获悉,"在天主教会及其神学的逾千年的精神劳作中,所有的人的问题以它们所可能有的最高形式——即以神学的方式——得到讨论"(《政治的浪漫派》,页154、182)。

它与17世纪开始的历史进程联系在一起,[84]说它只是反对现代哲学。在施米特的思想中,苏格拉底的位置甚至还没有尼采重要。柏拉图或色诺芬,亚里士多德或西塞罗充其量可以被看作遥远时代的"法学教师"(Rechtslehrer),或者被看作历史的示范性素材(historischem Anschauungsmaterial)的作者,借助这样的素材,源于"某种具体的法律——社会秩序的内在性的具体概念的发展"得以例示。[85] 作为哲学生活的代表,他们在意味深长的沉默中受到冷落。施米特也不节外生枝地卷入与他们自身的真理宣称的交锋之中。当然,只有现代和中世纪的哲人可以受到指责,可以说他们背弃了启示信仰的真理。伴随这一指责,施米特对哲人的"无神论"和"虚无主义"的攻击获得了另外一种品质,这同样适用于他[对哲人们]的一个反对,即他们应为那种"自恋"和"中立化"承担责任,总之:他们对历史的主宰者(Herr der Geschichte)的召唤无动于衷。与此相应,面对"基督教时代"的哲人,他的语气变得严厉起来。不容忽视的是施米特比如对尼采的总爆发,尼采早先已被他称作"私人教士职位"(privaten Priestertums)的"高级教士"和"替罪羊"而受到排斥,但还不仅仅局限于这些。[86] 在去世后发表的著作《语汇》中,[153]施米特彻底放弃了其在公开发表的著作中

---

[84] 根据《欧洲公法的国际法中的大地法》中的观点,"关于基督教历史的知识"的逐渐衰落开始于13世纪。"各种伟大的哲学体系此刻也抛弃了具体的历史意识,而且使得那些与异教徒和不信宗教者的斗争中所取得的历史创造物消解在中立的普遍化中。"(页33)

[85] 《欧洲公法的国际法中的大地法》,页37;《1924—1954年间的宪法学文集》,页427、502。

[86] 《政治的浪漫派》,页27。关于尼采,见《柯特四论》,页107、109;《基督教历史图景的三种可能性》,前揭,页930;《1924—1954年间宪法学文集》,页428、429;《语汇》,页87、91、163。

所一贯保持的克制态度。对于哲学和哲人的攻击成为一个首要主题,从倨傲的嘲笑到粗暴的训斥,各种各样。(87) 这种攻击在对斯宾诺莎的斥责中达到了顶峰:

> 上帝和人所曾遭到的最大胆的冒犯——这一冒犯使得所有对犹太会堂的诅咒成为合法的——存在于如下表达式中的"sive[或]":Deus sive Natura[上帝或自然]。(88)

上帝与自然的等同在耸人听闻这一点上似乎远远超过了"Nomos[习俗]与Physis[自然]的对峙",在这一对峙中施米特已经觉察出了一种"毁灭"的工作。(89) 不过,在这种对峙中开启的东西在那一等同中却走到了尽头。在Deus sive Natura[上帝或自然]的等同及Physis und Nomos[自然与习俗]的区分之间——哲学即以此区分为其开端(90)——本性善的原则在某种程度上处于中间的立场。* 即使最粗心的读者也能

(87) "我思故我在——嗡、嗡、嗡,小蜜蜂在嗡嗡盘旋"(《语汇》,页58。[译者按]此处采用了朱雁冰先生的译文)。"然而,权力意志哲学只是最悲惨的乏味性和生存的愚钝性的登峰造极"(页49)。参《语汇》,页46、89、165、210-212。

(88) 《语汇》,页28;见页60、84、86、141、276。

(89) 《欧洲公法的国际法中的大地法》,页38、40。

(90) 关于对自然的发现乃是哲学的开端,参施特劳斯,《自然正当与历史》,页81-95,特别是页90-91。

* [中译编按]natürliche Güte[直译:自然的好]作为一个跟基督教的原罪和人的堕落教义针锋相对的哲学概念,指人在天性或本性上无罪(或曰无辜)的完好状态,考虑到中文里"人性本善"更容易理解,这里酌译为"本性善"。在后文中,natürlich(e)视上下文酌情译作"自然的""本性(的)",或者"自然本性的",Güte及其形容词gut,则酌情作"善""善的"或者"好""好的"。与此概念相关的词Gutsein作"完好存在"。

看得出来，施米特与这种本性善的原则进行着不懈的斗争。更加值得注意的是，在施米特攻击"对'本性善'的信仰"最重要的地方，他不止一次提到了一位哲人的名字，本性善的观念与这位哲人有着更多的联系，在这点上任何其他人都无法与这位哲人相提并论。在《政治的概念》"人学"这一章中，让—雅克·卢梭的名字并没有被提及。这是理所当然的，因为卢梭并不适于充当施米特这种尝试的见证人——施米特有意或无意地尝试把与原罪教义[154]相一致作为"所有真正的政治理论"的必然前提。施米特怎么可能当真否认这位日内瓦人乃是"一种真正的政治理论"的作者这一点呢？[91] 但另一方面，在"人学"这一章节，卢梭确实是施米特的对立者，因为卢梭 en pleine connaissance de cause [凭着对事物的充分的知识]，用人的本性的完好存在（natürliche Gutsein des Menschen）来反对关于人的堕落和原罪的教义。当然，这里所谓的[人的本性的]完好存在不仅与失乐园的浪漫派的多愁善感了不相干，也与对普遍和平（Friedfertigkeit）兼博爱的未来田园牧歌的那种忘怀自我的幻觉（Phantasmagorie）没有关系。其坚硬的核心乃是达到自足状态的自然能力（natürliche Fähigkeit zur Selbstgenügsamkeit）：人之所以被称为好[善]的乃是由于他的根本的

---

[91] 剩下仅有的替代方案将会是对事实的歪曲，以使它们满足这个教义。在《政治神学》中施米特已经选择了这条路，那时，通过引证塞利埃男爵（Baron Seillière），他提出了一个观点，即在《社会契约论》（*Contrat social*）中，"人在本性上还不是好[善]的；只是在卢梭后期的小说中——正如赛利埃卓越地证明的——关于好的人（guten Menschen）这一著名的'卢梭式'论题才予以展开"（页 51/73）。这种说法完全是错误的。它首先错在施米特所引用的卢梭作品的编年顺序上，因为卢梭发表的仅有的两部"小说"（Romane）《新爱洛漪丝》（*Nouvelle Heloïse*）和《爱弥尔》（*Emile*）——如果人们也可以将《爱弥儿》称为小说的话——是早于或与《社会契约论》同时出版，也就是初版于 1761 年和 1762 年，而《论人类不平等的起源》在 1755 年即已发表。

独立性得以保持,他的自在状态(Beisichselbstsein)能够得以实现,人的本性使他原则上能够实现这一目标。这种完好存在——而非那种对于"本性的善[好]"(natürliche Güte)的混乱的"信仰"——是那种"世界和人的有罪性的根本神学教条"的真正对立概念,亦是对那种教条的顽强抵抗。然而,卢梭不仅提到了人的自然本性的完好存在。[92] 他也发明了 natürliche Güte[本性善/自然的好]这一表达式,而且事实上就是在这一文献中,在这里,根据卢梭自己的判断,他的哲学原则"最[155]为大胆地——如果不是鲁莽的话——得以揭示出来"。[93] 在《论人类不平等的起源和基础》这本书中,卢梭对于政治神学的前提进行了意义深远的批判,[94]"本性的善"以格言的形式首次而且也是决定性地登台亮相:为你的安好着想,且尽可能地不给他人带来损害。卢梭把它称为 maxime de bonté naturelle[本性善的准则]而介绍给世人,为的是取代另外一句施米特称之为 cette maxime sublime de justice raisonnée[那个推理所得的正义的崇高准则]的格言,但后者通常被看作登山宝训中的一个核心训诫:你们愿意人怎样待你们,你们也要怎样待人。[95] 正如人们所看到的,即使本性的善也拥有一个坚硬的核心,而且卢梭使用这个概念乃是出于政治的目的。反过来说,人们也不能否认,施米特以准确无误的直觉为自己选定敌人。即使施米特并不真

---

[92]　卢梭,《论人类不平等的起源》,注释 IX,考订版,页 300;请注意页 300 - 301 的注 368 所给出的提示和解释。

[93]　《忏悔录》(Les confessions),IV,《全集》(Oeuvres complètes),卷 I,页 407。

[94]　《论人类不平等的起源》,考订版,页 XXXII 以下、LXV、70 页以下、页 104、168、270、318 以下、386 以下。

[95]　《论人类不平等的起源》,页 150 以及注释 187、188。[中译编按]此句引文出自《马太福音》7:12;《路加福音》6:31。

的认识他的敌人。(96)

施米特与尼采为敌,跟"新教神学家"基尔克果(Kierkegaard)站在了一边。他以"所有基督徒中最具内在性者"反对那个公开自称的敌基督者。(97) [156]他征召了天主教神学史家康拉德·怀斯(Konrad Weiss)来反对海德格尔。(98) 在最基本的立场站队中,他毫不犹疑地遵

---

(96) 在其生命的最后二十年里,施米特以更为友善的态度看待卢梭。此时他受到天主教历史学家和作家亨利·吉耶曼(Henri Guillemin)的权威的影响,这位史家向施米特保证,卢梭是基督徒,伏尔泰正是为此企图追杀那位日内瓦人。在卢梭250周年诞辰纪念日时,施米特在《苏黎士周刊》(*Zürcher Woche*)(1962年6月29日)以"致真正的让-雅克·卢梭"("Dem wahren Johann Jacob Rousseau")为标题在头版头条发表文章,表达了对这位受迫害者的同情:"一提起'末人'(letzter Mensch)这个词,我马上想到了卢梭,这位在一个过度文明的世界上绝望的孤独漫步者,这位遭受迫害并在被迫害的狂想中死去的个体,他敢于与一个辉煌的、占优势的文明抗争,在启蒙的潮流中,在这一潮流那当时还没有被打破的对于进步的信仰中,他对进步深怀敌意。"

(97) 《政治神学》,页15(22);《教会的可见性》,前揭,页75。在其编辑出版的Johann Arnold Kanne的《我的生平》(*Aus meinem Leben*)(Berlin,1918,重印1940年)的后记中,施米特以赞颂基尔克果来收尾:"他像一个新的教父(Kirchenvater),重新为他的时代表述了那个永恒一致的真理。"(页68)这是几处类似描述中的一处(比如见:《政治的浪漫派》,页97;《柯特四论》,页101-102、106-107)。在《语汇》中,施米特称基尔克果为"真正名副其实的基督徒,不可见的教会的神父。他始终是一切存在主义之父,是一切存在主义的大师和真正源泉。海德格尔的存在主义具有无神论品质,与之相比,基尔克果的存在主义更深刻地具有基督教品质。"(页80;参页22、71、151、158、179。[中译编按]《语汇》引文原文为法语。

(98) 《语汇》,页83;参页80、111、151、168、220、236、275。关于施米特对于这位孤独的黑森林隐士的态度,与无数提及施米特和海德格尔的文章相比,施米特写于1949年4月24日的笔记具有远为重要的意义:"我知道《诗篇》,我在圣经里读到的是:'上主是我的牧者,我实在一无所缺'。我知道现代哲学,我在海德格尔那里读到的是:人是(存在的)牧人。"(《语汇》,页232)请注意施特劳斯,《古今自由主义》(*Liberalism Ancient and Modern*),页234-235、236-237、256。[中译编

循着这样一种分界线，一方是从苏格拉底到施特劳斯、从柏拉图到卢梭的政治哲人，另外一方是从德尔图良到多诺索·柯特、从奥古斯丁到加尔文的政治神学家。毫无疑问，他与黑格尔的差别远远超过他与——后来他曾激烈诽谤过的——尤利乌斯·施达尔（Julius Stahl）的差别，[99][157] 或者说，他与斯宾诺莎之类的哲人之间的共同点要远远

按]引文中的括号为原作者即施米特所加。施米特所引诗篇为《诗篇》第 23 首，中译据天主教思高版，和合本此句作："耶和华是我的牧者，我必不致缺乏。"

[99] 直到 1933 年，施米特仍将这位政治神学家列入与他相近的理论家的行列（《政治的概念》页 64；参《论专政》，页 9；《政治神学》，页 39、40、45、53 [53、56、64、77]），而且在跟黑格尔对施达尔（Stahl）的态度的直接比较中，他证实了以下见解与他的观点极为吻合：

尽管存在着反动的因素（reaktionäreb Elenebte），尽管黑格尔那里存在着基督论的术语，然而[黑格尔和黑格尔主义者]不可能再返回基督教形而上学的那位古老的上帝了，而且施达尔通过以下方式证明了他的优越性，即他颇为肯定地将黑格尔主义看作建立于基督教基础上的那位形而上学的上帝的敌人，而他是以谢林哲学为出发点的，这种哲学从 1809 年后即回到了承认位格上帝的立场。施达尔不属浪漫派。(《政治的浪漫派》，页 95；参页 82 的注释以及页 95 注释 1)

关于黑格尔参本书第一章页 32 以降以及注释 40 和 42。[科耶夫的]《黑格尔导读》（Introduction à la lecture de Hegel）出版后，施米特发现自己关于黑格尔的无神论的评价借助科耶夫的权威得到证实。1955 年 5 月 9 日，他给这位身在巴黎的哲人写信时说道：

所有具有决定性意义的东西都写在您的《黑格尔导读》的第 215 页上……很多人把黑格尔当作"无神论者"，我们也都了解布鲁诺·鲍尔（Bruno Bauer）可笑的"末日审判的号角"（Posaune des jüngsten Gerichts）。然而，第 215 页上您的这个段落必定改变全部迄今为止的哲学，如果这些哲人们——他们如今在学院分工的行当中统治着"哲学"这一商号的法权——真的倾听您的话。

少于与迈斯特(Joseph de Maistre)之类的神学家之间的共同点。施米特与政治哲人——就这一概念的简洁的意义而言——之间的对立,在其普遍意义和特殊意义上都不难识别。[⑩] 唯有在霍布斯那里似乎存在着不同的情形。施米特称赞《利维坦》的作者为"真正的理论家",就像一个政治神学家对一个政治哲人或者一个政治哲人对一个政治神学家所可能存在的尊敬和赞赏那样,但两者中的任何一方也从不无视将他们予以区分开来的最重要的差异。有时他会特别地称这位"马姆斯伯里的孤独的哲人"(einsamen Philosophen von Malmesbury)为"兄弟"和——祈求过十字架上受难的上帝之后——他的"朋友",并情不自禁地为其灵魂而祈祷。[⑩] 施米特的朋友、学生和崇拜者就他们自身而言强调那种他们相信存在于霍布斯与施米特那里的共同性。有人甚至走得更远,将施米特称作"20世纪德意志的

在廓清了对黑格尔-科耶夫式的"人的自我成神"(Selbstvergottung des Menschen)的立场的保留后,施米特继续写道:

> 但是,我并不同意您的如下观点,即自从拿破仑以后"占取"(Nehmen)就终结了,如今只剩下生产(produziert)(放牧[geweidet])了。剩下的只有利用(ausgeweidet)。这位有死的上帝(irdische Gott),他只给予而不再占取,因为他从虚无中创世,他将首先创造出虚无来,从这虚无中他进行创造亦即占取。

[⑩] 以下事实与这一对立并不冲突:在例如其《宪法学说》(*Verfassungslehre*)中,施米特诉诸了卢梭的一些概念;在思考陆地与海洋对于世界历史进程的意义时,他试图展开黑格尔《法哲学原理》(*Grundlinien der Philosophie des Rechts*)中的一个段落。

[⑩] 《霍布斯国家学说中的利维坦》(*Der Leviathan in der Staatslehreee des Thomas Hobbes*),Hamburg,1938,页5、125、132;《从囹圄中得拯救》,页61、64、67;参68、75、78、89。

霍布斯"。[102] 我们是否在施米特与霍布斯的关系上遇到了一个有待于仔细[158]解释的反例?[103] 或者是否有这种可能性:我们在施米特那里发现了一种例外,与这一例外相比,正常的情形不能说明任何问题,而例外的情形却能说明一切?假设我们发现了这一例外,那它到底是一种什么样的例外呢?的确,从施米特的《政治神学》的第一部到第二部([中译编按]即《政治神学续篇》),再也没有另一位哲人像霍布斯那样呈现在读者面前。同样可以肯定的是,施米特对待其他任何一个哲人都不像对待霍布斯那样曾有过如此反复和深深的矛盾。我们有

---

[102] Helmut Schelsky,《托马斯·霍布斯:一种政治学说》(*Thomas Hobbes. Eine politische Lehre*),Berlin,1981,页 5。

[103] 马基雅维利作为可能的反例被排除了,因为施米特没有把他当作哲人。施米特对于这位"可怜的佛罗伦萨人文主义者"(《霍布斯国家学说中的利维坦》,页 128)——在普兰藤贝格隐居时施米特根据马基雅维利的庄园命名他的宅院——的看法,从各个方面来看仍旧停留在传统的范围之内。在一篇纪念马基雅维利 400 周年忌日的报刊文章中,施米特这样写道:马基雅维利"既不是伟大的政治家,也不是伟大的理论家"。"他生命的最后 14 年都在流放中,在那个从佛罗伦萨到罗马的道路边的小屋里,从事着乡间收租人的营生,完全像一个孤魂野鬼,徒劳地试图重启他的政治生涯。这就是那两篇为他带来世界声誉的政治作品引发的处境。"(《科隆人民报》[*Kölnische Volkszeitung*],1927 年 6 月 21 日)在马基雅维利那里施米特看到了一个爱国者,一个道德主义者,一个技艺精湛者(Techniker)。他欣赏他的"诚实"(Ehrlichkeit),并强调,《君主论》的作者并非马基雅维利主义者。然而,施米特甚至并不想承认在马基雅维利那里存在着"一种国家理论",而且,在马基雅维利身上他更没有看到什么政治哲人的影子,对这样的哲人他本来应该与之进行严肃的批判式交锋(参《论专政》,页 6 - 10;《当今议会制的精神史状况》,页 89;《政治的概念》,页 65;《霍布斯国家学说中的利维坦》,页 78、129 - 129;《语汇》,页 49、55)。这样一种交锋在最好的情形下可以达到什么样的水平,施特劳斯借助他的著作《思考马基雅维利》(*Thoughts on Machiavelli*)(Glencoe, Ill. 1958)以及他的一篇丝毫不逊色的关于马基雅维利的文章已经予以展示了,此文收入由他与 Joseph Cropsey 主编的《政治哲学史》(*History of Political Philosophy*),第二版,Chicago,1972,页 271 - 292;第三版,Chicago,1987,页 296 - 317。

足够的理由更仔细地考察施米特与霍布斯之间的关系。

施米特与霍布斯的思想遭遇,最重要的证明体现于一本题为《霍布斯国家学说中的利维坦:一个政治象征的意义及其失败》的著作(*Der Leviathan in der Staatslehre des Thomas Hobbes. Sinn und Fehlschlag eines politischen Symbols*)。在很多方面,这本薄薄的小册子在施米特的著述中都占有特殊的地位。这本书出版于霍布斯诞辰350周年之后的几周,[159]恰好赶上施米特50岁生日,书的前言预先写下"柏林,1938年6月11日"的字样,除了后来的文集《全部欧洲解释中的柯特:四论》(*Donoso Cortés in gesamteuropäischer Interpretation*:*Vier Aufsätze*)之外,这本书乃是施米特出版的仅有的关于另外一个政治理论家的著作。与此同时,《霍布斯国家学说中的利维坦》也是一本施米特本质上谈论自己的书,尽管多方予以掩饰,充满影射和加密的引证,却不乏洞见,在关键之处 e contrario[从对立面来]论证,通过比较、反衬和矛盾来确立自己的立场。由此,这实际上是一本关于霍布斯与施米特的书,它被一个政治象征和圣经中那个对同时代人有着令人毛骨悚然的现实意义的可怕形象的"阴影所笼罩"。然而,最重要的是,《霍布斯国家学说中的利维坦》是这样一部论章(Traktat):在施米特那里政治与宗教前所未有地碰撞并交织在一起,或者如果人们愿意相信施米特的大多数解释者的话,[在此书中政治与宗教]彼此勾销。除了《政治的概念》《政治神学》和《政治神学续篇》外,《霍布斯国家学说中的利维坦》乃是直面施米特思想的核心和背景的每一种交锋的试金石。这本以"霍布斯"一词开始并以"霍布斯"一词结束的书整个围绕恰好位于全书中心的这么一句话展开:

但是,将国家看作一个在技术上完美并由人创造的 *magnum artifi-*

cium[巨大机关],看作一个在其自身中即在其业绩和功能中蕴涵着它的某种"正当性"(Recht)和"真理性"(Wahrheit)的机器,这种国家思想首先被霍布斯发现并由他系统地发展为清晰的概念。[104]

这句话简单明了地标示出了施米特归之于霍布斯的一个关键角色,即正是他迈出了"任何真理的根本的中立化"的"具有决定性意义的第一步",这一中立化"在机械化中达到了[160]顶峰"。[105] 句首的"但是"概括了政治神学批判的核心对象,施米特在这本论述霍布斯的书的前半部分展开了这一批判,为的是在这本书的后半部分赋予这一批判以戏剧性的、远远超越霍布斯的转向。施米特对霍布斯的政治神学的批判早就该进行了,最迟从他与施特劳斯关于政治事物的概念的对话时起就该着手了,而发表于1937年的《霍布斯和笛卡尔的机械论国家》("Der Staat als Mechnismus bei Hobbes und Descartes")代表了他的第一次尝试,即试图至少部分地弥补他迟迟没有对霍布斯进行政治神学批判的缺失。在这本关于《利维坦》的书的第一部分中——在其中他吸纳了1937年文章里的绝大部分内容——施米特在三个层面展开他的批判:第一,批判指向那种"彻底以个人主义方式"来解释的契约论建构,国家作为"由人制造的技艺产品"(Kunstproduktes)建立在契约之上,这样的国家被霍布斯称为"有死的上帝"(sterblichen Gott);第二,批判的矛头指向那种"仅在其自身中拥有'正当性'和'真理性'的机器",其最终后果乃是"一种庞大的机械主义,它为受其统治和保护

---

[104] 《霍布斯国家学说中的利维坦》,页70。这句话位于这本书的中心章节的中心段落的中心位置。

[105] 《霍布斯国家学说中的利维坦》,页64、65。

的人的此世物理存在的安全效劳";最后,这一批判指向霍布斯选择的那个象征,施米特把它视作"技术化时代的第一件产品(Produkt)",并将批判指向这个启蒙者所犯下的致命错误,即他"招引"出了"这个巨大的怪兽"以及自远古以来就与其联系在一起的全部力量。[106] 由此,这一批判指向"三个不同的且互不相容的"——在施米特眼中霍布斯所使用的——"上帝的概念":"首当其冲的当然是那个臭名昭著的关于利维坦的神话形象",施米特在其批判的开始这样写道。

与此同时,法律的契[161]约建构使得主权性位格(souveräne Person)如何通过代表(Repräsentation)而形成获得了说明。此外,霍布斯将[161]笛卡尔式的关于人的概念,即把人看作拥有灵魂的机械体,转用于"伟大的人"即国家上,从而把它转变为一个被主权代表者灌注了灵魂的机器。[107]

在所有的三个层面中,施米特的批判旨趣本质上是政治—神学的,在所有三个层面中,霍布斯都是被当作哲人而受到批判。

人们最初或许会感到奇怪,施米特的政治—神学的批判不仅涉及

---

[106] 《霍布斯国家学说中的利维坦》,页9、51、52-53、54、123;《霍布斯和笛卡尔的机械论国家》("Der Staat als Mechanismus bei Hobbes und Descartes"),《法哲学与社会哲学文库》(*Archiv für Rechts-und Sozialphilosophie*),第30卷,第4期,1937,页628、629、630;该文以同样版式、不同页码收入《纪念笛卡尔〈方法论〉出版300周年:国际法哲学与社会哲学联合会纪念版》(*Dem Gedächtnis an René Descartes. 300 Jahre Discours de la Méthode. Erinnerungsgabe der Internationalen Vereinigung für Rechts-und Sozialphilosophie*),Berlin,1937,页164、165、166。

[107] 《霍布斯和笛卡尔的机械论国家》,页624(160);参《霍布斯国家学说中的利维坦》,页48-49。

神话形象和机器形象,而且涉及法律的契约建构,由此,霍布斯关于主权者何以通过其代理人而形成的这一问题得到了解释。难道霍布斯的思想取向即主权性位格的决断(Entscheidung der souveränen Person),难道与霍布斯联系在一起的位格论(Personalismus)和决断论(Dizisionismus),不都是施米特自1922年的《政治神学》以来的伟大发现吗?难道霍布斯的位格论和决断论不是有充分理由得到这位"法学家"的高度评价,以至于那位"哲人和自然科学思想家"可以确保得到施米特十多年的宽大?[108] 事实上,霍布斯的位格论在1938年时并没有受到施米特忽视,而是被他置于新的语境中并得以重新评价。施米特强调,主权性的—代表者的位格(die souverän - repräsentative Person)——对于霍布斯而言他乃是"和平的唯一的保证人"——"不是通过同意而是只在获得同意的场合(nicht durch, sondern nur anläßlich des Konsenses)才得以形成",这一点由社会契约论表达出来。从霍布斯的法律的契约论建构我们可以推出这样一个结果:主权性的—代表者的位格"远远大于所有参与者的[162]个体意志的总和所能够产生的力量"。那种"为其生命而颤抖的个体的累积起来的恐惧"——我们得知——"与其说创造了一个新的上帝,不如说吁求一个新的上帝",这一不能被创造的而只能被吁求的新的上帝似乎保留了超验性(Transzendenz)的优越性:"就此而言,这个新的上帝不仅相对于所有的个体契约当事人而且相对于契约参与者的总数都具有超验性,不过当然了",这个政治神学家补充道,"只是在法律意义上,而不是在形而上学意义上"。[109] 但是,单纯的法律意义上的"超验性"并不足以保证

---

[108] 《政治神学》,页32-33(44-46);参页43(61)。
[109] 《霍布斯国家学说中的利维坦》,页52(强调为笔者所加)。

那个主权者的根本优越性,在施米特看来,那个主权者必定有资格具有这种优越性,而且也唯有他能有资格成为更高的、超越人的创造力和控制力(Verfügungsmacht)的那种权威的代表。法律上的超验性需要形而上学的超验性。威权式统治(die autoritäre Herrschaft)乃是建立在一种形而上学的基础之上。[10] 鉴于霍布斯的[163]"理性主义"和"极端的个人主义",他既不愿意也不可能回到这样的基础之上。由此,他的位格论——从历史角度来说——从一开始就注定是失败的。正因为主权性的—代表者的位格"只是在法律意义上而不是在形而上学意义上"是超验的,他"在随后的世纪中就无法阻止国家观念的彻底

---

[10] 戈嘉顿(Gogarten)以下面这种方式更改了施米特《政治神学》中的论题:"当国家权力(Staatliche Gewalt)和人民权利(volkliches Recht)从世俗化了的宗教的—自主的位格性(religiös-autonomen Persönlichkeit)获得合法性时,国家权力和人民权利将……从根本上被毁灭。如果它们要想在人的面前成为现实的权力和现实的权利,它们必须从那同一种权力(Macht)获得合法性,在其最内在的本质和真正的存在上,人臣服于这种权力。""国家理论中世俗化的神学概念的使用意味着,国家不再……被一个主权者超越,相反,国家本身取代了主权者的位置。然而,实际情形是,人民(das Volk)将成为主权者。的确如此,正像在神学自身中,神学概念的世俗化使得人类以某种形式……取代了上帝的位置,由此,上帝成为人内部的某种东西;恰恰以同样的方式,借助那种被世俗化的神学概念所统御的国家学说,人民自身取代了那种受上帝委托且向上帝负责的当权者(Obrigkeit)的位置,国家权力不再来自上帝,而是来自人民。可以说,世俗世界(das Säkulum)漫溢到曾被神学概念统治的位置,只是因为神学概念已经世俗化,丧失了力量。""由于对人民的过度强调",国家"被剥夺了其特殊的主权。因为一种主权(Hoheit),当赋予我主权者正是我要行使[主权]的对象时,它就不再是真正的主权了"。《国家学说中的世俗化神学》(Säkularisierte Theologie in der Staatslehre),页131、132、135。参福斯特豪夫([Ernst] Forsthoff),《总体国家》(Der totale Staat),页30、31、41。

机械化这一进程"。⑪ 更有甚者,如果我们回顾历史,这位早先由于其"位格论"而受到施米特赞誉的"法学思想家"(juristische Denker)似乎不仅连失败的阻挡者(Aufhalter)都称不上,而且已成为一个与其意志相违背的推动者(Beschleuniger):因为对于霍布斯而言,作为整体(als Ganzes)的国家并非一个位格,主权性的—代表者的位格不过是"这个巨人的灵魂",施米特的说法是,这一机械化过程"甚至是"由于霍布斯的位格论"才得以完成"。"因为,即使这种位格论因素,也在这一机械化过程中被吸收并毁灭于其中。"主权性的—代表者的位格最终"只不过是人的技艺(Kunst)和智能(Intelligenz)的一件产品(Produkt)罢了"。他[主权性的—代表者的位格]承担了霍布斯式的作为整体的国家——"身体与灵魂兼备"(mit Leib und Seele)——所遭受的斥责的印记:即它是一个 homo artificialis [人造的人],一台机器,一个在每个方面都由人制造的作品(Werk),"在这里,原料与能工巧匠(Stoff und Künstler),materia[原料]与 artifex[能工巧匠],机器与机器的制造者乃是同一种东西,亦即人"。⑫ 施米特对于这种"法律契约[164]建构理论"——霍布斯以此"说明"主权性位格(souveränen Person)何以

---

⑪ 《霍布斯国家学说中的利维坦》,页52、53。在第一个版本(Fassung)中,施米特将他宣称的这种因果关系表达得更加清楚:"在这个意义上,这位新的上帝在所有单个的契约伙伴及其整体面前乃是超验的,但只是在法律意义上,而不是在形而上学意义上。因此,主权性的—代表者的位格也不能阻挡国家观念的彻底机械化。"("霍布斯和笛卡尔的机械论国家",页629/165,强调为笔者所加)。一年后,施米特让读者自行将"因此"与"然而只是在法律意义上,而不是在形而上学意义上"联系起来:他将第一个版本里的这个句子拆分到两个段落里,而且借助一个很长的插入部分为两者增加了一个安全距离,这个插入部分在原来的文本里位于另外一个地方(页630/166)。

⑫ 《霍布斯国家学说中的利维坦》,页54;"霍布斯和笛卡尔的机械论国家",页629(165)。

形成——的批评由此乃是一个更为宽泛的批评的一部分，这种批评将社会契约论确定为一种普罗米修斯式的发明，它企图通过"原子式的个体"创造一种全能的——虽然是有死的——新的上帝的奇迹。施米特在如下事实中发现了霍布斯的契约理论的"决定性的因素"，

> 这种契约并非像中世纪的观念那样，它并不关心一个现成的、由上帝创造的共同体以及早就存在的自然的秩序，恰恰相反，作为秩序和共同体[代表]的国家乃是人的理解力（Verstandes[或译：理智]）和人的创造力的结果，而且国家仅仅经由契约而形成。

施米特提及 deus mortalis[有死的上帝]由此获得生命，在此，他从政治—神学角度[对霍布斯]的反对就昭然若揭了：

> 因为国家权力（Staatsgewalt）是全能的，所以它有着属神的品质。然而，它的全能的起源与那种属神的起源（göttlicher Herkunft）完全是两回事：它乃是人的作品（Menschenwerk）。[113]

属神的起源与人的作品之间的区分乃是整本书的核心思想。由此，一个事实就变得很清楚了，即施米特何以聚焦于将国家看作一种由人创造的、在其自身即能找到其"正当性"和"真理性"的机器这种思想。同样清楚的是，这种思想与 17 世纪那种"从习传的基督教神学到'自然的'科学性体系"的转变的步伐之间有何关联——施米特在其文章

---

[113] 《霍布斯国家学说中的利维坦》，页 50–51（强调为笔者所加）；参页 126，以及《教会的可见性》，前揭，页 74。

《中立化和去政治化的时代》("Zeitalter der Neutralisierungen und Entpolitisierungen")中将该步伐刻画为"欧洲精神史的所有转变中最激烈、最意义深远的"。施米特那篇文章里"在宏大的精神史语境中"所勾勒的画卷,在这[本书]里,在原则上、在其历史的开端借助作为machina machinarum[最典范的机器]的国家得以显现。* 反过来说,这意味着施米特[165]从一开始就将现代国家置于其历史的目标这一视角中审视,他也把霍布斯的理论置于其最长远的结果这一视角中审视,或者说把它当作"宏大的、四百年来持续不断的中立化过程的决定性因素"来审视:霍布斯在17世纪引发的对于"中世纪的观念"——由神设立一个共同体(Gemeinwesens göttlicher Einrichtung)的观念以及拥有神的权利的一个代表者的位格的观念——的背弃,乃是这样一种发展的决定性前奏:它"以其内在的一致性在普遍的中立化中达到了顶峰",结果,20世纪占统治地位的意识形态不约而同地将国家看作这样一种"机构",即"形形色色的政治势力都能够利用它作为一种技术性的—中立化的工具"。[14] 在相同的意义上,《中立化和去政治化的时代》一文划了一个圆弧,即从"对于习传的基督教神学"的背弃到培根、伽利略、笛卡尔、霍布斯和斯宾诺莎的时代,再到当代的"乏味的技术宗教"和"一种反宗教的此世行动主义(Diesseits-Aktivismus)的大众

---

* [中译编按]machina machinarum 直译是"诸多机器中的[那台]机器"(英译:machine of machines;类似 Song of Songs[雅歌]),这里喻指现代国家是各种此类机制的典范。

[14]《霍布斯国家学说中的利维坦》,页53、54、62、63-64。施米特提到了"西方式自由民主制"与"布尔什维克的马克思主义"。同时代的读者——对他而言,诸如"国家是达到目的的手段"或者"党指挥国家"这样一些来自无数的群众集会和官方公告的口号不绝于耳——可能自己补上民族社会主义,施米特则在其论章中对民族社会主义报以显著的沉默。

信仰"的时代。1938年施米特避免使用这些概念。他也不提"庸俗的大众宗教",甚至闭口不谈那种"行动主义的形而上学"。[115] 然而,《霍布斯国家理论中的利维坦》明确地主张,由于将国家看作"人的算计的技艺产品",霍布斯迈出了"决定性的一步",它以一种"形而上学的决断"为基础,从此"所有其他东西"(alles weitere)都"不再需要新的形而上学[166]决断"。[116] 朝向现代科学和技术的转折既非在其起源上亦非在起结果上是形而上学意义上中立的。霍布斯意识到自己采取了什么样的"形而上学的"立场并帮助何种力量取得胜利了吗? 根据施米特的解读,霍布斯赋予国家——施米特从中发现了"新的技术时代的原型式作品"——一个圣经中的怪兽的名字,这一事实显然是一种时代错置。事实上施米特抱持的观点是,利维坦的形象与霍布斯的概念"并不相称",这种不相称不仅涉及霍布斯的概念的"核心"。然而,有人也许会问,如果这个形象并非像施米特反复强调的那样只不过是"一个出自英国人的固有的半讽刺半文学的突发奇想的幽默",而是可以"从时代历史中得以解释",那么,这种"不合宜性"又意味着什么呢?[117] 那表面上看起来似乎是为霍布斯辩护的内容,却包含着施米特真正的批评:霍布斯的这一"文学奇想"既不与[其]主题(Sache)的

---

[115] 《政治的概念》,页92-94。
[116] 6《霍布斯国家学说中的利维坦》,页59、64;"霍布斯和笛卡尔的机械论国家",页630(166)。
[117] 《霍布斯国家学说中的利维坦》,页48、53;页31的注释,页43的注释。"但这个神话形象的巨大冲击力导致了一个错误,即在这一神话形象中人能看到新的国家理论体系的核心观念。然而,霍布斯引入利维坦这一形象时所用的句子和词汇毫无疑义地表明,事实上他本人既非从概念上亦非在任何一种神话或魔鬼学意义上认真地对待这个形象……使用这一形象时,他既无畏惧之情,也无崇敬之意。"《霍布斯和笛卡尔的机械论国家》,页625-626(161/162)。

严肃性相符合，也不与他本人的处境相匹配。他召唤出一个"有着谜一般意涵的神话象征"，该象征超出了"每一种仅仅是智识性的(gedanklichen)理论或构思的范围"。霍布斯冒险进入了一个领域，由于这并非他的领域，他误判了这一领域的危险性。这位哲人被种种他无法主宰的力量卷入其中，因为他并不相信它们。但是，我们从施米特那里得知，利维坦的名字"毕竟是一个神话的名字，[167]引用这一名字不能不受惩罚"。⑱ 在关乎拯救与毁灭、厄运与救赎的地方，幽默和反讽是不合宜的。"中世纪的基督教大众信仰"尚且知道，被称作利维坦的鲸、蛇或龙可以用作"邪恶的敌人""以各种面貌出现的魔鬼的力量"或者"撒旦自身"的象征。这种认识在16、17世纪时随着古老信仰一同"消失"，但随着霍布斯那本关于利维坦的书又焕发了新的生命，但只有在这种认识的背景下，施米特赋予这一神话象征的重要性才能得以把握，⑲尽管利维坦形象对于霍布斯而言很可能只是一个"文学奇想"。⑳ 后来施米特对霍布斯做出一个判断，"就其缺乏对任何神话

---

⑱ 《霍布斯国家学说中的利维坦》，页9、79(强调为笔者所加)。福斯特豪夫(Ernst Forsthoff)在他关于施米特的评论中认为，"霍布斯的国家形象……最终被利维坦的神话毁掉了"这一主张具备"一种经典的启发价值"。[福斯特豪夫指出：]"霍布斯式的国家观念由于各种非理性力量的压倒性影响，在历史的空间里显示出了ratio[理性]的有限力度；理性试图控制国家这一最为强大的历史—政治力量的努力失败了，而且必定失败。就此而言，施米特的那本书乃是结论性的和总结性的。"《德国文化哲学学刊》(Zeitschrift für deutsche Kulturphilosophie)，《逻各斯》[改名后]的新系列(N. F. des Logos)第7卷，第2期，1941，页212-213。

⑲ 《霍布斯国家学说中的利维坦》，页12、14、16、36、37、39、44。路德在《约伯记》四十一章的一个眉批里解释道："LEUIATHAN[利维坦]，他以之命名海里的大鲸／然而借此他描绘的是此世的君主(der welt Fürsten)／那魔鬼及其追随者们。"

⑳ 到1938年时，施米特不再试图排除这一形象或可能还有更多的义涵。

意涵的感知而言,他也同样是一个'启蒙者'"。[121] 对施米特来说,这种缺失澄清了一个疑问,即霍布斯挑选的这一政治象征何以必定走向失败。当然,对于霍布斯及其意图(Absichten)和失误的判断只是事情的一个方面。事情的另一方面则是这么一个问题,即霍布斯"半反讽地"突然想到的这一神话形象是否当真没有捕捉到一种更为深刻的真理。对于地球上最强大的力量而言,难道这一旧约中的象征[168]——当它适用于那种"最典范的机器"时——只是一种时代错置?或者说,它难道不能有助于阐明一种神学对立,在施米特看来该神学对立乃是四百年来中立化进程的基础?现代的"自我授权"事业的张狂在这一古老形象中——霍布斯对它的重新表述企图强行使之集上帝、人、动物和机器为一体——不是体现得明明白白吗?[122] 如果对于"每一个好基督徒"来说,以一个巨兽来对抗"神人的 Corpus mysticum [神秘身体] 即伟大的基督"乃是一种"可怕的观念",那么霍布斯的"错误"难道不能帮助人们睁开眼睛吗?施米特提出关于新的或死的上帝的认同的问题,即"那位将和平与安全赐予被焦虑击倒的人们的上帝到底是谁?",乃是在亲自提醒每一位好基督徒,将来谁能够端坐在利维坦的王位上,或者说目前谁有资格利用这一价值中立—真理中立的国家机器。[123]

---

[121] 《国家主权与自由的海洋》("Staatliche Souveränität und freies Meer"),收于《帝国与欧洲》(Das Reich und Europa),Leipzig,1941,页98。

[122] 《霍布斯国家学说中的利维坦》,页31、48、79。参《霍布斯和笛卡尔的机械论国家》,页624(160)。

[123] 《霍布斯国家学说中的利维坦》,页48、96。施米特只有两次使用过和平与安全这一说法,而安定、安全和秩序(Ruhe, Sicherheit und Ordnung)作为霍布斯的国家建构的目的却出现过很多次(参页47、64、71-72、90)。只有一个地方,敌

和平与安全这一敌基督者的口号在施米特这本书第五章的开头乃是第二次出现。在这个口号之前，通过将这一章的论题概括为一句话，施米特阐明了一个论点，即"对信仰和奇迹的质疑"将使利维坦"走向毁灭"。利维坦——施米特此后谈到了它的"致死的疾病"（Krankheit zum Tode）*——并不是一个极为[169]成功的巨型机器（Große Maschine），亦即在霍布斯之后的三百年中"能够独立于任何一种政治目的和信念的内容"，而是一个有死的上帝，"他给人们带来了和平与安全并由于这一理由——而非由于'国王的神授权利'——而要求无条件的顺服"。利维坦乃是"类似于上帝的国家的主权性位格（souveräne Person）"，人"没有任何权利"与其作对，"不管是诉诸某种更高的或其他的权利，还是出于宗教的理由和论证"，它是一个巨人（der Große Mensch），"独自执行赏罚"，且"由于其主权性权力（souveräne Gewalt）独自"通过法律决定"在正义问题上什么是权利和财产，在宗教信仰的事务中什么是真理和忏悔"。[124] 根据施米特的论点，对信仰和奇迹的质疑（Die Frage des Glaubens und Wunders）会使得利维坦——它试图凭借其绝对的权力建立"宗教与政治的统一

基督者本人被指名道姓地提到："在根特（Gent）的（12 世纪的）《花卉书》（*liber floridus*）中，敌基督者君王般坐在利维坦之上，而利维坦则被描绘为蛇，且呈现为一条巨大的鱼的形象，因此它在那里很可能只代表这个'世界'，而不是代表某个终末论的形象；请比较《德国艺术史大百科》（*Reallexikon zur deutschen Kunstgeschichte*），Otto Schmitt 编，Stuttgart，1937，第一卷，页 716，由 Oswald Erich 撰写的辞条'敌基督者'"（页 13 注释 1）。[译按]根特（在不同欧洲语言中亦作 Ghent，Gaunt 等）为现今比利时境内的一个城市。《花卉书》是一部配有插图的中古时代的百科全书（约编于 1090—1120），编者为圣奥美尔的朗伯尔（Lambert de Saint-Omer）。

* [中译编按]《致死的疾病》是基尔克果某著作的标题。

[124] 《霍布斯国家学说中的利维坦》，页 63、79/80、99（强调为笔者所加）。

体"——趋于毁灭。或者直截了当地说：施米特所关注的对象乃是后基督教时代使宗教成为政治的一部分这种尝试的失败。当然，施米特本人绝非表述得如此直白。恰恰相反，他的表述是如此含混以至于给人们留下一个印象，即他是从那种他试图证明为不可靠的立场出发来表述其观点的。他利用修辞技巧使对手的立场表面上看起来似乎是他自己的立场，为的是更有效地向人们揭示对手的事业必将以失败而告终。一切都经过精心的导演，以戏剧最初的谋篇布局（Ausgangskonstellation）为开端，在第一章结束时征引"犹太学者"施特劳斯（Leo Strauss）并与其相遇，从而完成这一构思。"德意志方面"他则求助于他的批评者舍尔斯基（Helmut Schelsky）。[125] 施特劳斯是这样 [170] 一位作者，通过他施米特将宗教与政治的区分引入了讨论。在其《斯宾诺莎的宗教批判》(Die Religionskritik Spinozas) 一书中，施特劳斯这样写道："霍布斯将犹太人看作那种叛乱性的、使得国家趋于毁灭的宗教与政治的区分的真正的始作俑者。"为了一开始就将这一区分引入稳妥的轨道，施米特试图立即作出历史的"修正"："这一点仅在如下条件下是正确的，即霍布斯反对那种典型的犹太—基督教式的[宗教]跟原初政治统一体的分裂。"施米特所感兴趣的问题首先是随着"基督教世代"（christlichen Äon）的来临才出现的。这个世代对于犹太人和异教徒来说都是前所未有的。跟着施特劳斯，施米特继续写道：

---

[125] 《霍布斯国家学说中的利维坦》，页20、22。1941年舍尔斯基（Helmut Schelsky）也征引了这位"犹太学者"（《托马斯·霍布斯》[Thomas Hobbes]，页217），但舍尔斯基引述的并非《斯宾诺莎的宗教批判》，而是施特劳斯1936年出版的著作《霍布斯的政治哲学：其基础和起源》(The Political Philosophy of Hobbes: Ist Basis and Ist Genesis)（牛津），这本书施米特没有提到。

在霍布斯看来,两种权力即世俗权力与灵性权力(Gewalten der geistlichen)的区分对于异教徒来说是陌生的,因为在他们眼里宗教乃是政治的一部分。

通过不动声色地对施特劳斯的文本予以"添加",他补充道:

犹太人从宗教方面实现了那种**统一体**。只有罗马的教宗制教会(römische Papstkirche)和嗜好权力的长老派教会(presbyterianische Kirchen)及其教派建立在对于国家具有毁灭性的灵性权力和世俗权力的分裂的基础之上。

施米特总结道:

罗马教宗制教会所追求的与"黑暗王国"作斗争并试图恢复原初的统一体乃是——正像施特劳斯留意到的——霍布斯的政治理论的真正意义。这并非虚言。[129]

然而,在施米特引述的段落中,施特劳斯既没有提及"罗马教宗制教会",也没有提及"霍布斯政治理论的真正意义",同样没有提及"原初的统一体"及其所谓的"恢复"的问题。在施特劳斯那里,讨论并不涉及对于"教宗制教会"的批评,而是涉及霍布斯对于启示宗教的根本批判,不论它是犹太教还是基督教,基督教[171]革命前还是基督教革命后,针对天主教还是针对新教。施特劳斯在回顾宗教与政治的关系的

---

[129] 《霍布斯国家学说中的利维坦》,页21(强调为笔者所加)。

规定性时所表述的那种两者择一的抉择，具有与此相应的根本特征。"对异教徒而言，宗教乃是其政治的一部分"。与其相反，启示"使得政治成为宗教的一部分；由此它颠转了——正像我们所理解的霍布斯那样——那种曾在异教传统（Heidentum）中体现的自然关系"。[122] 启示信仰的政治后果乃是霍布斯和施特劳斯兴趣的中心点，对于这两位哲人而言具有决定性意义的政治问题乃是：政治应该成为宗教的一部分吗？施米特抓住了这一抉择的第一部分，而对第二部分则小心翼翼地保持沉默。一个细微的、处于转换中的思想活动足以使施米特奇妙地排除在哲人那里所存在的宗教与政治的区分的危险性，而把政治的优先性抑或启示宗教的优先性这一明确的抉择转变为一种宗教与政

---

[122] 施特劳斯，《作为圣经学基础的斯宾诺莎的宗教批判：斯宾诺莎〈神学—政治论〉研究》（*Die Religionskritik Spinozas als Grundlage seiner Bibelwissenschaft. Untersuchungen zu Spinozas Theologisch - politischem Traktat*），Berlin，1930，页75。二十五年后施特劳斯重申道：

旧约建立了祭司的统治，亦即在混乱中注定要产生的一种统治形式，正像旧约故事本身所记录的那样。祭司的统治要对如下事实负责，即无政府状态诱使犹太人"仿照万国的样式"立了一个王，"一般而言，在列王的全部历史上……总有控制着列王的先知。"也就是说，旧约奠定了尘世权力与灵性权力的二元论的基础，这一基础与和平不相容，而和平正是理性的最重要的要求（the demand par excellence of reason）。至于基督教，它起源于对于世俗主权者的背叛，由此它被迫最终准许了两种权力的二元论。顺应着圣经的这一观念，霍布斯被迫试图对圣经宗教进行自然的解释。异教与圣经宗教的根本差异在于：异教是属人的政治的一部分，而圣经宗教乃是一种属神的政治，即上帝之国（the kingdom of God）的政治。

见《论霍布斯政治哲学的基础》（"On the Basis of Hobbes's Political Philosophy"）（1954），收入《什么是政治哲学？》（*What Is Political Philosophy*），Glencoe，Ill，1959，页188；亦参《思考马基雅维利》，前揭，页184-185、231。

治分裂抑或统一的含混对立。此外,这一思想活动使得施米特[172]能够将基督教与犹太教予以对比,与此同时,通过引证犹太教在基督教出现之前所取得的成功,他试图悄悄地提醒人们一个事实:"统一"也能够"从宗教方面"得以实现。最后,这种思想活动还有助于施米特把所谓的"原初的统一性的恢复"作为霍布斯事业的真正试金石,就此,在论证的开始他就不失时机地强调说,这种尝试——其失败他在第五章中曾论证 ad oculos[给人看]——与罗马教宗和[罗马大公]教会存在直接的对立。[122] 施米特所引证的第二位证人满足了一种双重目的。一方面,他[舍尔斯基]向每一个人证明,施米特貌似采用的视角有理由被认为是合乎时宜的。另一方面,他让细心的读者认识到,由于其处理方式,施米特企图达到的是一种完全不合时宜的目的。施米特引入论战阵地的是舍尔斯基写于 1938 年的文章《霍布斯笔下的国

---

[122] 要想把握施米特的霍布斯研究论章的论证理路,施特劳斯的《斯宾诺莎的宗教批判》是最重要的一本书。施米特对于霍布斯的研究和批判乃是在与施特劳斯的交锋中发展而来的,这一点对于熟悉 1932—1933 年那场关于《政治的概念》的隐匿对话的人,是不会感到吃惊的。施米特是如何努力地致力于对施特劳斯那本书的研究,有施米特在他自己所有的那本书[《斯宾诺莎的宗教批判》]上的大量划痕、眉批以及其他标记为证,这本书如今已成为笔者的收藏。在全书开头的第二页上,施米特在他的签名下用墨水作了这样的标注:"第一次相遇:1932 年春;第二次相遇:1937 年夏;第三次相遇(第一次再度相遇):1945 年 7 月(受激发于 1945 年 6 月 30 日与 Eduard Spranger 的谈话)。"(关于[施米特]与 Eduard Spranger 的谈话,参《从围囹中得拯救》,页 9–12)。从 1956 年到 1973 年期间,洛维特(Karl Löwith)拥有这本书,1956 年 6 月 28 日他告诉施特劳斯,他从一家旧书店的目录里收获了那本关于斯宾诺莎的书,"瞧呀:正是施米特那本有着很多批注的藏书!一个印章显示,这本书很显然是 1945 年连同施米特的藏书一块儿被美国当局查封的。"然后,他还谈到了一些相关批语的事情,并想了解:"这个所谓的第三次相遇该作何理解?"(芝加哥大学图书馆特殊收藏部,列奥·施特劳斯文件,第 2 箱,第 11 文件夹)。二十年前,洛维特已经在理解施米特与施特劳斯之间这场相遇的本质时遇到困难(参《隐匿的对话》,页 15 注释 6,以及 页 70–71 注释 64)。

家的总体性》("Die Totalität des Staates bei Hobbes")——此文丝毫没有[173]不合时宜的嫌疑。与先前对待施特劳斯的情形有所不同，这一次施米特让作者本人讲话，这么做的一个好处是，让政治神学(Politische Theologie)这个概念出现在他的书中，却一次也不必由他亲自提出这个概念。"借助利维坦这一形象"，施米特如此概括舍尔斯基的解释，"'霍布斯抵制所有受制于宗教的国家思想，从而加入了伟大的政治思想家的行列。在这条道路上其同路人有马基雅维利、维柯(Vico)以及晚近时代的尼采和索雷尔(Sorel)'。然而'他的利维坦概念的深层义涵'在于这一事实，即那个'尘世的'、'有死的'上帝——它只存在于此世此地——完全依赖于人的政治行动，这种行动必须持续不断地把它从'自然'状态的混乱中不断地重新拯救出来。由此，霍布斯'与每一种形式的政治神学展开了伟大的历史性斗争'。利维坦乃是这一斗争的伟大象征"。施米特并没有提及舍尔斯基的解释本质上乃是针对他的，而且理所当然的，他对如下事实更是讳莫如深，即舍尔斯基的解释乃是以他的政治神学为着眼点的。[29] 从舍尔斯基那里引述的三处短短的文字足以说明问题。对于这位年轻的学者——四十多年后当他回顾过去时，他称自己当时对民族社会主义(Nationalsozialismus)"更多是一个拥护者"[30]——施米特并没有予以反驳或者至少对其予以"修正"，而是采用了舍尔斯基的解释并利用它达到自身的

---

[29] 在页30-31和页43，施米特提到来自舍尔斯基的一个批评。这一攻击——施米特认为它"并不完全公正"——直接以舍尔斯基那段包含着真正挑战的段落为先导。[舍尔斯基的]《霍布斯的国家的总体性》(收入《法哲学和社会哲学文库》[*Archiv für Rechts-und Sozialphilosophie*]，第31卷，第2期，1938)乃是对施米特几个月前在同一个地方所发表的论文《霍布斯和笛卡尔的机械论国家》的直接反驳(参页177、181、189、190-191；请注意页176和193)。

[30] 舍尔斯基，《托马斯·霍布斯》(1980年版前言)，页9；参见11。

目的:

> 然而,根据舍尔斯基必定[174]持有的的这种观点——而且正是在其有关政治行动的思想家的论题这一意义上——**一切都必须决定性地取决于以下问题**,即那个由霍布斯创造的利维坦的神话是否真正恢复了原初的有生机的统一体(Lebenseinheit),在与犹太教—基督教那种将自然的统一性予以毁灭的倾向进行的斗争中,利维坦是否能够证明自己乃是一个政治—神话的形象,以及这一神话是否能够胜任这种斗争的严酷性和恶毒性。[131]

由此,最初的谋篇布局才得以完成。只有在这一实验台上才能显示出霍布斯的意图——即在利维坦的形象中恢复"原初的"、"自然的"、其实就是"异教那种原初的、自然的宗教与政治的统一性"——以及与之相随的每一种立场,这些立场在利维坦这个形象中发现了反对政治神学的斗争的"伟大象征"。这种只是以否定的方式被谈及的政治神学只有在这样一种意义上才能显示出它的优越性来,即它能够成功地证明,那种反基督教的复辟(Restauration)注定要失败。

施米特在论证中不惜大量使用反讽手法。在他那里,"对信仰和奇迹的质疑"(die Frage des Glaubens und des Wunders)使得霍布斯的"新上帝"及其创造的"奇迹"[132]走向毁灭;那个用来向政治神学的腹地发起进攻的伟大象征在政治神学的领域里被击碎;他让那位

---

[131] 《霍布斯国家学说中的利维坦》,页 22–23(强调为笔者所加)。
[132] 《霍布斯国家学说中的利维坦》,页 48。

哲人——他证明那位哲人是"最早的,也是最大胆的奇迹信仰的批判者"⑬——恰巧在奇迹信仰面前落下了马。当[175]施米特将以下建议——使奇迹受制于国家主权者并由此成为政治这一人的业绩的一部分——付诸讨论时,这种反讽变得越发激越起来,并转化为几乎不加掩饰的嘲讽(Hohn)。"霍布斯,这位伟大的决断论者(der große Dezisionist)",即使在事关奇迹的问题上也最终完成了"他的决断论的转向:Autoritas, non Veritas［权威,而非真理］"。

这里没有什么是真的(wahr),这里一切都是诫命。某个奇迹是主权国家的权力命令人们相信它是奇迹的东西;然而——荒唐可笑(Spott)在这里表现得尤其露骨——反过来说也一样:当国家禁止奇迹时,奇迹就会销声匿迹。⑭

有时这位《政治神学》的作者似乎很难克制自己。不过,施米特仍然忠实于自我选择的视角转变,并沿着预先计划好的道路将对手穷追到底。他跟随利维坦直到其所能达到的权力的顶峰,一旦有死的上帝拥有"对于奇迹和忏悔"的控制权,他就能达致那种权力的顶峰,但他也只是——在此反讽被推向极致——为其自身"索取"它永远无法获得的东西。在这一戏剧的高潮,即"当处于顶峰的主权者的权力实现了

---

⑬ 《霍布斯国家学说中的利维坦》,页82。"他的批判似乎已彻底具有启蒙时代的风格。由此,他以18世纪的真正开创者的身份登场了。几乎是以伏尔泰的风格,他已然描绘了错误、幻象以及公开的或隐秘的欺骗的各种可能性,也描绘了伪造者、戏子、夸夸其谈者以及其他一些江湖骗子的各种伎俩,他的描绘是如此彻底,以至于在这一领域,任何一种对于信仰的要求都显得毫无意义且根本没有讨论下去的必要。"

⑭ 《霍布斯国家学说中的利维坦》,页82-83。

宗教与政治的统一时",施米特向人们指出了这一本来是如此紧密和难以抗拒的统一体中的一个裂隙(Bruchstelle),并向我们揭示了能够"使强大的利维坦从内部"瓦解的"死亡的种子"。因为在这里,"当事关奇迹和信仰时,霍布斯总是对这一具有决定性意义的环节予以回避",因为他将"内在信仰与外在表白(äußere Bekenntnis)这一区分"引入了利维坦的政治体系,并仅仅要求把外在表白的统治权保留给那个有死的上帝,并且他承认思想自由和信仰自由。霍布斯——或者施米特赋予其"恢复原初的统一性"这个角色的同名者——显然也在回避这一复原事业(Restaurationsvorhabens)[176]的最终后果。[133]"宗教与政治的统一体"只有在一种情形下才能实现,即当人们被全然地——从内到外、在其身体与灵魂上、在其行动与思想上、在其表白及其信仰的最深根基处——予以攫取时。但是,那位有死的上帝的所谓"全能"不足以做到这一点。其强制性权力只不过是人的创造物罢了,根本无法支配人们的思想和良心。其诫命在信仰面前不起作用。或者正如施米特之后在某个合适的时间和场合所宣称的:一切神圣事物都不容外在强迫。[134]故此,那种试图将"宗教与政治的统一体"通过利维坦这一符号和手段予以奠基的尝试势必走向 ad absurdum[荒谬]。这一"裂隙"无法通过世俗之途予以弥合。[135]即使内在性与外在性的区分没有得到承认,"内在性之于外在性、无形之于有形、沉默之于嘈杂、彼

---

[133] 《霍布斯国家学说中的利维坦》,页84-86。

[134] 《霍布斯国家学说中的利维坦》,页94。

[135] 陀思妥耶夫斯基(Fjodor M. Dostojewskij),"宗教大法官"(Der Großinquisitor),L. Müller 编,München,1985,页25-26(《卡拉马左夫兄弟》[Die Brüder Karamasoff],Rahsin 译,München,1980,页419-420);约瑟夫斯(Flavius Josephus),《驳阿里安》(Contra Arion),II,165-166。

岸之于此岸的最终的优越性"也必将获得承认。[138] 在内在性和 [177] 信仰、属神事物和彼岸的优越性中,以及在那种能够抵制外在的强迫并避开人的任意性的事物的优越性中,有死的上帝的失败找到了真正的理由,而政治神学则在那里找到了决定性的支持。[139] 施米特笔下的

---

[138]《霍布斯国家学说中的利维坦》,页95(参《教会的可见性》,前揭,页75和77)。福斯特豪夫([Ernst] Forsthoff)在他1941年的书评中引述了施米特的尚不是很"冒犯性的"见解,这一见解处于第一段的第一部分,还没有涉及神学的内容:"内在的与外在的这一区分一旦被承认,在这一瞬间,内在的事物优越于外在的事物,以及私人性的事物由此优越于公共的事物实质上即成定局。"他对此评论道:"施米特的这一论断有着最为重大的影响。只需提出以下问题即可作出说明:一切都取决于这一区分是否能获得承认[由此就很可能获得国家权力本身的承认],是否这一区分还不满足于它自身的存在并呈现给公众意识"(页211)。施米特对这个"问题"的回答是肯定的。他在书中所采用的戏剧性手段尤其满足了这个目的,此手段即把这一区分以最大的紧迫感展示在"公众意识"的眼前。[中译编按]引文中方括号里的内容为本书作者所加。

[139] 尤根·莫尔特曼(Jürgen Moltmann)试图要求施米特成为那一立场——施米特已经借助他那本研究利维坦的书设法证明该立场站不住脚——的主要证人,并声称,施米特试图以异教的方式使利维坦"重新神话化",但莫尔特曼错了,见《契约抑或利维坦?论现代的政治神学》("Covenant oder Leviathan? Zur Politischen Theologie der Neuzeit"),载《神学与教会学刊》(*Zeitschrift für Theologie und Kirche*),第90卷,第3期,1993年9月,页311-314、315。读者若留意施米特为其发表于1938年的研究《利维坦》的著作的最后一页和原版外封所挑选的插图,那么对于莫尔特曼归咎于施米特1938年的论章的指责——"施米特对利维坦的仰慕(Bewunderung)和异教化",以及莫尔特曼从自己的政治神学立场提出的批评,读者本人自可见仁见智。考虑到施米特在此之前以及在此之后从来没有为自己任何一本书"配过插图",它就更值得关注了。施米特选择了一幅不那么受人瞩目的利维坦画像,此画像中的利维坦有一种特别的抬头姿势,颇令观看者困惑。当此书1982年再版时,这个插图在编者看来太不引人注目,于是他为外封采用了"更有吸引力"的蚀刻"搁浅的鱼"(Der angespülte Fisch)。然而,施米特的选择并非取决于美学的考量。也就是说,"他的"利维坦裁剪自——在任何地方他都对其出处不置一词——(12世纪的)女修道院院长Herrad von Landsberg[兰茨贝格的赫拉德]编著并绘制的[百科全书]《欢愉之园》(*Hortus deliciarum*)里的一幅壮

利维坦之所以是"一个外在全能、内在无能的权力中心",不光是由于其灾难性失败的发展或者它遭到了敌意的[178]攻击。[40] 其建构原则使得它变得头重脚轻。它是这么一个上帝,它为人类的"此世的、物理意义上的生存"许诺了安定、安全和秩序(Ruhe, Sicherheit und Ordnung),却无法触及人的灵魂,它使人最深层的渴望得不到抚慰;它是这么一个人,其人造的灵魂建立在法律的而非形而上学的超验性这一基础之上;它是这么一个动物,其无可匹敌的尘世权力据说能够通过恐怖手段将"傲慢的子民"予以驯服,但它对那种来自彼岸且无形的权力无可奈何;它是这么一个机器,凭借其"实实在在的保护的业绩(Leistung)",它排斥代表者这一观念并要求"绝对顺服其功能性法则",但是,机器不能让人与之相等同。[41] 施米特所强调的这一定义毫无例外地适用于利维坦由以建立的"外在权力"以及它得以从中诞生的"纯粹的此岸性":它的 auctoritas[权威]只不过是 potestas[权力]

观的素描,"在那幅画里,上帝被刻画为钓鱼者,十字架上的基督为鱼钩上的钓饵,而利维坦则是被钓到的大鱼"(《霍布斯国家学说中的利维坦》,页15-16)。对于这幅"壮观的素描"[全图]的观看者而言,巨兽特别的抬头方式带来的谜获得了解决:乍看上去好像是巨兽的舌头的东西,实际上是鱼钩的最末端。这个利维坦痛不欲生地将头扭向上方,因为它被十字架穿透了身体,正处于生死垂危的挣扎之中,它的嘴被得胜的基督大大地撑开。此画以图像形式展示了施米特"对利维坦的仰慕"是怎样的。(施米特所裁自的那幅画的一个[完整]复制品收入《德国艺术史大百科》[Reallexikon zur deutschen Kunstgeschichte], Stuttgart, 1937, 第1卷,页695,"钓竿,钓鱼者"[Angel, Angler]条目。施米特没有提到这幅画的来源,然而他提醒读者参考《德国艺术史大百科》同一卷书里的"敌基督者"条目[《霍布斯国家学说中的利维坦》,页13注释],谁查阅"敌基督者"条目,谁就会遇到那位钓鱼者。)参本书[德文版]页262上的插图。[中译编按]见后页插图。

[40]　《霍布斯国家学说中的利维坦》,页93-94。

[41]　《霍布斯国家学说中的利维坦》,页47-48、54、55;5-51、52、126;32、35、96;53、69、71、72。

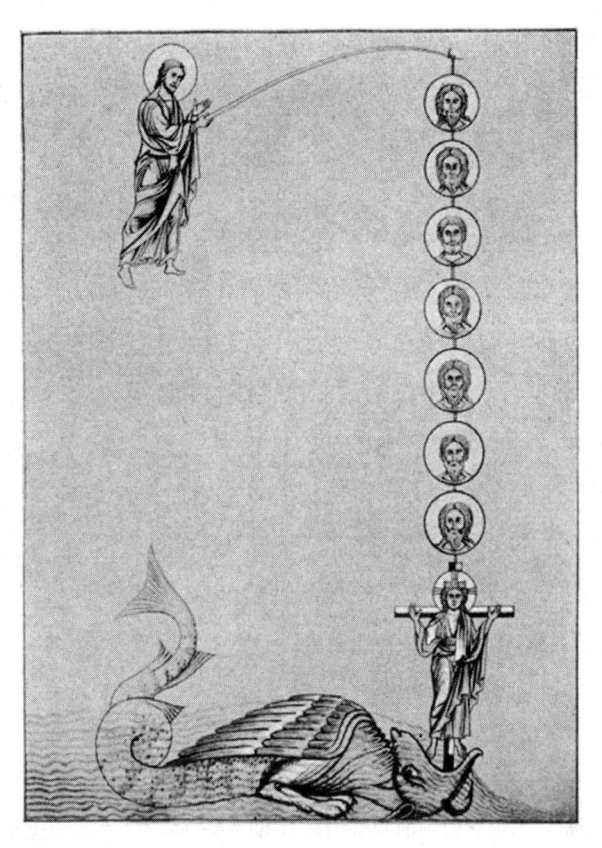

三 启示,或者谁不赞同我谁就是反对我 183

天父的钓竿勾住利维坦,钓线上是耶稣先祖们的半身像,而钓饵是基督。《欢愉之园》(*Hortus Deliciarum*),12 世纪末,兰茨贝格的赫拉德(Herrad von Landsberg)绘著。下部:施米特,《霍布斯国家学说中的利维坦》,Hamburg,1938,在书封和文本最后一页上。参看本书德文版 177 页,脚注 139。

罢了。[142] 利维坦的 summa potestas[至上权力]足以创造一个"安全的国家",其"最实质性的机构"乃是警察。这种权力足以对一种机械物拥有操纵权,该机械物的"价值、真理和正义存在于其技术上的完美无缺中"。[143] 但是,"一个机械物无力承担任何一种总体性(Totalität)"。而且"个体的物理性生存的纯粹的此岸性也无法达到那种充满意义的总体性"。[144] 霍布斯也许[179]会将国家主权者的至上权力宣称为一种 summa auctoritas[至上权威]。他或许会利用"'上帝在尘世间的统治者'这一源于基督教中世纪的惯用语"来称呼它,因为"不然的话",国家主权者"将成为'教宗在尘世间的统治者'"。最终,在"与罗马教宗的斗争"中,他也许会赋予国家主权者以决定什么是奇迹、什么不是奇迹的权力。基督的代表的权威——其权力源于那位神圣者(das Göttliche)的呼召以及对于那位神圣者的信仰,其有效性生发于内在的信仰并懂得如何为着彼岸的缘故而承担义务和解除义务——对于那个有死的上帝来说仍然是遭到拒斥的。[145] 正像"那种技术性的—中立

---

[142] 《霍布斯国家学说中的利维坦》,页 68-69、86;参《论法学思想的三种类型》,页 27-28;《罗马天主教与政治形式》,页 34-36(22-23);《从图圄中得拯救》,页 16、71。

[143] 《霍布斯国家学说中的利维坦》,页 47、90;69。

[144] 自从舍尔斯基(Schelsky)在其《施米特的国家的总体性》一文中攻击了这两个陈述——施米特的《霍布斯和笛卡尔的机械论国家》一文的最后一节就以这两个陈述开始(页 631[167])——以后,施米特在那本书中就不再采用它们了,这一点毫不奇怪。所谓的"有意义的总体性"在 1938 年时仍没有提及。取而代之的是"对原始的统一性的恢复"这个问题,而且舍尔斯基在这个施米特 e contrario [从对立面来]进行的论证中被分派了一个独特的角色。

[145] 《霍布斯国家学说中的利维坦》,页 68;50、103、125-126;80-81、84;请注意页 68 注释以及页 81 注释。参《罗马天主教与政治形式》,页 30、35-36、39-40、45、66(20、23、26、29-30、43);《语汇》,页 243。

化的国家与中世纪的共同体之间"的距离看起来有着"天壤之别"一样,利维坦的 auctoritas[权威]与教宗的 auctoritas[权威],甚至与 Respublica Christiana[基督教共和国]统一体范围内的皇帝(Kaiser)的 potestas[权力]之间的鸿沟也是如此。[146]

[180]显然,基于很重要的政治的和哲学的理由,霍布斯才放弃将某种权威保留给利维坦,该权威乃是施米特为了论证其失败而"要求"保留给利维坦的。在当下的语境中,"内在思想以及人的信仰"与任何一种对于主权者的义务脱离干系的最重要的理由[147]乃是,为 *libertas*

---

[146] 《霍布斯国家学说中的利维坦》,页 70;参页 50 – 51、80。"中世纪的、西欧和中欧的 Imperium[世俗统治]与 Sacerdotium[教士统治]的一体化从来不是受某一个人统治的中央集权的权力聚合体。从一开始它就是建立在作为这同一个包罗万象的统一体的两个不同的秩序系列(Ordnungsreihen)即 *potestas*[权力]与 *auctoritas*[权威]的区分这一基础之上。由此,皇帝与教宗的对立绝非绝对的对立,而只是 diversi ordines[不同的秩序],基督教共和国就存在于这秩序中。内在于这种秩序中的教会与帝国之间的关系本质上不同于后来的教会与国家之间的关系。因为国家(Staat)本质上意味着直到 16 世纪以后才变得可能的对各教派间的内战的克服,确切地说,国家意味着一个由中立化促成的克服。在中世纪时,那些不断变化着的政治和历史环境产生了一种结果,即连皇帝也要求拥有 *auctoritas*[权威],连教宗也要求拥有 *potestas*[权力]。但是,不幸首次产生于这样的条件下,即从 13 世纪以后亚里士多德关于 societas perfecta[完善的社会]的学说被用来将教会与世界分割为完善社会的两种不同形式。……由此,无论对任命或废黜在罗马的教宗的皇帝而言,还是对解除皇帝或国王的封臣们的效忠誓言的罗马教宗而言,基督教共和国这个统一体哪怕一刻也不成问题"(《欧洲公法的国际法中的大地法》,页 3 – 31)。参 Rudolph Sohm,《教会法》(*Kirchenrecht*),München u. Leipzig,1923,第二卷,页 244 – 245。

[147] 霍布斯(Thmas Hobbes),《利维坦,或教会共同体和市民共同体的质料、形式和权力》(*Leviathan or the Matter, Forme and Power of a Commonwealth Ecclesiasticall and Civil*),Oakeshott 编(牛津),第 XL 章,页 307 – 308。"一个私人(a private man)在内心始终有自由(liberty)——因为思想是自由的——对号称为奇迹的种种行为,在其使人们相信时,根据它们对于那些自称能行奇迹或支持奇迹的

philosophandi[进行哲思的自由]作辩护对霍布斯及其后继者斯宾诺莎来说有着同样举足轻重的意义,虽然他没有像斯宾诺莎在其《神学—政治论》中所做的那样,"直截了当地在其书的副标题里"谈到这一点。当然,在施米特的戏剧化的叙述中,各种角色被分派了不同的任务。其中,那位"犹太哲人"的任务乃是识别出利维坦体系中"难以觉察的裂隙"并利用这一裂隙展开进行哲思的自由。"个体的思想自由"——据说在霍布斯那里"还只是作为最后的、意味深长的保留"而保持敞开——在斯宾诺莎那里则变成"构成性的原则",而"公共和平的必然性以及主权性的国家权力的权利(das Recht der souveränen Staatsgewalt)却转换为区区保留"。施米特声称,"这位英国人""并非借助这种保留"试图"从其民族的信仰(Glauben seines Volkes)中抽身而出,相反,他置身其中",而"那位犹太哲人却从外部趋近一种国家宗教(eine Staatsreligion)并由此从外部带来了这个保留"⁽¹⁴⁸⁾——当他作如此宣称时,[181]究竟什么东西将这两位哲人结为一体这一点已彻底变

人会产生什么好处,来决定相信与否,并根据这一点来推测这些事情究竟是奇迹还是谎言"(第37章,页291,强调为笔者所加)。

⁽¹⁴⁸⁾ 在施特劳斯那里,施米特读到了以下论述并在他用的那本书上以横线作了标记:"由于斯宾诺莎在这一点上完全属于阿威罗伊传统(Averroistischen Tradition),且事实上将这一传统推至顶峰,他不得不承认宗教是维系国家的必要手段,相比之下,这样一种对宗教的合法性论证(Rechtfertigung)在霍布斯的国家理论中却没有任何可乘之机。科学与宗教(圣经[Schrift])本质上不同,科学与宗教(圣经)的联合(Verbindung)对于两者而言都是致命的,正像斯宾诺莎一样,霍布斯也作如是教导;然而,霍布斯超越了斯宾诺莎,因为,他相信所有臣民的国家信念(Staats-Gesinnung)都仅仅在理性中获得安顿,而不必要求启示的帮助。在斯宾诺莎看来,只有当大多数人相信'你要爱你的邻人'的诫命是直接来自上帝的'启示'时,这诫命对他们才具有约束力,然而,在霍布斯看来,这一诫命已经通过上帝将人创造为理性的存在物这一事实对人具有足够的约束力了:有智慧的人与大众的区分没有得到考虑;因为没有考虑这一区分,所以就没有必要诉诸上帝"

得面目全非,他们在宗教问题上到底有何分歧,也已扭曲得令人难以分辨。⑭ 在发生这种分裂——它经典地体现于内在性与外在性的区分——之后,某种程度上我们为那种最终的、渗入核心的转向做好了准备,这种转向对我们来说乃是期待已久的事情。据说霍布斯不仅试图固持于"其民族的信仰之中",而且他还充满了"对君主制的信仰"。他在君王身上看到了上帝在尘世的真正代表,他之所以赋予君主这一称号,并不——像我们迄此被[施米特]引领而假定的那样——仅仅因为在与教宗的斗争中他试图强化国家主权者的立场。诚然,霍布斯只有通过"退回到根本的不可知论(Agnostizismus)"才能挽救其君主制信仰。这乃是其虔诚由以生发的深渊,"因为",施米特承认,"我相信,在霍布斯那里存在着真正的虔诚。但他的思想已不再是[182]虔诚的了"。⑭ 自从施米特仿佛将霍布斯分解为两个人,他就为我们提供了一种双重存在,它由两个人格(Personen)组成。他向我们展示了一位哲人,这位哲人受到其他哲人如培根、笛卡尔的影响,而且坚持他们的"形而上学的决断";这位哲人凭其哲学体系式的国家理论与诸如

(《斯宾诺莎的宗教批判》(*Die Religionskritik Spinozas*),页 80 - 81([译按]翻译时参考了英文本)。在最后一句话的旁边,施米特作了这样一个评注:"斯宾诺莎,这个异己的(*fremde*)旁观者,参页 228"。他指的是施特劳斯所说的斯宾诺莎在其沉思(*Kontemplation*)中找到快乐这件事(页 228 注释及页 302)。

⑭ 《霍布斯国家学说中的利维坦》,页 86 - 87、88。新教的宪法学学者鲁道夫·施曼德(Rudolf Smend)在一封祝贺施米特 50 岁诞辰的信中称赞"页 88 对霍布斯与斯宾诺莎的绝佳比较",他说,在施米特的"种种绝妙的发现(Columbuseiern[中译编按:直译即'哥伦布之蛋'])"中,这一比较"对我而言最为印象深刻、最为美丽",类似的"绝妙发现"在这本书里还有"相当的数量"。"它只是您的区区零花钱罢了!"(1938 年 7 月 10 日的信,收入《施米特文库》[*Schmittiana*]卷 III,页 140 - 141。)

⑮ 《霍布斯国家学说中的利维坦》,页 125 - 126(强调为笔者所加)。

伊拉士斯(Eratus)或者博丹(Bodin)这样的基督教思想家相区分,并由此"使自己成为现代自然科学"以及"从属于这一理想的技术中立化的开拓者";在欧洲历史上最激烈、最具影响力的巨变中,在对于基督教神学及其特殊神意信仰的背弃中,这位哲人扮演着主要的角色;这位哲人乃是"最早的、最大胆的奇迹信仰批判者"之一,他由此"成为18世纪真正的开启者"以及攻击基督教的先行者;总之,他是一位施米特与其有着根本冲突并从政治神学的立场对其进行过尖锐批评的哲人。与此同时,施米特也向我们展示了一个持守基督教信仰的 vir probus[正直者]的形象,"因为他属于一个基督教的民族";他是一位虔诚者,其最内在的核心丝毫没有被其不信仰的思想(ungläubigen Denken)所触及;他是一个基督徒,施米特因一个事实认为自己与他乃是结为一体的,即他像施米特一样坚持那个决定性的真理。因为对于霍布斯而言,同样——正如我们最终所知道的那样,"耶稣乃是基督"。[151] 至于这两个人格在霍布斯那里怎能结为一体,比如说,这位[提出]自然状态的哲人、这位宗教和圣经的批判者怎么能与虔诚的基督徒相融洽,尤其是,这位任何奇迹信仰的批判者怎么可以将上帝的道成肉身这一奇迹信仰排[183]除于他的思想之外并避开而不去批判它,这仍然是施米特的秘密。[152] 但是,施米特向读者强调指出那个属于基督的国民的"正直者"的 Credo[我信],从而至少使得自己的 Credo[我信]坦露于读者的面前。事实上,耶稣乃是基督的信仰表白曾经(在第一章和第七章)两次出现在施米特为其50岁生日而公开出版的那本书中,正如敌基督的口号也(在第三章和第五章)出现了两次——

---

　　[151]《霍布斯国家学说中的利维坦》,页48、59;65 - 66;64、65、70、80;82;126。
　　[152] 关于霍布斯对启示信仰的批判,可一劳永逸地参考施特劳斯的《论霍布斯政治哲学的基础》,尤其是页182 - 191。参《迫害与写作的艺术》,页28。

样。施米特在一个脚注中引入了这个"唯一实质性的信仰原则",他在第一次提及施特劳斯时添加了这个注释。施米特主张,霍布斯以一个基督教共同体为其前提,

> 在这个信仰共同体中,主权者不仅不侵犯这个唯一实质性的信仰原则——即耶稣就是基督——相反,他还保护这一原则。

只有"国家的技术化"才使得"所有那些诸如犹太人、异教徒和基督教徒的区分变得失去了根基",而且被引入了"完全中立化的领域"。霍布斯以何种方式预设了一个基督教信仰共同体——是否只是作为一个历史的给定性才给予至少是权宜之计的考虑,或者在一种保留其自身的信仰的意义上,或者甚至作为其思想建构的必然前提——在此并不清楚。在第七章的信仰表白的启发下,那些回到此论章的开端的读者会很清楚,施米特试图使作为基督徒的霍布斯免于他施之于作为哲人的霍布斯的指责,即他指责霍布斯是一个导致"所有真理从根本上变得中立化"以及"科学—实证的时代"的"开路人",甚至是"革命的先驱者"。这位 vir probus[正直者]本无意于此,他想要一些不同的东西。他无法预期他的事业的后果。他关注的[184]并非中立化而是决定性真理的实证化以及拯救"唯一实质性的信仰原则",这一原则乃是区分的原则:犹太人,异教徒与——哲人之间的区分。[153] 正是这个解释

---

[153] 《霍布斯国家学说中的利维坦》,页 2–21 注释。1976 年 11 月 2 日在一封给笔者的信里,施米特写到,他很想知道施特劳斯是否"读过我 1938 年关于利维坦的书,尤其是,他是否听说过我写的关于霍布斯的文章《已然完成的宗教改革》(耶稣即是基督)给他的挑战。这一点很重要,这不仅仅是出于个人理由"。

路线——在第一章关于施特劳斯的注释中以及第七章关于正直者的段落中均暗示了这一解释路线——决定着施米特晚期作品中对于霍布斯的重新评价和汲取。在施米特写于1965年的一篇文章《已然完成的宗教改革》("Die vollendete Reformation")中,哲人霍布斯就开始为基督徒霍布斯让路。施米特把"所谓的世俗化过程以及持续不断的公共生活的去基督教化和去神圣化过程中"霍布斯所扮演的角色这一问题看作"最重要的问题",这个问题必须为了"霍布斯的精神定位"而加以澄清。⑭ 为了澄清这一问题,施米特不惜使"这位所有奇迹信仰的批评者"遭受被人遗忘的命运。此时走上前台的,不是那位"最典范的机器"的设计者、那个只在其自身拥有其"正当性"以及"真理性"的国家机器的设计师,而是"基督教共同体的政治统一体"的倡导者。⑮ 那位将"每一种真理都彻底中立化"[185]的开拓者,现在以各种形式被耶稣就是基督这一真理的捍卫者所取代。施米特毫不含糊地为霍布斯辩护以反对这样一种猜疑,即耶稣就是基督这一信仰表白

---

⑭ 《已然完成的宗教改革:关于新近的〈利维坦〉解释的评论和提示》("Die vollendete Reformation. Bemerkungen und Hinweise zu neuen Leviathan - Interpretationen"),收入《国家》(Der Staat),第4卷,第1期,1965,页61。施米特所关注的这些"新近的《利维坦》解释",无一例外地涉及对霍布斯的神学解释。在其1938年的书中他只用过一次"政治神学"这个概念,而且是在引述舍尔斯基时以"否定"的方式使用的,而在这篇只有19页篇幅的文章中,施米特却以自己的名义使用过5次。(我引的是第一版,因为[施米特]关于《利维坦》那本书的1982年的再版不太可靠;参《隐匿的对话》,页71注释64)。

⑮ 《已然完成的宗教改革》,前解,页52、64。如果把他那本关于《利维坦》的论章中涉及霍布斯与伊拉斯托(Erastus)的对照性比较(页65 - 66),与1965年施米特在没有新材料或新论证的情况下就同一论题(Sache)进行的重新评价(页58 - 59)放在一起来看,就更能明显看出强调重点的这一转移。

公式本身有可能处于基督教真理的中立化的先遣位置。[159]"实际的中立化看起来完全是另外一回事。"比如，莱辛(Lessing)在其《智者纳旦》(Nathan der Weise)中就犯过这种错误。他从哲学上构思却运用于政治的关于三个仿造的指环的寓言，

> 已不再是基督教内部的事务；相反，它甚至使整个基督教——作为许多有神论宗教中的一个——与另外两个有神论的[圣]书的宗教(Buchreligionen)即犹太教和伊斯兰教一起，中立化为一种一般意义上的上帝信仰。那句话——耶稣就是基督——现在变得可以相互替换，比如，现在这么说也可以：安拉是伟大的。这可以毫不费力地继续下去，首先发展为一种一般意义上的上帝信仰，然后发展为一种更具一般意义的信仰。

霍布斯则完全不一样。无论人们还能对他进行什么别的指责，"他无论如何不想仿造真正的指环。他的耶稣就是基督的宣称击中了使徒的宣告(Verkündigung)的要害，确立了整个新约的历史的和宣道的(kerygmatische)主题。*Qui est mendax nisi is, qui negat quoniam Jesus est Christus?*[谁是说谎话的呢？不就是那不认耶稣为基督的吗？]

---

[159] "因为，就基督教的本质而言，只要他[霍布斯]满足于耶稣即是基督这一原则，那么，至少在基督教的范围内，他似乎将罗马和日内瓦以及所有其他一些基督教会、教派和宗派引向一个共同的、中立的分母'耶稣基督'。实际上他的意图并非如此。在他那里，个别基督教会的宗教统一性与特殊性都原封不动地保存了下来，因为基督教主权者的主权性决断将其承担了下来。此所谓 *cujus regio, ejus religio*[(在)谁的领地、(信)他的宗教]，正因为这样，所以不存在所谓的中立化，相反，首先毋宁说存在着与其对立的东西，亦即针对教派对手或邻人的多样性观点的一种教条式的实证化(dogmatische Positivierung)。"(页62)

(《约翰一书》2:22)"。⑮ 这节经文的第二部分——施米特没有[186]提及——这样写道:*hic est Antichristus, qui negat Patrem et Filium*[他就是那否认圣父和圣子的敌基督者]。对于谁是上帝这一问题的回答包含了对于谁是上帝的敌人这一问题的回答。⑯ 施米特相信,霍布斯在具有决定性意义的方面正确地区分了朋友与敌人。那个"唯一实质性的原则"对于施米特的霍布斯解释来说具有如此重要的意义,以至于他在 1965 年——与 1938 年不同——已不再把这一原则仅仅看作这位英国人的最终的意味深长的保留,而是将这一原则提升为"其政治神学的可以理解的思想体系的轴心"。此时此刻,不仅这位 vir probus[正直者],甚至他的思想,也得因信得到拯救。⑲ 施米特在另外一个段落甚至如此宣称道:"霍布斯最重要的警句仍然是:耶稣就是基督。"⑳如果一个并非出自霍布斯的句子、一个福音书中的核心陈述,被当作这位来自马姆斯伯里的哲人的最重要的句子,那么,他的思想的确将会全然撤回到对信仰的顺服。

---

⑮ 《已然完成的宗教改革》,前揭,页 62 - 63。

⑯ 请比较路德 1528 年 8 月 15 日关于《约翰福音》17:3 的布道,WA[魏玛版],XXVIII,页 90,Clemen/Hirsch 编,VII,页 216。

⑲ 《已然完成的宗教改革》,前揭,页 52;《政治的概念》,页 121 - 123。

⑳ 《语汇》,页 243。

四　历史,或者基督教的厄庇米修斯

根据基督教立场，人已经预先大获全胜，以至于人无需为了取得胜利而受苦，相反，因为人已经取得了胜利，这给他很大乐趣去让自己与一切事物和解，并超越那些苦难；因为，既然人已经取得了胜利，那么，人就已经能让自己跟少量的痛苦和解。根据尘世立场，人必须等着看——在不确定中焦虑——受苦后会有什么，是否会迎来胜利；根据基督教立场，什么也无须等待，胜利早就在信仰中预先交付到人的手中了。

基尔克果，"最必要的唯有一事"（Das Eine, was not tut）

*　　*　　*

[189]对于政治神学来说,历史处于缓刑(Probe[或译:考验])与审判的状态。在历史中,需要在上帝与撒旦、朋友与敌人、基督与敌基督者之间作出决断。在历史中,顺服、勇气和希望必须证明其自身。然而,在历史中也必须对政治神学作出判决,因为政治神学将自身或理解为一种历史行动的作为,或理解为基于顺服的理论。从政治神学的视角观之,道德、政治和启示在历史中结为一体,正像顺服、勇气和希望在谦卑中结为一体一样。然而,政治神学能够成功地将道德、政治和启示结为一体,以至于赋予历史行动一种"具体的"定向(Orientierung)吗?由此,政治神学能够胜任其自身的诉求吗?它可曾胜任过这一诉求?抑或它应该通过承认这种事业的无法完成来证明其自身的谦卑?如此它又价值何在?什么东西将会依赖于它?如果它果真是一种"理论",那么其目的是什么?

在施米特那里,政治神学的困境特别尖锐地显露出来,因为他以一种不得已的历史主义(forcierten Historismus)回答那种基本的困境(Aporie),任何一种想把自身建立在信仰的顺服基础之上[190]的理论都将面对这种困境。在他看来,这个世界中所有看起来具有本质性的事物在本质上都是历史的。而且在任何他相信能够作为"历史的真理"(geschichtliche Wahrheit[或译:历史的真实性])来感知的事物中,他都相信他在其中感知到了一种"无限的独特性"(unendliche Einmaligkeit)。任何历史真理只有一次是真的这一洞见,在他看来乃是"存在论的奥秘"(Arcanum der Ontologie)。作为基督教的厄庇米修斯,他宣称自己有幸拥有如许真理,即"人的任何一句话都是一个应答"。此外,他自以为对如下事实了如指掌,即历史行动的应答——亦即历史的主宰者(der Herr der Geschichte)通过其"召唤"所发布的诫命——"从人的角度来看只能是一种期待,而且甚至在很大程度上只是一种盲目的期待"。① 难道施米特由此表达了一个只能一次为真的历史的真理? 或者,他试图通过"理论"手段为他的以及我们的盲目性寻求一种理解和宽大(Nachsicht)? 人事实上难道不值得宽大和怜悯吗? 他们遭受着盲目性的如此袭击,正像施米特在德·伯纳德(Louis de Bonald)的"可怕的意象中"向我们展示的那样,"这个意象据说刻画了人类经由历史所走过的道路":一群盲人被另外一个盲人引领着,这个盲人仅靠一根拐杖摸索着前行。② 难道基督教的厄庇米修斯向我们揭示了一个他试图竭尽全力予以遮掩的真理?

为了获得一个更详细的说明,我们借助两个具体例证转向"历史上真实的无限的独特性"。首先,我们需要确定,这位基督教的厄庇米修斯在另外一位理论家的情形中是如何判断其历史行动的。然后,我们需要考虑,从基督教的厄庇米修斯的角度来看,施米特自身的情形又是如何。通过这种方式,我们不仅可以考察施米特的历史主义在历[191]史中所引发的种种决断,同时还可以现场观察政治神学的两难(Dilemma)所导致的结果。由此,"历史"可以被称作一种缓刑(Probe),它能帮我们弄清我们事实上能从这样一种理论中学到什么东西,该理论确信自己掌握着决定一切的真理,却从不认真地对以下问题予以回答:什么是德性? 什么是上帝? 什么是好(das Gute)?

施米特对已往理论家的最令人惊异由此也最有启发性的评价,乃是他对霍布斯的评价。施米特何以寻找一位圣经、启示和奇迹的批判

---

① 《历史的结构》,前揭,页 148、151、166;参《政治的概念》,页 62、79。
② 《政治神学》,页 49(70)。

者来作为其基督教真理的见证人呢？施米特何以由于信仰的缘故坚持要将《利维坦》的作者解救出来，且不惜把他分裂为一个哲人与一个via probus［正直者］？最可信——对施米特而言最有利、对我们来说最具成果——的假设似乎是，施米特想在这位英国人那里表明某个具有范式意义的人的情形，此人的虔诚被人忽视，且遭遇到来自方方面面的敌意，却大胆地试图以某种"对要去顺服的诫命的期待"（Vorgebots）*来回应他那个时代的政治—神学的挑战。施米特之所以选中霍布斯，乃是由于他赋予霍布斯的回应以一种卓而不群的历史意义，并认为这一回应与基督教信仰的坚定性相匹配。至于霍布斯是否适合于这样的例证，则仅仅且当然取决于"在霍布斯那里是否存在真正的虔诚"。霍布斯没能预见其政治行动的后果及其历史的反弹，他陷于种种有着深远意义的错误和错误的决断中，良善的基督徒甚至会把他当作敌基督的先驱——所有的这一切都证实了而不是否定了霍布斯的例证所具有的范式特征。然而，信仰是不可或缺的。

在这位基督教的厄庇米修斯的回溯中，这一例证所呈现的轮廓尽人皆知。霍布斯所回应的"召唤"（Anruf）源于信仰分裂（Glaubensspaltung）的挑［192］战，他"对要去顺服的诫命的期待"（Vorgebot）则表现为他倡导一种现代国家。考虑到信仰分裂所导致的不安全和无序，霍布斯试图寻求一种其决断具有绝对效力的尘世权威机构。有感于一个世纪以来教派混战（konfessionellen Bürgerkriege）带给欧洲大部分地区的血腥动荡，霍布斯在国家主权者那里发现了一种独一无二的权力，它能够创造和平并保证安全。除了"霍布斯的那句最重要的话"以

---

* ［中译编按］关于施米特自撰的合成词 Vorgebot，参德文版页 39［中译本页 32］的编按。

外，这位英国人的所有声明和立场——施米特对它们欣赏有加并不断返回其中——都与他所倡导的现代国家有着直接的关联：他坚持 oboedientia et protectio［顺服和保护］之间必然的对应关系，他拒斥 potestas directa［直接权力］的维护以及由 potestates indirectae［各种间接权力］所提出的政治诉求，他界定了决断论—— auctoritas, non veritas, facit legem［权威而不是真理，创制了法］，他从理论上转换了政府的统治原则与和平原则—— cuius regio, eius religio［（在）谁的领地、（信）他的宗教］，他毫不动摇地揪住这个问题——quis indicabit? Quis interpretabitur? Quis interrogabit?［谁裁决？谁解释？谁质询？］。但是，在施米特眼里，对于现代国家的决断实际上乃是对于"世俗化"的决断。因为"人们在一种特别意义上所称的'国家'的无与伦比的、独特的历史特殊性乃在于，这种国家乃是世俗化的工具"。将国家标明为"世俗化的工具"，就使得国家——施米特想把它理解为"一个历史的、与某一个特定时期相联系的、具体的概念"——被植入基督教的历史图景之中。它被嵌入一种具有超验意义的事件流程中，并且在基督教欧洲绵延数世纪的历史中占据了一席之地。

> 这种新的实体即"国家"清除了神圣帝国(sakrale Reich)以及中世纪的［193］［世俗］帝国(Kaisertum)；它也清除了教宗在国际法领域中的 potestas spiritualis［灵性权力］，力图使基督教会成为国家警察和政治的一个工具。罗马教会本身退居为单纯的 potestas indirecta［间接权力］，而且据我所知，甚至不再谈及某种 autoritas directa［直接权威］。

"从学术的和社会学的视角来看，皇帝和教宗的废黜"在法律领域中意味着"论证的去神学化"，而"从实践角度"来说，则意味着取消了迄今为止对于战争的规限（Hegung des Krieges），意味着终结了中世纪的僭政学说（Tyrannenlehre），"即终结了皇帝和教宗进行干预的可能性"，意味着终结了世仇和抵抗的正当性（Fehde- und Widerstandsrechts），"但是,也意味着终结了古老的上帝的和平（alten Gottesfrieden）"。这一具有世界历史规模的事件进程在一种已经发生变化的情形——它源于为着基督教所进行的信仰斗争——中显露出来：

> 首先,这种类型的国家意味着十字军战争的结束,也就是教宗的委任状的结束,这种委任状曾被看作吞并非基督教君主和民族的土地的法律资格。③

"世俗化"既是一个终结也是一个新的开始。比希莫特（Behemoth）和利维坦的多元主义——它们作为具有主权的政治统一体（souveräne politische Einheiten）并肩而立,由于其有效行使的权力且立足于原则上平等的基础之上,发展出了一种新的、世俗的（profane）和理性的秩序——取代了基督教共和国的政治—神学的秩序及其等级制的组织和神圣的取向。在国内方面,借助管辖权的明确划分以及集中化了的立法、行政和司法,它们成功地抑制了教派（Konfessionen）以及派系（Faktionen）之间的纷争。通过互相承认对方在各自划定的领土范围内拥有主权,它们彼此之间或多或少成功地实现了对于敌意的规限（Hegung der Feindschaft）。[194]战争成为国家之间的战争,通过结束内战,国家证明其为国家。"如果不能平息内战就不能成为国家。

---

③ 《欧洲公法的国际法中的大地法》,页97–98；《国家主权与自由的海洋》,前揭,页79；《1924—1954年间宪法学文集》,页383；《从图图中得拯救》,页16、71。

一山不容二虎(Das eine schließt das andere aus)。"设若现实与国家至上论的(etastischen)观念相符合,那么只要"国家政治的时代"持续下去,国家内部就"不会再有任何敌人",在其领土之外,国家将只与"正义的敌人"——它们以其他国家的形式出现——打交道。政治与国际外交将会是同义词。其他一切事务就会交托给警察来办。④

由于倡导现代国家,霍布斯在新的形势中得出了最极端的后果。"主权者的政治决断的思想——它使所有的神学的—教会的冲突变得中立化并使生活变得世俗化",已经在16世纪法国各教派的混战中出现。⑤ 然而,这种观念,即将国家"视为其'正当性'(Recht)和'真理性'(Wahrheit)仅体现在自身中亦即体现在其业绩和功能方面的一台机器,由霍布斯最先提出来并由他系统地发展为一套清晰的概念"。如果说"现代国家的历史意义"——对于这一点施米特怎么强调都觉不够——在于结束了"关于justa causa[正当理由]亦即关于实质性法律和实质性正义的全部争论",⑥那么该意义在霍布斯式的国家的"技术特征"那里找到了完美的表达:

要么国家作为国家实际地存在着,如此,它就发挥着维护安定、安全和秩序的不可抗拒的工具的作用,而且在它那里拥有所有客观的和主观的权利,因为作为唯一的和最高的立法者它自己制订(macht)所有的法律;要么它[195]并不作为一个国家而实际存

---

④ 《霍布斯国家学说中的利维坦》,页47、72;《欧洲公法的国际法中的大地法》,页98-99、128-129;《政治的概念》,页10。

⑤ 《国家主权与自由的海洋》,前揭,页79;《法国精神的形成》(Die Formung des französischen Geistes),页12、19、21、23。

⑥ 《欧洲公法的国际法中的大地法》,页128-129(强调为笔者所加)。

在，无法完成确保和平的功能，如此，自然状态重又大行其道，此时它就根本不再是国家了。⑦

然而，一旦国家的"技术特征"得以确认，这个疑问就在所难免：这种其"正当性"和"真理性"仅体现在自身中的机器能够且应该为着什么目的而被具体地使用呢？说它是制造安定、安全与秩序的工具，这并没有回答前面所说的目的问题。什么样的安定？以何种代价换来的安全？什么样的秩序？从这位基督教的厄庇米修斯的角度来提问就是：国家这个发号施令的机械装置（Befehlsmechanismus）究竟是为着基督的目标还是敌基督的目标服务？鉴于霍布斯在其《利维坦》中宣称，即使主权者禁止基督教并要求对基督教信仰予以公共性的抵制，主权者的命令（Befehl）也应该得到顺服，这个问题就变得再清楚不过。⑧

施米特试图历史地回答这一问题。在长达四百年的"[现代欧洲]国家的时代"（Epoche der Staatlichkeit）的开端，仅仅在其业绩和功能方面即可找到其"正当性"（Recht）和"真理性"（Wahrheit）的国家曾经是（war）正确的答案，然而随着这种国家的终结，它就不再是（ist）正确的答案了。它之所以曾经是正确的答案乃是因为，当似乎没有什么比建立"安定、安全和秩序"更加迫切时，它通过在历史的某一时刻建立"安定、安全和秩序"，实质性地裁决了关于正当性、真理性和目标的争论。其历史的正确性（Richtigkeit）在于：它理解如何使关于正确的

---

⑦ 《霍布斯国家学说中的利维坦》，页71-72（强调为笔者所加）。

⑧ 霍布斯，《利维坦》，XLII, Oakeshott编，页372。施米特将这位哲人的这个宣称放在旁边不置一词。事实上，该宣称很少能够支持如下主张，即所谓的霍布斯预设了一个基督教共同体，或者那句"耶稣是基督"构成了其概念性思想体系的轴心。

问题得以缓和并在某个时刻使这一问题[196]退居次要地位,那时,那在施米特看来最重要的事物仍然能够被预设,并因此能够只是通过建立起"安定、安全和秩序"而给予辩护。换句话说,国家的历史的真理性在于,它保护了信仰的真理性,且不必将这一真理性提升为其自身的真理性。只要与国家的"意义"联系在一起的各种前提保持其有效性,它的这种真理性就是真的,可是现代国家自身没能力保证这些前提。然而,由于国家在中立化和去政治化的过程中扮演支配性角色,便导致其历史的真理性所由以建立的各种前提最终遭到侵蚀和毁灭。在"[现代欧洲]国家的时代"终结之时,破天荒地甚至连政治也似乎受到了威胁且需要为之辩护。信仰的真理面临前所未有的挑战。国家作为"世俗化的工具"——现在已经表现得很清楚——为"反宗教的此世的行动主义的大众信仰"铺平了道路,这种大众信仰在"技术宗教"(Religion der Technizität)中达到了顶峰。由于国家相当成功地建立了一种"安定、安全和秩序",也就加强了"安全的时代"这样一种危险的幻觉:国家只不过是一个在任何时候都可以利用的"机构"(Apprarat[或译:设备])或毋宁说是一盘"巨大的生意"(großer Betrieb),其中盛行的唯有实事性的约束(Sachzwänge);国家的高度成功的警察只需将自身扩展为一个世界范围的利维坦,以使和平与安全的许诺成为一个普遍的现实;这样,就没有必要区分朋友与敌人,而关于正确的问题也终于可以被人遗忘了,因为它会被证明为历史的遗迹。

霍布斯设计的这种"最典范的机器"三百年后成为自由主义、布尔什维主义和民族社会主义所使用的技术中立的工[197]具或者实现其目的的武器。他在理论上为这种"安全国家"(Sicherheitsstaat)奠定了基础,在这种国家中,小市民(Bourgeois)的生存获得了满足,"他们不愿离开非政治的、无风险的私人领域",他们"想摆脱勇气并逃避暴死的危险"。他尤其助长了"所有真理的中立化",从而使某种危险变得更加尖锐,即国家作为一种发号施令的机械装置将被用来服务于反基督教的目标。然而,霍布斯"本无意于此"(meint es nicht so)。在施米特所相信决定了霍布斯的"回答"的那个具体的历史时刻,它[最典范的机器]并非服务于——还是按施米特的所信——敌基督者。⑨ 但是施米特的意见建立在什么基础之上呢?难道只要霍布斯的行为"出自一种真正的虔诚",他就可以心安理得地(guten Gewissens)相信,他的理论不会用来为敌基督者服务吗?霍布斯会有理由把自己理解为一个"阻挡者"(Aufhalter)吗?或者不如说,可能他原本害怕成为一个"推动者"(Beschleuniger)?任何一个"为其历史时刻"而思想和行动的理论家都有理由把自己理解为一个"阻挡者"吗?难道此人不必考虑他的"回答"的成功后来将使他成为一个"推动者"这一危险吗?只要历史还没有终结,"阻挡者"与"推动者"真的能区分开来吗?可一旦 cui bono?[谁受益?]抑制了 quid est bonum?[什么是好的?],而且,一旦关于"什么?"的问题受到关于"谁?"的猜测的打压而沉默,历史的行动将何去何从?不论是展望未来——或者说在他既谦卑又大胆的"进退失据"(demütig-wagenden "Nachvorwegnahme")中,* 还是在回

---

⑨ 《霍布斯国家学说中的利维坦》,页 47、63、65、69、103;《政治的概念》,页 62;《1924—1954 年间宪法学文集》,页 384 - 385;《已然完成的宗教改革》,前揭,页 62。参拙著《施米特、施特劳斯与〈政治的概念〉:一场隐匿的对话》,页 44 - 45。

* [中译编按]Nachvorwegnahme 是施米特欣赏的著名诗人、坚定的天主教徒 Konrad Weiss 生造的语词,其含义与上帝的预定论有关:上帝预定的事情最终都是在历史中发生的,wegnehmen 的意思是取走,加一个前缀 vor[之前],就是"先"取走,意思是先让猜测到的上帝预定的历史事件发生,nach[在……之后]指然后再来看是否与上帝的预定相符。Weiss 用这种 nach-vor 的矛盾(或者说异想天开的)构词方式来表明近代人对上帝的预定的一种可笑的狂妄态度,施米特不止一次在自己的著作中引用 Weiss 生造的这个语词,挖苦现代的技术理性。

溯过去——或者说在他那种能够使其积极的历史行动得以强化的对于"已经发生的事件"的回顾中，这位基督教的厄庇米修斯的决断似[198]乎都只有在对顺服的盲目意志中或者在信仰的善良意图中才能找到其支撑。⑩

倘使行动者有一种好的信仰意图，这种"世俗化"的开端就可以被直截了当地解释为基督教的拯救（christlicher Bergung）事业。其意义首先在于这是以极大的努力拯救那些在教会分裂以后仍然可以被拯救的，虽然这种分裂使得"双方"都遭到了"严重惩罚"。⑪ 但是随后，其意义也在于可以把它解释为试图抓住由宗教改革在历史上所引发的"特有的神学—政治的危机"为基督教提供的可能性。如果承认新教是一种源初的、即使说不上是"永恒的"基督教的可能性——正像施米特早年在他最具天主教色彩的著作之一中所做的那样，⑫或者像天主教神学家让·基顿所做的那样，⑬晚期的施米特在我们当前的语境中提到过他⑭——那么同样地，将新教为政府当局所作的辩护看作基督教的可能性就是合乎逻辑的，因为它在每种形式上都把国家从教宗

---

⑩ 《基督教历史图景的三种可能性》，前揭，页 930 - 931；《历史的结构》，前揭，页 152；《语汇》，页 114。

⑪ 《教会的可见性》，前揭，页 78。

⑫ "与上帝的即使经过很多环节才促成的联系一旦存在，上帝信仰的革命性力量就再也不会消失；即使在教会里如下原理也站得住脚，即人必须更多地顺服上帝而不是人，而且，这一被施加于每一个体身上的权力的先决条件是如此的不可消除和超绝，以至于甚至在面对那个从不犯错误的法庭时也仍保有效力。"《教会的可见性》，前揭，页 77。

⑬ 让·基顿（Jean Guitton），《被分裂的基督：教会内部的危机和公会议》（*Le Christ écartelé : Crises et conciles dans l'église*），Paris, 1963，页 228、230 - 231；参见 17 - 18、32、49、217、219、226、240、253 - 255。[中译编按]引文原文为法语。

⑭ 《已然完成的宗教改革》，前揭，页 65 注释 5。

的权威中解救了出来。⑮ 晚期的施米特走得更远。他甚至将霍布斯对于"世俗化"的决断看作宗教改革的完成（Vollendung）。霍布斯[199]对于现代国家的倡导是可以理解的，因为鉴于他那个时代的困境，没有其他更好的办法可供选择；不仅如此，对一个 vir probus[正直者]来说，由于这种倡导毕竟能够与新教的观点相协调，所以它也是可辩护的。但情况还不仅仅是这样，这种倡导毋宁是一种深刻的历史——神学的和政治的——巨变的表达，这一巨变在霍布斯的行动中成为事实。施米特关于"这位有争议的哲人的历史定位"的结论是这样说的：霍布斯

> 在概念上系统地使得国家明确地取代了罗马教会对于决断的垄断并由此使宗教改革得以完成。它是这样一个时代的成果，该时代自中世纪以来就被 *jus reformandi*[宗教改革法]的观念所支配；而且正是由于这种观念的影响，"国家"（Staat）才得以逐渐成型并打上了这个时代的烙印，而这个时代自从"国家"产生以来就已经被对主权的诉求决定了。⑯

这样一来，霍布斯似乎最终被历史化和基督教化了。《利维坦》——施米特从中识别出了"一种特定的神学—政治的时代的成果"——即便不是在基督教教会史、至少也是在欧洲基督教历史上获得了一席之地。霍布斯试图利用他在《利维坦》中发展出来的构想，以"国家这个

---

⑮ 在此，施米特最重要的权威是 Rudolph Sohm，此人在其《教会法》（*Kirchenrecht*）的第 3 章中详细描述了宗教改革对于国家的立场。尤其参考卷一，页 487–488、548–561、565–566、570。

⑯ 《政治神学续篇》，页 121；《已然完成的宗教改革》，前揭，页 56、65。

对立面"——它源于新教的灵感并从中历史地应运而生——来对抗"罗马神学的等级制的有机体学说(Corpus-Lehre)"。借由引证他的朋友、天主教神学家兼教会法学家汉斯·巴利翁(Hans Barion),施米特1965年倾向于猜测霍布斯利用圣经中的这个象征来代表地球上最强大的权力,乃是回应萨尔兹伯利的约翰(John of Salisbury)在其《论城邦统治》(Policraticus)中对于"利维坦形象的引人瞩目的召唤"。由此,对《论城邦统治》中这个出于"一元的教士统治的"(monistisch-hierokratischen)立场而否定性地用来代表一种恶人的 corpus unum[一体]的形象,霍布斯赋予其肯定的意涵并拿来为己所用,正像他会"颠覆"教士[200]统治立场本身并将萨尔兹伯利的约翰保留给教宗的 plenitudo potestatis[权力的完整]转移给国家一样。[17] 对施米特而言,如下事实不言而喻:霍布斯发明的这个"作为对立面的国家"的拥有者,乃是基督教的主权者;当霍布斯展开 quis iudicabit?[谁裁决?]"这个统御一切的问题"时,他眼中只有基督教的主权者;当他将"保护和顺服的永恒关系"予以世俗化,并以此为其大厦奠定根基时,也是以一个基督教的主权者为前提。在"天主教与新教的世界性争斗"中,霍布斯站在了新教一边。在国际外交中,他通过为 potestas directa[直接权力]辩护,巩固了"对抗当时英国的世界性的敌人即罗马教会的防线"。[18] 在国内,他构想的这一建筑就其整体设计而言满足了一个路德派信徒"臣服于任何一个政府"的期待和要求,相比之下,这一建

---

[17] 《已然完成的宗教改革》,页63、66、68-69;巴利翁(Hans Barion),《教会与教会法》(Kirche und Kirchenrecht),页431;John of Salisbury,《论城邦统治》(Policraticus)(1159),Ⅵ,1。

[18] 《霍布斯国家学说中的利维坦》,页126;《国家主权与自由的海洋》,前揭,页79、89、93;《法国精神的形成》,页22-23;《已然完成的宗教改革》,前揭,页68。

筑远远无法满足"宗教大法官们（Großinquisitoren）的精神后裔的自以为是"。⑲ 在高龄时完成的对《利维坦》的基督教式重新阐释，显示出对巴贝·多尔维伊（Barbey d'Aurevilly）的一句话加以修改的句子对施米特而言具有重要意义，施米特曾在他最后几篇文章中的一篇里看似顺便地引用过这句话，并附有一个简明的评论，即雨果·巴尔（Hugo Ball）"不理解"这句话。这句话是多尔维伊在《过去的先知》（Les prophètes du passé）中评论霍布斯的《利维坦》以及迈斯特的《论教宗》（Du Pape）时说的，正像施米特所说，多尔维伊在他的书中"宣称"，《利维坦》与《论教宗》"是现代最重要的两本书"。施米特在指明他的这个二择一选项时——这隐藏在他的一个脚注中——添加的只是对［自己的文章］《已然完成的宗教改革》的［201］提示。⑳ 事实上，除了这一提示以外，如下事实对施米特而言不言而喻，即他意识到这两本书在其基本的立场抉择上对他具有重要性，当然，这种抉择建立在一种更为重要的共同性上，他相信，通过其关于《利维坦》的阐释，他确保了这一共同性。因为，施米特赋予这两本如此不对等的书的超乎

---

⑲ 参《政治神学》，页51（74），并留意本书第三章注释137、145、146。
⑳ 《作为政治思想家的克劳塞维茨》，前揭，页493 注释7；参巴尔（Hugo Ball），《从时间中逃遁》（Die Flucht aus der Zeit），Luzern，1946，页222。是施米特而不是巴贝·多尔维伊把《利维坦》与《论教宗》称为"现代最重要的两本书"。后面这位法国天主教徒这样写道："这样，在所有哲学的尽头是迈斯特（Joseph de Maistre）和整个教会的教宗制度，或霍布斯的利维坦！要么是绝对权利，其解释者永远不会有错，并由他来判决、定罪和赦罪；要么是没完没了、没有最后定案、永无宁息的斗争。培养流血之力（force）的养殖塘（因为智力只是一种力）和可怜的人类精神，为了一切人类权利和义务的尺度，像被修剪和劈开的树一样被其激情所撼动！这就是另一个选项。我们将会看到世界怎样脱险，不过需要作出选择。"参见多尔维伊（Jule-Amédée Barbey d'Aurevilly），《过去的先知》（Les prophètes du passé），Paris（1851），第二版，1889，页55 注释（重点为笔者所加）。［中译编按］多尔维伊引文原文为法语。

寻常的重要性不能建立在其历史的影响力这个基础之上。否则，这种比较对《论教宗》将大为不利。迈斯特的"回应"来得太迟还是来得太早？[21] 难道他的"对要去顺服的诚命的期待"（Vorgebot）之所以没有得到历史的确证，乃是由于欧洲还没有准备付出"多诺索[·柯特]为了欧洲的救赎所要求的那种代价，即回归天主教教会"？[22]

[202] 霍布斯被施米特历史化了，而历史上的霍布斯对于施米特而言只具有次要的兴趣。施米特虽然提醒霍布斯的阐释者说，他们应该学会将霍布斯的各种宣称理解为对于"他自己提出的问题"的回答，在一个地方施米特甚至近乎说出了解释学公理（Maxime）的一个正式

---

[21] 在四十年前的《政治神学》中，施米特这样谈到迈斯特："国家的价值在于作出某种决断这个事实，教会的价值在于它是最终的不可上诉的决断"（页50/页71）。施米特过了几年后主张，迈斯特似乎认为"像这样的政府只要存在就是好的：在每一个政府被建立起来时，它都是好的"。施米特使得迈斯特——采用施米特的措辞——比起他真人来显得"更像是个路德派"（lutheraanischer），因为在迈斯特那里有这样一段文字，关于它的出处施米特并没有提及："此外，应当从一个一般的、无可争辩的原则出发：要知道，当每一个政府被建立起来、并毫无争议地存在了很长时间以后，它就是好的。"《论教宗》，II, 8, Lovie/Chetail 编, Genf, 1966, 页181（强调号为笔者所加）。[中译编按]迈斯特引文原文为法语。

[22] 《柯特四论》，页113。多尔维伊在那个句子——为了让跟踪他的引证的读者知道哪"两本书"他认为是"现代最重要的"，施米特引用了这个句子——前几行的地方写道："既然我引用了《论教宗》这本书，那么就请允许我顺便再补充一点：这本书单凭其自身，仅以其历史形式就是一个大预言；时间将证明这个预言的正确性，而且这会比人们所相信的来得更快。现在有些民族仅在名义上因洗礼而成为基督教民族，它们应该在一定的时间内回到这一关于教宗的理论上去。这是关于权力统一性的理论，它让谬误发出尖叫，就像一个人在挨打时发出的那种尖叫。将来有一天，我们会厌倦（实际上，我们现在已经开始厌倦了）各种虚假的、习俗的、每天早上都遭到质疑的权威。到了那个时候，我们就会返回真正的、宗教的、绝对的、属神的权威，就会返回那虽遭人厌恶却是必要的和有益的神权统治，否则我们就注定在无节制的、兽性的物质主义中翻滚，最后在这个泥潭中一命呜呼。"（参见《过去的先知》，页54/55）[中译编按]引文原文为法语。

宣告:"重要的是首先要像霍布斯理解他自己那样来理解霍布斯。"㉓然而,事实上施米特的全部注意力被"历史"赋予霍布斯的问题所吸引,他自信了解这些问题,㉔由于置身于历史信仰的安全感中,他相信自己在回顾历史时不仅能够识别出历史的"召唤"本身,而且能够确认霍布斯的"回应"是否合乎时宜,他早已暗地里自诩比霍布斯本人更加理解霍布斯。实际上,正像施米特几乎从来不去追问哲人的自我认识一样,他也极少理会霍布斯提出的真理诉求,这种真理诉求与霍布斯生活和思考于其中的历史时代没有任何关系。㉕ 正像[203]施米特心安理得地相信"在霍布斯那里存在着真正的虔诚",他还依赖于这种意见,即"具体的历史定位"能够将霍布斯思想中最重要的东西予以揭秘和曝光。据说施米特依赖于"问—答逻辑的原则",他从柯林武德(R. G. Collingwood)那里采纳了这一原则,以使它在基督教的语境中"具体化"。㉖ 教条式的狭隘化(dogmatische Verengung)——它来源于施米特的历史主义——随处可见,不管是在整体上还是在局部上。㉗ 施米

㉓ 《已然完成的宗教改革》,前揭,页66、68。

㉔ 这些问题——*quis iudicabit? quis interpretabitur? quis interrogabit*[谁裁决? 谁解释? 谁质询?]——在施米特看来乃是对于来自时代的历史挑战的"应答"。这些问题乃是霍布斯用来对准另外一些人的,而不是——在精确的意义上——为他本人提出来的。

㉕ 参霍布斯,《利维坦》,XXX, Oakeshott 编,页220;《论公民》(*De cive*)的"献辞书"("Ep. ded.")及"前言"("Praef."), Warrender 编, Oxford, 1983,页75及页77以降。

㉖ 《已然完成的宗教改革》,前揭,页66-67。请注意《历史的结构》,前揭,页151-152。

㉗ 由此,比如说,施米特是这样谈到霍布斯的:"在他那个时代的具体情境中,他得出了这样一种结论,即来自教会和先知方面的对于个人自由的威胁,比来自令人担忧的国家的—世俗的权力对个人自由的威胁更严重。"(《已然完成的宗教改革》,前揭,页61)参本书第三章页170以降,以及页180。

特想当然地假定,霍布斯以一种基督教的共同体为"前提"。这种教条化还体现于这个事实:施米特所说的霍布斯的"科学性"最终只是以对另外一种确定性的丧失的回应这一面目出现,这种确定性曾经能够确保一种安全性,但"在神学家的争论中却绝望地丧失了"。[28] 而且,由于霍布斯必须对中世纪基督教共和国的统一体的解体在理论上作出"回应",他与古代哲学——它对霍布斯来说"正像他理解自己那样"有着核心的意义——的争论在施米特那里根本找不到。但是"具体的历史定位"至少使得施米特可以与其自身境遇作一个比照,发现自身的立足点并通过对其"先驱者"予以历史定位来考量其自身的立场并且以陌生化的手法(verfremdet)表述出来。不仅如此,当施米特得出结论,即霍布斯的"划时代的意义"在于"从概念上[204]澄清了宗教对决断的诉求的纯粹政治意涵"时,[29]他承认了霍布斯的这种认识,而且这一认识的真理性并非"只有一次为真(wahr)"——在这件事情上我们暂且搁置这个事实,即该认识的真理性对于 14 世纪或 16 世纪的某一个哲人而言丝毫不难接受,正像任何一个读过马基雅维利的《论李维》(*Discorsi*)和帕多瓦的马西利乌斯(Marsilius von Paduas)的《和平的保卫者》(*Defensor pacis*)的人所可能相信的那样——而是永远为真。

关于他自己的事件——1945 年夏施米特说道——可以"借助一个伟大诗人所发明的名字予以命名。它是一个糟糕、不值得然而却本真的(authentische)基督教的厄庇米修斯的事件"。[30] 施米特的这一描

---

[28] 《已然完成的宗教改革》,前揭,页 59。
[29] 《已然完成的宗教改革》,前揭,页 64。
[30] 《从囹圄中得拯救》,页 12;参见 31、53;《语汇》,页 23、24、66、101、159、238。

述——所谓"糟糕、不值得然而却本真的"——尤其是指他支持民族社会主义政制的那些年，这些年恰逢他生命的中间阶段，而且是有关其人格（seine Person）的争论的焦点所在。对很多人来说，这些年只不过意味着将施米特卷入了一个事件。但是，施米特的自我描述不仅仅与他在这十二年中所扮演的角色相关，正像他的这一事件并非仅仅局限于其在第三帝国中的所作所为一样。施米特的自我描述——与其一生中所发表的所有著述相比，它更接近一种基督教式的公开忏悔，但与此同时也为其基督教式的自我辩护铺平了道路——固然指的是他的民族社会主义经历，但并非仅仅停留在这一点。

诸如糟糕、不值得然而却本真的之类属性可以用来作为沉思施米特事件的出发点，这种沉思既无意追究其刑事责任，也绝非试图为其辩解。我们假定，当作为基督教的厄庇米修斯的施米特将其事件称为糟糕的和不值得的［205］时，他可能遭遇了那种本质性的东西，我们权且将它留给未来的传记作家，他们将使我们懂得，施米特事件究竟应该被看作糟糕的还是不那么糟糕的、不值得的还是并非那么不值得的事件。如果我们将施米特对自己的判断当作我们的出发点，这当然并非只是由于与传记这一名称相匹配的施米特传记尚未出现，而是因为，施米特的自我判断中然而却是本真的这一属性才是我们的主要兴趣所在。我们感兴趣的乃是，这位基督教的厄庇米修斯——面对主宰历史的那个神意般的意志的深不可测性（Unergründlichkeit des providentiellen Willens），他试图将其行动理解为"对要去服从的诫命的期待"（Vorgebots）——是如何对其所作所为进行 post festum［事后］归类的。我们感兴趣的乃是，这位政治神学家在其理论中找到了什么结论，或者其自身事件的具体的历史经验对其理论是否毫无触动。故此，我们的主要兴趣乃是这样一个事实，施米特将其事件称为一个基督教的厄庇米修斯的本真的——虽然是糟糕的、不值得的——事件。对于施米特1933年的决断，即加入民族社会主义德意志工人党（NSDAP）并积极投身于第三帝国的建设，核心的问题乃是，在1933年的"历史性时刻"以及当他1945年回首往事时，他如何能够相信他当时的决断与其政治神学是协调一致的。与这一问题相比，历史学家所孜孜不倦的其他一系列问题，尤其是施米特的辩护者和刑事责任的追究者所津津乐道的那些问题，就显得不那么重要了。比如说，对于施米特的个人动机的考虑，以及对他的朋友、熟人甚至那些与他并不相干的著名的公众人物所可能及于他的影响的猜测。㉛ 我们不打算[206]追究施米特的恐惧或虚荣是否扮演了更加重要的角色，只需提一下施米特非常熟悉的霍布斯式的另一种选择（Hobbessche Alternative）就可以了；我们当然更不打算陷入那种复杂的决疑法（Kasuistik），以确定何种动机——若将所有的事态都考虑进去——是可能有罪的或者是可以免除罪责的。对我们具有无比重要的意义的问题乃是，二战后施米特认为，他之所以心甘情愿地为那种德国的僭政（Tyrannis in Deutschland）服务多年，以及1933年以后允许自己参加反犹活动，乃

㉛ 在围绕着施米特生平的诸多传说中，有一个被不同历史学家和记者广为传播的谣传可算其中之一，说什么海德格尔邀请施米特加入民族社会主义德意志工人党（NSDAP）或者"不要拒绝"这个运动。据称一封1933年4月22日的海德格尔信件是其凭证。事实上，不存在这样一封信。而且也不太可能有任何其他一项证据向我们显示，密切关注1932—1933年间发生在柏林的政治事件的施米特会听从这位弗莱堡哲人的建议，事实上没有任何明显的瓜葛将他们联系在一起。我们掌握的仅有的一封海德格尔致施米特的信写于1933年8月22日。在这封信里，海德格尔对于《政治的概念》第三版说了一些通常应有的客气话，这本书是这位普鲁士邦议员（Staatsrat）赠送给那位弗莱堡大学校长的。除此以外，没有迹象表明施米特——他曾给世界上无数学者寄赠过自己的书籍和抽印本——曾与海德格尔交换过出版物或有过通信往来。

是因为这与那种基督教的厄庇米修斯的立场相吻合,而且与其本真性不冲突。将来也不会有任何历史教益能够与我们从施米特本人对于他的信仰以及建立在这一信仰基础之上的政治神学的判断——这些信息为人所知已有数十年了——中所能够学到的东西相媲美。[32]

在何种程度上施米特的学说(Schmitts Lehre)助长了暴政(Despotismus)？它究竟察觉到这一点了吗？或者它就其构成而言对这种暴政就是盲目的？[33] 在某种情形中,这种学说看上去近乎被其危险所压倒。那种对于即将来临的敌基督者的暴政的想象[207]如此强有力地俘获了施米特,致使他放松了对政治现实中其他来源和形式的暴政的警惕(更不用提霍布斯以黑暗王国的名义概括的那些表述了)。施米特对于敌基督者的危险的执着(Fixierung),以及他对于那件唯有它才要紧的事(Einen Fall, auf den es allein ankommt)的执着,领我们直接来到他自身事件的核心,如果没有那种执着这一事件就无法得到正确的理解。因为,那种执着划定了一个视域,施米特的政治主张在这一视域中纵横驰骋。那种终末期待——对于即将来临的威胁的焦虑,这种威胁使其他任何一种威胁相形失色——从一开始就具有模棱两可的特质。这种期待加剧了那种对于决断的严酷性的意识,动摇了现状(Status quo)的安全性,消解了自我满足的慰藉和轻松。然而与此同时,在事物发展的一般过程中,这种终末期待使得那种自我慰藉通过

㉜ 参歌德(Johann Wolfgang von Goethe),《笔记和论章:旷野中的以色列》(*Noten und Abhandlungen. Israel in der Wüste*),Trunz 编,第二卷,页 223-224。

㉝ 参穆勒(Kanzler Friedrich von Müller),《与歌德的谈话:1823 年 10 月 19 日记录》(*Unterhaltungen mit Goethe*),Grumach 编,Weimar,1959,页 99 [相关内容见 1823 年 10 月 19 日的谈话];《政治神学续篇》,页 123;此外参本书第一章,页 37 和 39。[中译编按]方括号中内容出自英译者。

廉价的托辞——诸如所谓的"较小的恶",或者"必要的解毒剂"和"不可避免的冒险"——变得更加容易,这种托辞在所谓的某种危险的独一无二性及其性命攸关性中似乎得到了合法论证。总之,这种终末期待增加了自我欺骗的危险。㉞

为了抵制敌基督者的统治,施米特加强了对于政治事物的辩护,"支持"还是"反对"敌意的斗争对他而言——正如我们看到的那样——成了最重要的政治—神学的标[208]准,因为在对于敌意的否定中他识别出了来自那个古老的敌人(Alten Feind)的危险的最为可靠的征兆。㉟ 因此,对于敌基督者的终末恐惧在一种确切的意义上支配了作为政治神学家的施米特的行动。这种恐惧在一本书中首次得以表述,该书出版于第一次世界大战的中期,是一本讨论他的朋友多伯勒(Theodor Däubler)所著史诗《北极光》(Nordlicht)中的"要素、精神和现实性"的书。在施米特的大量著述中,这是仅有的一本用基督

㉞ 在他 50 岁寿辰前夜的一次仅限于极小朋友圈的聚会的餐后祝酒辞中,施米特声称:"您们中的每个人都了解我的最大弱点:我的好奇心,我的激情洋溢的能力(Begeisterungsfähigkeit),这种能力使我自己容易受欺骗。"(杜塞尔多夫国家档案馆底稿[Ms. Hauptstaatsarchiv Düsseldorf])参《语汇》,页 95、174、227、238。前来祝贺施米特寿辰的四位客人中有普鲁士财政部部长珀匹茨(Johannes Popitz)和新教地区主教(ev. Landesbischof)奥伯海德(Heinrich Oberheid),关于这位主教,施米特说,"对于我这个来自威斯特法仑(Westphalens)的天主教地区的人来说",他成了"引我进入那个世界的真正的引领者(Initiator),没有对那个世界的最为内在的征服,我们不可能成为德国人——进入这个路德派基督教的世界,进入这个路德派对于上帝和恩典的信仰的世界"。

㉟ 1947 年施米特在笔记中写道,人们"惊异于这一发现",惊异于他的发现,即"朋友与敌人之间存在着一种区分,由此在人与人之间总是存在着诸如敌意那样的东西。这是对那敏感要害的轻轻一击。当人就此问题旁敲侧击时,魔鬼为旁敲侧击者"(《语汇》,页 12)。参本书第一章 45 页以降以及第二章 93 页以降。

之言作扉页题词的书。敌基督者的诅咒乃是施米特所赋予"时代的道德意涵"的最为生动的写照和批评的极致，也是其后所有一切的关键点。㊱ 从这一视角看去，是什么将施米特此后的决断和立场的确立——对于一些同时代的人来说这乃是一种"机缘主义"（Okkasionalismus）或纯粹的机会主义的表现——彼此联结为一体，在种种决断和立场的确立中什么东西是永恒不变的，这一切就变得一目了然了。因为，为政治事物辩护——在《政治的概念》和《政治神学》这两本书里——并非仅仅局限于为政治奠定理论基础或者证明其"不可逃避性"。它同时也是奠定施米特作为法学家的声誉的那些研究的主题。从对于法律实施问题的细致研究或者对于法律适用过程中位格因素的强调——它体现于《论专政》以及更早的作品《法律与裁决》（Gesetz und Urteil）以及《国家的价[209]值与个体的意义》（Der Wert des Staates und die Bedeutung des Einzelnen）中；中经对于政治决断的强调——这种决断先于任何的宪法而存在并且是全部法律体系的基础，比如在《宪法学说》和《宪法的保卫者》（Hüter der Verfassung）或者《合法性与正当性》（Legalität und Legitimität）中；最后发展到施米特论公法的主要作品，直至法律实施和"主权学说"的历史的现实化。

　　颇为自然地，施米特的主导动机尤其清晰地体现于他对于他的直接的论战式宣称和概念的赞成和反对中。比如，在对政治浪漫派的批评中，他说他们面对道德的和政治的非此即彼的决断，企图逃避到无休无止的闲谈之中；在他对无政府主义者的斗争中，他说他们企图使

㊱ 多伯勒，《北极光》，页 59 – 72。被施米特设为题词的《路加福音》12:56 的基督之言这样说道："假善人哪！你们知道观察地上及天上的气息，怎么不能观察这个时机呢？"［中译编按］圣经引文采用天主教思高版。

"严酷的道德决断"这一"政治观念的核心"变得麻痹,躲进"直接的、自然的生命和无忧无虑的'肉体'享乐的天堂般的此岸性";[施米特的主导动机]也体现在他对"如今占统治地位的那种经济—技术性思维方式"的反抗中,那种思维方式使"人们没能力对政治观念再有任何感知"。为了反对形形色色的"政治事物"的敌人,1922年施米特开始倡导一种"天主教的政治观念"。1939年他宣称第三帝国乃是某种政治观念的担当者,这种政治观念"注定要扩展为一种大空间（Großraum）",并成为地球上一种崭新的、多中心的（polyzentrischen）政治秩序的中心。1963年他将游击战呈现为一种抵抗力量的最后范例,这种抵抗力量能够动员某种政治观念或者"政治义务的最极端强度"来反对那种似乎是"铁板一块的客观性的体系"。㊟ 与此相关联的遵循同一种模式的鲁莽冒险和错误判断层出不穷。1933年,继"黑格尔[210]已死"以及"19世纪的官僚国家已经被另外一种国家形式所取代"之后,在1月30日,施米特试图对民族社会主义提出一种"政治统一体的三分法"的要求,即将政治统一体分为国家、运动和人民（Staat, Bewegung und Volk）,以此来取代"自由民主制"的"两分法"架构,因为在这种政治架构的背后肆无忌惮地生长着"一种无政府主义的各种社会力量的多元主义":这种"总体性的领袖国家"（totale Führerstaat）能够确保政治事物的优先性,并且避免"国家的与非国家的、公共的与私人的、政治性的与虚构性的非政治（Un-

---

㊟ 《政治的浪漫派》,页162;《政治神学》,页55–56(82–83);《罗马天主教与政治形式》,页56–57(37–38)。《禁止外部权力干涉的国际法的大空间秩序:国际法中的帝国概念》(*Völkerrechtliche Großraumordnung mit Interventionsverbot für raumfremde Mächte. Ein Beitrag zum Reichsbefriff im Völkerecht*), Berlin, Wien, 1939,页69、72;《游击队理论》,页92。

politisch)的毫无章法的颠三倒四"。㊳ 早在三十年代初,施米特的最后努力就开始了,即把政治事物交托于古典意义上的国家对于决断的垄断(Entscheidungsmonopol),实际上就是提出"总体国家"(totalen Staates)的概念。这种国家"不知绝对的非政治为何物",并且对什么应被看作政治性的以及什么应该被看作非政治性的有着主权式的决断权;它也是这样一种总体国家,它"由实力和力量"构成,或者说它是一种"在质量和能量意义上"的权威类型的政体,它能够努力谋取整体利益相对于社会的特殊利益以及社会中各党派的特殊利益的有效性。㊴ 出于此种考虑,施米特早在二十年代就已经对墨索里尼(Mussolini)的 stato totalitario[总体国家]寄予了巨大期望。

"法西斯主义相对于——无论是受雇者还是雇佣者的——经济利益的优越性,以及那种——正像人们所说的——面对经济利益的多元主义依然坚持和贯彻国家尊严的英雄主义的尝试"[211]在施米特那里获得了无限的同情。1929 年他假借评论的名义发表了《法西斯主义国家的本质和形成》(*Wesen und Werden des fascistischen Staates*)这样一篇颂辞(Eloge),以短短几页篇幅透露了他在第三帝国前夕的政治偏好:

㊳ 《国家、运动、人民》,页 17、23、27、31 – 32、42、44、46。
㊴ 《宪法的保卫者》,Tübingen, 1931, 页 73、78 – 82;《总体国家的转向》("Die Wendung zum totalen Staat"),收入《1923—1939 年期间与魏玛—日内瓦—凡尔赛斗争中的论断与概念》,前揭,页 146、151 – 154、157;《政治的概念》,页 24、26;《合法性与正当性》,München u. Leipzig, 1932, 页 95 – 97;《强大国家中的健康经济》("Gesunde Wirtschaft im starken Staat"),收入《朗纳协会》(*Langnamverein*), 1932 年度, 第 1 册, 1932 年 11 月 23 日的演讲,页 13 – 32, 尤其是页 16 – 18、21 – 23、31 – 32;《德国总体国家的进一步发展》("Weiterentwicklung des totalen Staates in Deutschland", 1933),收入《1924—1954 年间宪法学文集》,页 361 – 362、364 – 365。

法西斯主义国家并非以中立的第三者而是以更高的第三者进行决断。这就是它的优越性。这种新能量和新力量从何而来？来自民族的热情，来自墨索里尼个人的能量，来自退伍军人运动（Kriegsteilnehmerbewegung），或许还来自其他原因。[40]

作为更高的第三者的国家在德国还只是"一个堂皇的哲学理论"，但施米特发现这一理论在意大利已经成为现实，因为法西斯能理解，"国家相对于经济的优越性只有借助一种封闭的、修会式的（ordensmäßigen）组织才能予以实现"。

不论是法西斯还是共产主义的布尔什维克为了取得相对于经济的优越性都需要这种"机构"（apparatus）。因为，如果国家不能支配一个强大的、坚实的、自给自足的（in sich geschlossenen）组织，从而不像一个建立在自由征募和等级制基础之上的政党，那么国家怎么可能成为更强大的、更有力量的第三者？只有这种崭新的组织能够胜任这种艰巨的、崭新的任务。[41]

---

[40] 《法西斯主义国家的本质和形成》（"Wesen und Werden des fascistischen Staates"），收入《关于德国立法、行政以及国民经济的施姆勒年鉴》（Schmollers Jahrbuch für Gesetzgebung, Verwaltung und Volkswirtschaft im Deutschen Reiche），53, no. 1, 1929, 页108、111（《1923—1939年期间与魏玛—日内瓦—凡尔赛斗争中的论断与概念》，前揭，页110、113；笔者的引文系根据最初发表的文本）。

[41] 《法西斯主义国家的本质和形成》，前揭，页111（《1923—1939年期间与魏玛—日内瓦—凡尔赛斗争中的论断与概念》，前揭，页112）。"德国的命运是：一百年前它就制造了一种关于把国家看作更高的第三者的伟大的哲学理论，这种理论从黑格尔开始，中间经过冯·施泰因（Lorenz von Stein），最后到达伟大的国民经济学家（诸如Schmoller和Knapp），接着便流于相当粗俗的平淡，并被轻佻地

[212]由于施米特已经如此深地卷入了"社会学的现实性",他还提出了一个更加深入的问题,也就是说,"由墨索里尼组建的机构"——根据其承诺,它只对全体负责——"依据其本质且从长远来看必须为谁服务?是雇佣者的资本主义的利益还是受雇者的社会主义的利益?"施米特这样预测道:

> 国家,而且确切地说只要是一个真正的国家,从长远来说将会对受雇者有利,这是因为如今他们就是人民,而国家则是人民的政治统一体。只有那种虚弱的国家才是资本主义的私有财产的奴仆。任何一个强大的国家——如果它是真正意义上的更高的第三者而不只是等同于经济实力——不是在弱者面前而是在社会上和经济上的强者面前才能证明其自身的力量。恺撒的敌人是贵族(die Optimaten),不是人民;绝对的元首国家必须通过反对上层阶级而不是反对农夫等等才能获得承认。由此,雇佣者尤其是工业界从来不对法西斯主义国家怀有完全的信任,他们不得不怀有这样的疑虑:也许有一天法西斯主义国家会发展成为一个有着计划经济的劳动者的国家。

倘若上述预测得以证实,即只要"墨索里尼在与社会主义的官方卫士所进行的激烈斗争中可以创造出一种社会主义的工具",那就会为"世

贬低为一种威权国家(Obrigkeitsstaat)的教条而声名狼籍,因为没有任何一种崭新的组织以及伴随着对于新的现实条件的社会学意识而创造的组织与这种理论相符合,而只有一个经过良好训练的和技术化的公务员制度,这种制度与一种在传统意义上已失去活力、在国家层面上引发混乱的王朝的多元性维系在一起,其精神基础乃是使政治瘫痪的关于正当性的概念。与之相对照,法西斯主义有很好的理由赋予革命以价值。"(《1923—1939年期间与魏玛—日内瓦—凡尔赛斗争中的论断与概念》,前揭,页112-113)

界历史观念的狡计(List)"产生一个"极好的例证"。相比之下,法西斯主义与其主要敌人自由主义的争论所取得的成功则并非存在于尚不确定的未来。不可否认,施米特并不排除如许可能性,即"如果墨索里尼的领导权终结,很可能会出现一些自由主义的反弹",然而,对于施米特而言,意大利的法西斯主义事实上已经冲破了围绕着自由主义的"意识形态的欺骗氛围",从而使得讲政治的立场——施米特认为它受到自由主义的最大威胁——得以采用历史的[213]形态。施米特之所以对墨索里尼的法西斯主义充满敬意,乃是由于他在其中看到与自由主义相对立的决定性的反题(Antithese),即针对金钱统治、不可见的统治、间接权力统治的反题:"法西斯主义国家试图凭古代的诚实重新成为国家,它有可见的权力的承担者和代表,而没有那种不可见的、不负责任的统治者和投资者的正面与前厅(Fassade und Antichambre)。"而自由主义则全然不同,它乃是"一种为了削弱国家而建构的方法的精巧体系",它能够"消解所有那种尤其是具有政治性或国家特质的事物",包括民主,因为民主"正是属于政治事物的领域的概念"。因此,施米特明确地为法西斯主义辩护,以反对说什么法西斯主义乃是"民主的绝对的对立面"这样一种指责。[42] 法西斯主义并非站在反

---

[42] 《法西斯主义国家的本质和形成》,前揭,页 112 – 113(强调为笔者所加);页 108(《1923—1939 年期间与魏玛—日内瓦—凡尔赛斗争中的论断与概念》,前揭,页 113、114;110)。"法西斯主义拒斥选举且仇恨和蔑视全部的'elezionismo'[选举制度]并不是非民主的(undemokratisch),而是反自由主义的(antiliberal),这来自这样一种正确的认识:当今一人一票的秘密选举方式通过整体上的私人化威胁到了所有关于国家和政治层面上的东西,将作为一个统一体的人民彻底排挤出公共领域(主权者在投票中无声无息地消失),并且把国家意志的形成贬低为秘密的、私人的个体意志的相加,也就是说,实际上把国家意志的形成贬低为不可控制的大众愿望和仇恨的相加。"(页 109;《1923—1939 年期间与魏玛—日内瓦—凡尔赛斗争中的论断与概念》,前揭,页 110 – 111)

民主的一边，而是反对"自由主义对真正的民主的消解"。着眼于根本之事，施米特坚定地断言："正像当今的局势所表明的，为国家和政治事物而战的斗争在任何一块土地上都不是反对真正的民主的斗争，而是正如必要的那样，反对那些方法的斗争，依靠这些方法 19 世纪的自由主义的小市民（Bürgertum）削弱并推翻了当时的——如今早已销声匿迹的——君主国家。"[43]

当事关为政治事物辩护时，施米特断然将革命力量也纳入可[214]能的"阻挡者"之列予以考虑，而且在反对自由主义这个问题上，他——正像当今即一战后的停战间歇的局势所表明的——甚至已准备好了在一定程度上投身于民主制（Demokratie）。因为，尽管民主制身受［起源于］斯宾诺莎主义—卢梭主义的负担（spinozistisch-rousseauistischen Vorbelastung）所累，但施米特至少在现代民主制中能够识别出一种"政治的形式原则"，这种原则在为国家和政治事物而进行的斗争中能够用来对抗当今占统治地位的"反政治的"（antipolitischen）自由主义。因此，他二十年代和三十年代初期的诸多作品——其中最主要的是《当今议会制的精神史状况》和《宪法学说》——致力于将自由民主制（Liberaldemokratie）分解为异质的组成部分并且证明其基本原则之间充满敌意的冲突：其中既有将民主当作统治形式的政治的原则，也有确立了小市民的法治国家的非政治或反政治的原则。[44] 1928 年施米特发表了一篇题目为"小市民的法治

---

[43]《法西斯主义国家的本质和形成》，前揭，页 108、110（《1923—1939 年期间与魏玛—日内瓦—凡尔赛斗争中的论断与概念》，前揭，页 110、111）。

[44]《当今议会制的精神史状况》，页 14、16、18、21－23、45－46、58；《宪法学说》，页 41、213、216－217、255－256、305。《宪法学说》中的两个中心部分被冠以

国家"(Der bürgerliche Rechtsstaat)的批判,主要着眼于政治的本质,这篇批判性文字几乎是一年以后他献给那个法西斯主义国家的颂辞的补充式对应。施米特将"个体的放纵"看作小市民的法治国家的"基本原则"。从这一原则出发,这种法治国家的自由主义(rechtsstaatlichen Liberalismus)的两个本质性要求即保障基本权利以及权力分立应运而生。"这样一来,[215]个体自由在原则上变得不受限制,而国家及其权力则成为有限的了。国家允许做的事情被精确地予以规定。监管[国家的]机构无处不在并获得了法律的保障。"小市民的法治国家在严格意义上并非以任何国家形式作出决断,也不是以民主制的形式作出决断。民主被小市民的法治国家简化为一种单纯的组织形式,比如制衡其他组织形式的立法,比如君主制形式蜕变为行政机构。由此就形成了一种 status mixtus [混合状态],"它企图使彼此相互冲突的原则得以制衡,但却不是出自统一体的利益,而是出自个人自由的利益"。㊺ 在施米特看来,小市民的法治国家依据其本质及其生成乃是

"现代宪法的法治国要件"(Der rechtsstaatliche Bestandteil der modernen Verfassung)和"现代宪法的政治要件"(Der politische Bestandteil der modernen Verfassung)的标题。关于他的这部作品,施米特在前言中写道:"首要的是,小市民的法治国家的宪法学说得以表述。从中人们不可能发现对于这本书的任何异议,因为,如今一般而言这种样式的国家仍旧占据支配地位,而且魏玛宪法与这种类型的国家就完全吻合。"(页 IX,强调为笔者所加)

㊺ 《小市民的法治国家》,收入《同道者:天主教生活运动双月刊》(Die Schildgenossen. Zweimonatsschrift aus der katholischen Lebensbewegung),第 8 卷,第 2 期,1928 年 3/4 月,页 128、129。编辑为此文加了如下按语:"以下作品乃是 Werner Bekker 博士根据施米特教授的讲演所作的笔录。施米特审阅过原稿,且征得其同意后才在《同道者》上予以发表。"(页 127)不久后,施米特又将该文发表于期刊《西方》(Abendland),第 3 期,1928 年,页 201 - 203。

非政治的决断的表达。㊻ 在议会体制中施米特发现了它的"典型的表现形式"：

> 它［译按：议会体制］包含着贵族制的和君主制的因素，然而首先是出自自由主义利益的各种形式的混合，以抑制那种可能在任何地方出现的真正意义上［216］的政治事物。它是小市民创造的防范国家保护自己的形式，由此它是一种反政治的形式，正像自由派的小市民自身就是非政治的那样。

继原则上的攻击之后紧接着就是历史性的解决。小市民的法治国家"及其议会体制（Parlamentarismus）"过去有"一个明确的任务"。它试图将"小市民——亦即凭借其财产和教育这两个标志而著称的群体——整合进当时还存在的君主制国家"。它已完成了这一任务。为了将其历史主义转换为实践式政治（praktische Politik），施米特论证道，如今更为重要的乃是人们必须认清"那种努力的相对性"。尤其是，议会制早先的对手即君主制已不再存在了，"这对手曾经从另外一个时代汲取其力量。由此，整个体制如今已经耗干了"。如今一个全

㊻ ［参看下面两段原话：］"小市民的法治国家的两个原则，个人自由和权力分立，都是非政治的。它们不包含国家的形式，而只包含抑制（Hemmungen）国家的组织方法。此处，那种敌视所有形式要素的自由派思想的直接影响昭然若揭。'自由形成不了任何东西'（Die Freiheit konstituiert nichts）（马志尼语）。首先必须强调的是，小市民的法治国家没有国家的形式，就其自身而言没有宪法，只是一套控制国家的体系"（页129）。"小市民（das Bürgertum）在当今仍有效力的1875年法国宪法中发现了小市民的法治国家的确定架构——其涵义正是在于回避政治的形式。它在议会体制中臻于完善。独立于人民的议会构成了小市民的法治国家的巅峰。"（页129-130）

新的任务被提了出来:"今天的任务就是将那些没有财产、没有受过教育的无产阶级纳入政治统一体中来。"基于这一"中心任务"——该任务必须"在政治上来驾驭",小市民的法治国家的方法已不足以胜任这一任务——施米特呼吁激活宪法的"政治要件"(politischen Bestandteils),并呼吁动员魏玛宪法中仍然"受到足够强调"的民主因素,"以使人民任何时候都有可能找到他们的政治形式,而不管遇到什么阻碍、出气阀以及小市民的法治国家的观念所设置的障碍"。"为了促使宪法在近期有所发展",施米特添加了一个要求,即"把民主从自由派观点的遮蔽中拯救出来"。[47] 但是,什么应该被拯救呢?一旦自由派的遮盖物被去掉,法治国家的阻碍得到克服,什么东西会露出[217]真面目呢?求助于民主制难道仅仅是以攻为守的委婉说法吗?除了表明对自由主义的背离或者背离的愿望,这种对于民主制的求助还说明了什么更具体的东西吗?

可以肯定地说,施米特为这种急剧的加速及其不确定的后果进行了辩护。在这样一个历史时刻,其中,"避免民主制的后果成为德意志民主体制的普遍诉求",施米特则以某种民主制的倡导者的姿态出现在世人的面前,他主张人们应认真地对待那种民主制的后果。"民主的原则要求全体人民负责地作出决断和进行统治"。在"今天的民主制"中,民主原则还没有得以实现,因为它采用自由的计划而不是民主的计划以使人民主权付诸实施。也就是说,主权者的决断"来源于秘密的个人投票。这意味着个体在其唯一承担公共责任的瞬间彼此之间是孤立的"。他们作为个体而不是人民(Volk)秘密地而不是公开地作出决断。自由民主制由此而成为一种"没有 Demos 即没有人民的民

---

[47] 《小市民的法治国家》,前揭,页129、130-131。

主"。在与自由主义的斗争中,施米特使自己成了人民的辩护人(Anwalt)。与此相关联,在他看来,人民"只是聚集在一起的人民",看得见摸得着,真实地存在着。为了能够成为"政治责任的担纲者",人民还必须——与"当今的国家中的人民(Staatsvolk)"在"文化的、社会的、阶级的、种族的和宗教的分裂不同"——在政治上成为一体的和同质的。施米特所提倡的民主经证明乃是建立在公开性、欢呼(Akklamation)和同质性的基础之上:之所以建立在公开性的基础之上,乃是因为没有公开性就"没有人民";之所以建立在欢呼的基础上,是因为聚集在一起的大多数民众表示同意或不同意或现代国家中的公众意见乃是人民表达其意志的形式,它似乎最不容易通过"自由主义的方法"来传导(Kanalisierung)、驯化(Bezähmung)或歪曲;之所以建立在同质性的基础之上,乃是因为作为统治者与被统治者相等同(Identität)的民主制预设了一种类同性(Gleichartigkeit),无论人们怎么定义这种类同性。[48] 施米特用来与小市民的法治国家进行论战的民主制概念使几乎所有的具体问题以及几乎任何一个政治选择都悬而未决——这一事实施米特本人当然不是不知道。[49] 一个在其一生中曾经无数次地重复过霍布斯的这段话——谁裁决?谁解释?谁质询?——的作者,当他将民主制定义为大多数人的决断,并且把这一定义添加在"这意味着政治问题的解决应该与大多

---

[48] 《小市民的法治国家》,前揭,页131、132、133。参《宪法学说》,页205、214-215、231、234-237(关于同质性);页208、244-246、280-282(关于公开性);页83-84、243、246-247(关于欢呼)。关于施米特赋予欢呼的重要性,参佩特森([Erik] Peterson),《独一的上帝:铭文的、形式历史的及宗教历史的考察》(*Εἷς Θεός. Epigraphische, formgeschichtlich und religionsgeschichtliche Untersuchungen*), Göttingen, 1926,第Ⅲ、Ⅳ节,尤见页141、145、146-152、213、215。

[49] 参《宪法学说》,页84。

数人民的负责任的政治信念相吻合"这句话后面时,想必一定清楚自己做了什么。[50]

真正的民族主义吁求民主制。民族主义将自身建立在人民主权这一基础之上,否则它就是无根无据。施米特在他的一篇关于意大利法西斯主义的文章中宣称:"真正的民族主义、强制性兵役以及民主制乃是'不可分割的三位一体'"。[51] 施米特是这种三位一体的支持者?他是不是为了提倡民族主义才以自己的方式卷入[219]民主制中来?施米特由此真的是一个民族主义者?或者说他是一个民族主义的理论家?1929年施米特确认,法西斯主义"在意大利大众中尤其是在农民那里"获得了"巨大的国民的和民族的自我意识的提高",[52]而且就其将法西斯主义国家看作对于"更高的第三者"的理论的充满希望的实现这一预测而言,人们有理由假定,他相信法西斯主义国家最有可能完成那个"中心任务",关于该任务他一年前曾说,它在德国"还几乎尚未得到考虑":对无产阶级的政治整合,准确地说就是,将全体人民"从内部整合到一个政治统一体之中"[尚未

---

[50] 《小市民的法治国家》,前揭,页132。

[51] "法西斯主义的本质和形成",页109(《1923—1939年期间与魏玛—日内瓦—凡尔赛斗争中的论断与概念》,前揭,页110);《宪法学说》,页231。也参海因茨·齐格勒(Heinz O. Ziegler),《现代民族:政治社会学初探》(*Die moderne Nation. Ein Beitrag zur politischen Soziologie*),Göttingen,1931,尤见页233、243,以及由同一个作者写的《权威的抑或总体的国家》(*Autoritärer oder totaler Staat*),Göttingen,1932,页7、9-11、16、18;参《合法性与正当性》,页93,以及"国际法的中立性与民族的总体性"(*Völkerrechtliche Neutralität und völkische Totalität*),收入《1923—1939年期间与魏玛—日内瓦—凡尔赛斗争中的论断与概念》,前揭,页255。

[52] "法西斯主义的本质和形成",页109(《1923—1939年期间与魏玛—日内瓦—凡尔赛斗争中的论断与概念》,前揭,页110)。

得到考虑]。㊳施米特的期望与其说建立在实际的成功上或法西斯主义的实践上,还不如说建立在法西斯主义的宣告上或法西斯主义的修辞上。在领袖(Duce[按:墨索里尼])掌权几个月后,法西斯对于民族神话的利用在他看来乃是"民族"相对于国际主义的社会主义及其阶级斗争神话的"优越性"的证明。1923 年他把演说家墨索里尼当作他在当今见到的最强大的政治力量的首要见证者(Kronzeugen):

> 进军罗马之前,在 1922 年 10 月于那不勒斯的著名讲演中,墨索里尼说道:"我们创造了一个神话,这个神话乃是一种信仰,一种高贵的热情,它没有必要成为一种现实,它是一种原动力和希望,信仰和勇气。我们的神话就是民族,伟大的民族,我们要把它变为具体的现实。"

施米特继续评论道:"正像回到 16 世纪,同样是一个意大利人所表达的这一政治现实性的原则[220]那样。"㊴原动力、希望、信仰和勇气对于政治现实来说必不可少;如今的头等大事乃是识别出这样一种神话理论,它能够唤醒这些力量和德性并将其发展到极致。这里施米特试图——就"最近的时代"而言——强调"民族的优先性",或者正如他三年后所自我修正的那样,他可以依靠"更强大的神话存

㊳ 《小市民的法治国家》,前揭,页 130、133。
㊴ 《当今议会制的精神史状况》,第一版,1923,页 64、65(第二版,1926 年,页 88、89)。请注意 1926 年的文本相对于第一版的改动。这本书的两个版本都收录了那个注释性的评语,但是在《献给恩斯特·茨特曼的波恩礼物》(*Bonner Festgabe für Ernst Zitelmann*)的原始出版物里,没有这个注释性评语(München u. Leipzig,1923,页 472),在《1923—1939 年期间与魏玛—日内瓦—凡尔赛斗争中的论断与概念》(前揭,页 17)中再版时,也没有收入这个注释性评语。

在于民族之中"这个事实。然而,这既不意味着施米特分享对这种"民族神话"的信仰,也不意味着他是为了民族的缘故才征引民族神话,或者他在民族的视域中考虑民族神话,或者为了民族的利益才支持民族神话。施米特根本不是民族主义的理论家,而是政治神学家。施米特的读者只要不是有意对最重要的事实视而不见,就不会不清楚施米特的政治神学与民族神话的根本差异:"对于政治神学而言,民族神话乃是一种多神教,正像任何一种神话都是一种多神论。"因此,民族神话乃是对于真正的神学的背离,对于真正信仰的背离。"但是",这位历史的行动者承认,"民族神话是当今时代的一个重要趋势,人们不能忽视它"。㉟ 在同样的意义上施米特注意到,1815年和1918年之间,"从王朝制的合法性向民主制的合法性的转变"得以实现,而且"今天占统治地位的合法性形式事实上乃是民主制",㊱然而[221]他一刻也没有忘记这一事实:对于政治神学——根据"其形而上学与国家理论之间无限丰富的可比性"——来说,民主制在泛神论、在"内在性泛神论"或者说在"内在性哲学"中有其形而上学的"对应物"。㊲ 由此可以判断,泛神论、内在性哲学和多神论似乎

㉟ 《当今议会制的精神史状况》,页65(89);参《宪法学说》,页238。在"政治与神学"(Politik und Theologie)中,佩特森(Erik Peterson)写道:"gentes[各部族]只是诸民族(Völkern)的一部分,它们从属于形而上学的多元主义、多神教和异教。"(尼西特韦斯的笔录,页4)

㊱ 《当今议会制的精神史状况》,页18(39)。

㊲ 《政治神学》,页44-46、52(62-65、76);参页142;《当今议会制的精神史状况》;页20(41);《宪法学说》,页79-80、237-238;《合法的世界革命》("Die legale Weltrevolution"),《国家》(*Der Staat*),第21卷,第3期,1978,页397。此外请参多诺索1850年1月30日的讲演(《多诺索·柯特全集》[*Oeuvres de Donoso Cortés*],Veuillot编,Lyon,1877,第Ⅰ卷,页394-395)以及他1852年6月19日致

可以毫不费力地彼此结为一体。就算这样吧(Sei dem wie dem sei)。任何一个试图支持人民主权的理论家都不会想到提出施米特所提出的主权理论;任何一个满脑袋都是民族主义的理论家也绝不会沉迷于施米特发展出来的政治事物的概念。㊽如果我们转向通常意义上的政治活动家(politischen Akteur),也不会有不同的结果。正像这些洞见——民主的或全民公决的合法性乃是当今"国家论证"和"准许"(Sanktion)所必不可少的,"因为今天没有其他准许方式"㊾,以及对民主制的政治可能性的述及在 1923 年以后显著地增多㊿——并没有[222]使施米特成为一个民主主义者一样,同样地,当今更加强大的神话存在"于民族之中"这一信念也没有使施米特成为一个民族主义者。对于一个民族主义者来说,对民族的认同乃是其自身存在的核心。但

枢机主教 Fornali 的信(Maschke 编,《大公主义、自由主义与社会主义文集》[*Essay über den Katholizismus, den Liberalismus und den Sozialismus*],Weinheim,1989,页 309-312)。

㊽ 参本书第二章,页 59-63、100 以及第三章,页 111-116。

㊾ 《合法性与正当性》,页 93、94。

㊿ 1929 年施米特认为有必要为法西斯主义辩护,以反对所谓的法西斯主义乃是民主制的对立面,而在 1923 年时他仍这样写道:"只有意大利法西斯主义无论在理论上还是在实践上都是对这种统治[民主制原则]的破坏。如果对它撇开不谈,必须承认,迄今为止,民主制原则是无可争议地得到承认的。"(《当今议会制的精神史状况》,[第一版]页 18)1926 年时他对之修改如下:"只有意大利法西斯主义似乎不认为'民主制'有任何价值。如果对它撇开不谈,必须承认,迄今为止,民主制原则是无可争议地得到普遍承认的。"(第二版,页 39)在这本书的倒数第二段,他写道:"迄今为止,只有唯一的一个例子证明,因为有意识地诉诸神话,民主制和议会制被轻蔑地丢在一边,而且这是民族神话的非理性力量的例证。"(页 64)1926 年施米特把墨索里尼轻蔑地丢在一边的民主制这个词替换为人类的民主制(Menschheitsdemokratie)(第二版,页 89)。[中译编按]第一段引文方括号里的内容为作者所加。

对施米特来说，这绝对不是他存在的核心，他的核心存在于别的地方。[61] 此外，他经常论及的所谓的"与日内瓦和凡尔赛的斗争"也不足以证明施米特是一个民族主义者。为民族利益辩护或者——以一种对我们的问题更加适合的方式来说——一个人为其生存其中的国家

---

[61] 参《语汇》，页 283。在"致神父普施瓦拉的报告草案"（Entwurf eines Berichtes an P. Erich Przywara）中——这是他"1944—1945 年冬天"在 Lichterfelde 拘留营里写的，他向这位耶稣会神父介绍自己说：

> 无比尊敬的神父，我给您写这份东西，是为了请您把这份报告作为 depositum［寄存物］予以接受，您或者把它保存在身边，或者，鉴于当前局势的反常情形，转给您认为合适的其他人。这份寄存物涉及某些认识和洞见，它们只能从长期的研究和经验，且只能从在德国所发生的事件的最为内在的核心里发展出来，而且只能由一个德国天主教徒来做，也就是说，由一个德国人来做，此人拥有［做德国人的］正当的份额且曾全身心地投入，*却没有使自己去认同［德国］*（ohne sich zu identifizieren）。（打印稿，杜塞尔多夫国家档案馆，强调为笔者所加）［中译编按］方括号里的内容参照英译本酌加。

施米特以如下请求结束他的"报告"：

> 在我们这个奇异的时代，请收下我的这封信，它就好像海浪将某个航海者（Seeschäumer）掷入海里的一只装着秘密岛屿藏宝图的密封的瓶子推送到您的面前，然而尽管如此，对这个可怜的航海者，您还是不要拒绝给予您教内的赐福吧，他以他独特的虔诚和谦卑向您恳求这赐福，看在我们受难的上帝和他无比纯洁和神圣的母亲玛利亚的份上。

在普施瓦拉的遗物（Nachlaß）中，这份"报告"迄今尚未找到。不过，遗物里保留了一封施米特写于 1959 年 10 月 10 日的信，其中这样写道："14 年前在拘留营的被遗弃的孤独中，您的形象对我来说就像一个令人慰藉的天使。"关于他为普施瓦拉的贺寿文集所写的文章《法—夺取—命名》——他为这位神学家的七十诞辰写的一封信和这篇作品附在一起——他这样写道："继那封 1946 年 2 月写于拘留营中的给您的信后，这封信可以说是第二次尝试传递信息给您，我的无比尊敬的、无比庄严的神父普施瓦拉。"

的利益所作的辩护并非民族主义的证明，在[223]通常情形下，莫不如说是理所当然的事情。鉴于施米特的"与日内瓦的斗争"超出这一范围，它更多是一场反对这样一种制度的斗争，从中施米特发现了一种驯服政治事物自由主义的工具，而不是为了民族的斗争；只要他的"与凡尔赛的斗争"迥异于当时德国从左派到右派的共识，那么这场斗争将首先而且主要的是一场反对"西方自由民主制体系"的斗争。如果人们试图检测施米特的"民族"诉求到底能走多远，另外两个考虑似乎应该赋予更加重要的意义：当"历史"作出反对德意志民族的决定并且1945年后这个国家陷于崩溃和分裂后，在其"圣卡西阿诺"（San Casciano）长达四十年的退隐生涯里，施米特没有写任何让人遥想到 Exhortatio ad capessendam Germaniam in libertatemque a barbaris vindicandam[劝诫德意志人自强，从蛮族暴虐中解放自己]* 的东西。但关键的问题乃是：一个民族主义者1933年会卷入希特勒主义吗？此后的几年里他可能为那种"领袖国家"服务吗？他怎么可能听任民族的自由、完整和荣誉屈从于某个人及其欢呼的追随者的专断意志呢？

让我们回到中心问题上来。施米特1933年初所作出的决断不是一个民族主义者的决断，而是一个政治神学家的决断。他怎么能够使这一决断与其政治神学相互协调呢？十年前，施米特的另外一个决断曾经成为公众瞩目的对象。那个决断与天主教会有着直接的和明确的关系。因此，他原本可以将那个决断交托给合适的权威并根据其政策调整自己，然而，如同此前和此后的许多场合一样，施米特的表现更

---

* [中译编按]原文为意大利文，作者在这里套用马基雅维利在《君主论》26章中的句式：意大利人要自强，把自己从蛮族的暴虐中解放出来。圣卡西阿诺是马基雅维利遭受政治打击后的隐退地。二战后施米特将自己在普莱腾堡（Plettenberg）的居所成为"圣卡西阿诺"。

具有"新教风范",既不倚重中间机构,也不依靠代表,而是唯独诉诸自身的信仰或者主权者的权威,在历史性的非此即彼的决断时刻更多地仿效那个来自丹麦的"新教神学家"[个人],而非[224]满足他本人所认同的罗马教会机构(römischen Institution)的传统规条。1923 年的施米特深受西欧的教育、道德和文明与俄国的野蛮之间的对立所影响,这种对立于十月革命后似乎在自由主义还是布尔什维克主义的二择一中达到了政治上具体的增强。施米特知道,它与那种最终的、那种"伟大的二择一"(große Alternative)毫不相干,"这种二择一不再容许任何调停"。局面是如此混乱,选择是如此显而易见地缺乏终末论的锋芒,以至于纽曼大主教(Kardinals Newman)的指导性原则无法得以直接应用:天主教与无神论之间没有中介。⑫ 如果无神论以另外一种面目出现,那又怎么办呢? 如果在很多战线上能够发现敌人的踪影,那又如何决断呢? 施米特没有低估教会的例外立场:"考虑到其超越一切的持久性方面,天主教教会在此也没有必要作出决断,在此它也将成为所有幸存者的 complexio[综合]。教会乃是继承者。然而",在对自己的信仰进行一番重申后他继续道,"尽管如此,当今的时代、现实的格局(Konstellation)以及当今的这一代都无法规避这种决断。在此,即使教会能够宣称自己不偏向斗争中的任何一方,在事实上它仍然不得不与其中的某一方站在一起,比如,正像它 19 世纪上半叶站在反革命的一方那样"。也就是说,教会站在了政治神学家伯纳德(Bonald)、迈斯特、多诺索·柯特的一边。⑬ 为了表明必要的谨慎以显示"当今时代的不可逃避的决断"必须如何得出结论,施米特对一个发

---

⑫ 《政治神学》,页 49(69)。
⑬ 《政治的浪漫派》,页 79 – 80(52)。

四　历史，或者基督教的厄庇米修斯　233

生在已过去了很久的时代的"决断"进行了推测。他离开[225]当代，回到半个世纪以前历史上那个"具有象征意义的前哨战"，即巴枯宁（Bakunin）与théologie politique de Mazzini[政治神学家马志尼]的斗争。"在此我相信"，施米特拐弯抹角地回答道，

> 在那场对阵巴枯宁的前哨战中，天主教会以及天主教的人性概念站在西欧文明及其观念一边，它更邻近马志尼，而非邻近那个无政府主义的俄国人的无神论的社会主义（neben Mazzini und nicht neben dem atheistischen Sozialismus des anarchistischen Russen）。⑭

"马志尼"这个名字可以代表自由主义或者共济会这一施米特所谓的18世纪天主教"在欧洲的最后对手"，然而与此同时在"观念"、"道德"和"文明"的意义上也可以代表一种"对于上帝的信仰"，代表一种宽泛意义上的"宗教"，甚至代表一种"民族的热情"——当我们回想起这一点时，施米特的回答究竟如何拐弯抹角就变得更加清楚了。⑮ 只有与之相比较，对前述"决断"的理解才能获得一个清晰的轮廓。诚然，在同一段落中施米特这样说道：

> 与自由主义和德国的马克思主义相比，在这位俄国人反对西欧教养的仇恨中，可能存在着更多基督教的因素；伟大的天主教人士

---

⑭ 《政治的浪漫派》，页80（强调为笔者所加）。在1925年的第二个版本中，最后一句话写得更加谨慎：näher bei Mazzini als bei dem atheistischen Sozialismus des anarchistischen Russen [……与那个无政府主义俄国人的无神论的社会主义相比，<天主教会>更接近马志尼]（页53）。

⑮ 《政治的浪漫派》，页73、75(48、49)。

把自由主义看作比明目张胆的(offenen)社会主义的无神论更为可怕的敌人;最后,在这种无形式性中或许蕴涵着一种新形式的力量,它甚至能够重新塑造这个经济—技术时代。⑯

似乎没有什么事情是不可能的,几乎所有的一切在未来某个时刻都有可能被证明为正确的或是错误的。由此,施米特为自己准备好了其十年后能够予以追溯的最重要的理由,[226]即为了使自己确信1933年3月民族社会主义胜利后,他的转向在政治神学上是可以自我辩解的。

另外一些因素加入到了这动荡的十年。施米特将其对于马志尼的后期选择诉诸文字几个月后,他目击了"在意大利的土地上","民族热情"如何挣脱"盎格鲁-撒克逊式的自由主义的意识形态"的束缚并脱颖而出。⑰ 墨索里尼既不是自由主义者,也不是共济会员。伴随着意大利法西斯的出现,一种新的政治构造登上了欧洲的舞台,对于施米特来说它已然是可取的,因为它打出一副坚决反对普遍主义的架势,尤其树起了"保护你自己"的旗帜。1933年,相似的事情轮到了德国民族社会主义:"民族神话"的工具化成为一种充满希望的战略,用来对抗那种企图攫取一切、吞噬一切的"世界国家"的令人恐怖的终末式图景。1923年到1933年的十年间,施米特不无崇敬地追随了墨索里尼的脚步,与此同时,他越来越相信自由主义与马克思主义本质上或在"形而上学"上是一致的,自由主义的遗产决定性地残留于马克思主义中,马克思主义"只不过是适合于19世纪的自由主义思维方式的应用"。自由主义与马克思主义的联手成为当今的"新信仰"(neuen

---

⑯ 《政治的浪漫派》,页79(52)。
⑰ 《当今议会制的精神史状况》,页65(89)。

Glauben），它起源于一个"充满了幻觉和欺骗的世纪"，支配着一大堆共同的教条，追求着共同的反政治的目标，这使得法西斯主义和民族社会主义似乎成为最坚定的，并且在"权威的解决方案"这一希望破灭的地方成为唯一[227]具有实质意义的政治上的对跖者（Antipoden）。⑱ 第三个因素可能使施米特的自我辩护变得更容易一些。与任何其他政治势力不同的是，民族社会主义诉诸"历史性"和"命运"。哪一个群众运动接近于这样一种"Arcanum"[奥秘]，以至于认为所有的历史真理只有一次为真？这里难道不是存在一种与施米特自身的"历史观念"及其基督教的历史信仰的共鸣吗？在这一新的对于命运的信仰中——无论它可能显得多么混乱、粗俗和非基督教——难道不是至少蕴涵着反对过于强大的"技术宗教"的解毒剂吗？毫无疑问的是，正是由于其诉诸历史性以及历史行动的优先性，民族社会主义才在基督教神学家中间——无论是新教方面的还是天主教方面的，有名望的还是没有名望的——赢得了赞同和同情。⑲ 它搭建了一座桥

---

⑱ 参《法西斯主义国家的本质和形成》，前揭，页113（《1923—1939年期间与魏玛—日内瓦—凡尔赛斗争中的论断与概念》，前揭，页114）；《政治的概念》第三版，页55-56。

⑲ 布尔特曼（Rudolf Bultmann）——他没有转向民族社会主义——在其1933年的课程《神学大百科》（*Theologische Enzyklopädie*）中对民族社会主义运动唯一持原谅态度的东西乃是那种足够典型的"对于有限存在者的历史性的隐秘知识"，它寓居于这一"运动"之中，并且将这个运动置于从基尔克果到辩证神学的为"历史意识"而斗争的传统之中："运动的真正积极的力量在某种意识形态中将其提升到自我意识的高度，这种意识形态威胁着要遮蔽并由此窒息这种力量。这种力量来源于一种关于有限存在者的历史性的知识，它是这样一种知识，即具体的历史给定性及其要求，以及具体的历史决断构成了生活的现实性。由此，它背离了观念论（Idealismus[或译：理想主义]）、理性主义、自由主义和民主制，倘若永恒的观念（zeitlose Ideen）要想在这些主义中对生活提出挑战并提供现实性，而

[228]梁,所有受那些基督教神学家支持的"民族运动"都经由这个桥梁得以通行。如此一来,"保卫自身之物"(Verteidgung des Eigenen)以及反对自由主义和马克思主义的"行动主义的形而上学"的立场就有助于形成一个局面,即"当今时代那个无可规避的决断"在政治神学家赫尔施(Emanuel Hirsch)以及戈嘉顿(Friedrich Gogarten)那里,在施米特神学界的朋友埃施怀勒(Karl Eschweiler)以及巴利翁(Hans Barion)那里,以及在一个叫做阿尔特豪斯(Paul Althaus)或基特尔(Gerhart Kittel)的人那里得出了相同的结论。

五年后,施米特在多个方面改变了主意。他发表于 1938 年 7 月 11 日的关于利维坦的论章(Traktat)也是对当时占统治地位的政制(Regimes)的批判。他期盼能够"引领领袖"(den Führer führen)的幻想几乎完全破灭,残留下来的只是这一幻想此前带来的悲伤结局。自从《黑衣军团》(Das Schwarze Korps)1936 年底将其天主教背景"曝光"在民社党权力机构(NS-Gewaltigen)面前,施米特就不再担任党

且要想使个体与普遍相适应的话……然而,在对于观念论和理性主义的反击中,存在着陷入浪漫主义和物质主义的生物学中的巨大危险。构成我们的现实性的生活的具体给定性只能是历史的各种给定性(geschichtliche Gegebenheiten)。"《神学大百科》,页 64。请比较戈嘉顿(Gogarten),《我信仰三位一体的上帝:一项关于信仰和历史的研究》(Ich glaube an den dreieinigen Gott. Eine Untersuchung über Glauben und Geschichte),Jena,1926,页 43、44 – 45、78、81、100 – 102、123、180。赫尔施(Emanuel Hirsch),《哲学与神学反思中的当代精神状况:论理解 1933 年的德国的学术讲演》(Die gegenwäntige geistige Lage im Spiegel philosophischer und theologischer Besinnung. Akdemische Vorlesungen zum Verständnis des deutschen Jahres 1933),Göttingen,1934,页 32 – 33、35 – 36。《基督教的自由和政治的委身》(Christliche Feiheit und politische Bindung),Hamburg,1935,页 19。怀斯(Konrad Weiss),《本质和历史的政治张力》("Die politische Spannung von Inbegriff und Geschichte"),收入《同道者》(Die Schildgenossen),第 13 卷,第 1 册,1933,页 39、40、42 – 43、44。

内职务了。在这部论章的结尾之处施米特提到，霍布斯"对我们来说乃是拥有一种伟大的政治经验的真正的老师"，并且在这句话的前几行里，将这位英国人"对于我们来说仍然清晰可见且持续不断地富有教益的功绩"确定为"与形形色色的间接权力进行斗争的伟大的理论家的功绩"——如果这样，那么书中所归之于霍布斯的那种明确无比且无条件的称赞，或许掺杂了施米特自身的经验，这种经验乃是施米特在第三帝国最初几年里与诸如从罗森伯格办公室（Amt Rosenberg）到党卫队（SS）等多种党的分部机构以及各种民族社会主义组织的接触中获得的。有针对性地援引对于间接权力——无论它以何种形式出现并提出其诉求——的攻击无论如何很难[229]避开在政治上警觉的同时代人的注意。⑩ 这同样适用于那种与霍布斯的立场相关的尖锐的"翻版"。比如这么一句话，

> 理性的国家权力尤其要承担政治风险且在此意义上为国民的保护和安全负起责任。如果这种保护终止了，国家本身也就不复存在了，而且顺服的义务也不再有约束力。那么个体将重新获得其"自然的"自由。⑪

如果将霍布斯当作"小市民的法治国家和宪法国家的精神祖先"，那么事情将会变得更加复杂。⑫ 这里至少存在着新的言外之意（Oberteone）。在征引一位1930年以后改宗民族社会主义的法学家时，施米

---

⑩ 《霍布斯国家学说中的利维坦》，页131–132；尤其是参页116–117。
⑪ 《霍布斯国家学说中的利维坦》，页113。
⑫ 《霍布斯国家学说中的利维坦》，页103、114；参页100–102、110–111，尤其是页70–72；请注意本书第三章页164、169、178、179。

特断言,"与此同时"霍布斯"应该被承认为'实证的法治国家'的理论家",这里显露出他晚期对于那种"小市民的法治国家"的尊重,而他十年前曾尖锐攻击这种国家,并在 1933 年到 1936 年积极参与过毁灭这种国家的工作。[73] "总体性[230]的领袖国家"诞生五年之后,此前对"小市民的法治国家"的厉害的谩骂似乎缓和了许多, nulla poena, nullum crimen sine lege [法无明文,不惩罚、不为罪] 之类的惯用语的意义既不要求一种扩展的法学讨论,也不是要求针对 nullum crimen

---

[73] 《"法治国"的争论意味着什么?》,前揭,页 191、192 有这样两段话:"在德国 19 世纪的历史情境中,'法治国家' 乃是与以下两种国家相对立的反概念:它与基督教国家即由此被宗教所规定的国家相对立,也与一种被理解为伦理(Sittlichkeit)领域的国家,亦即黑格尔国家哲学中的普鲁士官僚国家相对立。法治国家是为了反抗这两个对手才应运而生的。这是它的出身,它的 principium [本源],如果允许我这么说的话:它的种族(Rasse)。" "一个基督教国家能够从当时还完全是一个基督教民族的宗教信仰中获得其总体性和完整性;作为伦理和客观理性国度的国家还能够达到一种总体性,且无论如何比小市民的社会更优越;与之对照,19 世纪的法治国家只不过是作为个人主义的小市民社会的手段和工具的中立性国家。"亦参页 198、199、201;此外参《法律实践的五个指导原则》(Fünf Leitsätze für die Rechtspraxis),Berlin,1933,尤其是第四个和第五个指导原则;《民族社会主义的法学思想》("Nationalsozialistisches Rechtsdenken"),《德国法》(Deutsches Recht),第 4 卷,第 10 期,1934 年 5 月 25 日,页 229;《领袖保卫法》("Der Führer schützt das Recht"),《德国法学家报》(Deutsche Juristen-Zeitung),第 39 卷,第 15 期,1934 年 8 月 1 日,第 946、947、948、949 栏;《论断与概念》,页 200、201、203);《论法学思想的三种类型》,页 35、58 – 59;《自由的宪法》("Die Verfassung der Freiheit"),《德国法学家报》,第 40 卷,第 19 期,1935 年 10 月 1 日,第 1133、1135 栏;《关于法治国家的争论》(Disputation über den Rechtsstaat)的后记,页 86、88。

sine poena［没有惩罚不为罪］这一公设（Postulat）作出明确的辩护。[74]

有着无法估量地更加重要的意义的乃是 1938 年施米特与利维坦的"安全国家"所进行的根本交锋。尤其是，正像我们所看到的，由施米特 e contrario［从对立面］发展出来的论题——"宗教与政治的统一体"在 post Christum［基督之后］就无法由"政治"来解决，亦即无法建立在"人的事工"这一基础之上——的政治爆炸性无须注解。因此，这本书中针对那个政制所说的最重要的一句话很可能是：一切神圣事物都不容外在强迫（Nichts Göttliches läßt sich äußerlich erzwingen）。在接下来的两行句子里，施米特召唤出尼禄（Nero）统治下的"塞内卡（Seneca）的政治处境"。这个段落——从中可以找到这一召唤——以一种罕见的较为温和的方式开始："但是，如果公共权力真的还想成为公共的，如果国家和教派将内在信仰挤压到私人领域"，或者——正像每个读者都有可能予以发挥的——如果国家和教派不再能够触及这种私人信仰，"那么一个民族的灵魂将踏上一条通向内心深处的'神秘之旅'。由此，一种沉默和寂静的反作用力将滋长起来。"[75]这本书［231］使我们足够清晰地回想起"内在性相对于外在性的最终优势"、"彼岸

---

[74]《霍布斯国家学说中的利维坦》，页 111、113 - 114、115。在其文集《论断与概念》中，施米特并没有收入他写于 1928 年的文章《小市民的法治国家》。关于施米特早先对 nulla poena sine lege［法无明文不惩罚］这一原则的批判，请看《民族社会主义的法学思想》，前揭，页 228，以及《德国法学家的道路》（"Der Weg des deutschen Juristen"），《德国法学家报》，第 39 卷，第 11 期，1934 年 6 月 1 日，第 692 - 693 栏。

[75]《霍布斯国家学说中的利维坦》，页 94 - 95。在《从囹圄中得拯救》（页 21）中施米特以曲解的叙述援引了这两个原则，以表明以下情形丝毫也没有变化，即施米特归之于 1945—1946 年的那个章节的意图针对的是 1938 年时的意图。在第三帝国期间，更细心地阅读了这整本书尤其是页 94 - 95 的读者能够发现这一点。参本书第三章，页 176 以下以及注释 138 和 139。

世界相对于此岸世界的最终优势",并且以图像的形式强化和表达了利维坦被悬挂在上帝的鱼钩上这种信仰——面对这样一本书的政治—神学定位,我们还能够添加什么呢?

这位基督教的厄庇米修斯的改变并不包括其反犹主义的立场。即使撇开其对于民族社会主义这一信仰或错误信仰的背离,《霍布斯国家理论中的利维坦》仍是一本反犹主义的书。其反犹主义的诋毁之辞绝不仅仅是为了掩饰对[当时]政制的批评。施米特运用各种修辞手段将他所反对的立场与犹太教联系在一起,并以霍布斯自身立场的分裂为开端,即把霍布斯分解为一个"仍然保持其民族信仰"的英国人与一个倡导 libertas philosophandi[进行哲思的自由]的名叫斯宾诺莎的"犹太哲人"。在其关于"宗教与政治的统一体"遭到侵蚀和最终崩溃的戏剧性叙事中——施米特借助这一叙事来论证霍布斯的事业的"失败"——三个最引人瞩目的坏人(Übel-Täter)的主要角色被分配给了斯宾诺莎、门德尔松([Moses]Mendelssohn)和施达尔(Stahl)。⑯ 拥有如此演员阵容的坏蛋剧目(Schurken-Stück)或许是对一项根本不合时宜的计划的合乎时宜的且有效的掩饰。但是它不仅仅是一种修辞性的掩饰。施米特对于哲人斯宾诺莎的道德义愤已抵达其存在的最为内在的核心,⑰他[232]施于政治神学家"施达尔-约尔松"(Stahl-

---

⑯ 《霍布斯国家学说中的利维坦》,页 16 – 18、86 – 89、92 – 94、106 – 110、118、124。

⑰ 施米特的道德义愤体现于他在施特劳斯研究斯宾诺莎的那本书的第一页上所添加的批注,在第一页,施米特记录了他认为特别重要的六个片段。最后一条与第 228 页上的一个较长的注释有关,在另外一个有着核心重要性的地方,施米特再次回忆起这个注释(参本书第三章,注释 148)。在[《斯宾诺莎的宗教批判》的]那个注释中,借助一份传记资料记载的斯宾诺莎享受密切观察蜘蛛与苍

Jolson)的刻骨仇恨也远远超逾所有修辞。⑱ 也许,施米特对于这三个

蝇间争斗时的乐趣,施特劳斯阐明了"静观者(Zuschauers)斯宾诺莎的喜悦"。在[施米特所持有的]那本书开头的记录旁,施米特添加了一个惊呼:凶残的(Ungeheuerlich)。在关于斯宾诺莎的"凶残的态度"那个事例的前三页,施米特注意到文本中(在施特劳斯阐述斯宾诺莎的自然正当[Naturrechts]思想的那个片段)斯宾诺莎的一句话,他在其《语汇》中说这句话是"曾经及于上帝和人类的最厚颜无耻的侮辱"。参本书第一章,页 33 及下页。

⑱ 在 1933—1938 年间,施达尔是最为频繁地被施米特指名道姓攻击和辱骂的敌人。在《政治的概念》第三版里,这种攻击就开始了:"这个保守的人更换了他的信仰和民族,改变了他的名字,随即开始教导德国人虔诚、连续性和传统。他认为德国人黑格尔'空洞且不真实','没有趣味',而且'无望'(trostlos)。"(页 44;参本书第三章注释 99)施米特在其文章《与犹太精神作斗争的德国法学》("Die deutsche Rechtswissenschaft im Kampf gegen den jüdischen Geist",收于《法学中的犹太教》[Das Judentum in der Rechtswissenschaft],第 1 期,Berlin,1936)的结论里,跟其他事情一起谈到"那个犹太人施达尔 - 约尔松":"与其他的、晚近的犹太人——他们很遗憾地变得不再是犹太人——相比,将他说成是一个模范的、保守的犹太人是完全错误的。这里存在着对于一个本质性洞见的危险误判,该洞见即,伴随着整体形势的每一次更改,伴随着每一个崭新的历史篇章,某种犹太人的整体态度的改变、带着魔鬼般谜团的改头换面(Maskenwechsel von dämonischer Hintergründigkeit)也粉墨登场了,它们是如此地迅捷,以至于我们需要最大程度的关注才能加以把握,与此相比,那种对于特定的混入其中的个别犹太人的主观的轻信的追问就无关痛痒了(页 33;以及《德国法学家报》,第 41 卷,第 20 期,1936 年 10 月 15 日,栏 1198)。此外参《国家、运动、人民》,页 30;《"法治国"的争论意味着什么?》前揭,页 192 - 193;《关于法治国家的争论》的后记,页 86;《论断与概念》,页 275、293。1938 年施米特相信有必要保卫自己,以反对他发起的战役的批评者们:"由于我的声明——'我看不透这位施达尔 - 约尔松的灵魂'(参《德国法学家报》,1936 年,栏 1197),人们向我脸上抹黑,但他们从不问我一声,我怎样一步步走到作出这么个声明。"(《霍布斯国家学说中的利维坦》,页 109 注释)如经常有的情形那样,施米特在引述他的声明时作了看上去微不足道但实际上却是重要的改动,可是,这个声明丝毫没有对这个曾被施米特穷追不舍的问题提供说明:"这些犹太人很快觉察到,哪里是吸引他们的德国的本质。我们不需要把这个特点归功于他们,以使我们在此克制自己。这正是犹太人的整体处境,它扎根于犹太

代表人——他把他们挑选出[233]来作为"犹太人不知疲倦的精神"的典范,并认为他们的业绩乃是有目的地"挖墙脚"——的所作所为的具体评断,与他为了达到自己的目的而将他们的所作所为予以戏剧化的再现是两码事。但无可置疑的是,他把这个去基督教的现代进程归咎于这些"犹太人"——仅次于哲人们——所施加的深远影响。伴随着这一现代进程,施米特发现,基督教与犹太教之间几乎绵延两千年的争斗进入了一个新的阶段,在世界历史上的各种信仰斗争中,这一斗争占据着独特的地位。因为,根据布鲁诺·鲍尔(Bruno Bauer)[79]——尤其因为其

人对于德国精神财富的寄生性的、策略上的、商人式的关系中。即使一个如此恶劣的、可怕的改头换面——正如它植根于施达尔-约尔松的整体生命那样——也已经再不能蒙混过关了。如果人们一再强调,这个人'主观上是诚实的',就算是这样吧,但我仍然要作这样的补充:我看不透这个犹太人的灵魂,而且我们根本找不到通向这个犹太人的最为内在的本质的入口。"(栏1197,强调为笔者为所加)[中译编按]Friedrich Julius Stahl(1802—1861),出身犹太家庭,原名Julius Jolson,17岁时改宗基督教,在路德宗教会受洗。

[79] 除了1843年由于马克思的回答而变得有名的犹太人问题(Judenfrage)之外,《异乡人中的犹太教》(Das Judentum in der Fremde, Berlin, 1963)已经为20世纪上半叶的排犹论战准备好了所有的火药。在他1945—1946年冬天给普施瓦拉(Erich Przywara)的"寄存物"——里面"首先"点了布鲁诺·鲍尔(Bruno Bauer)的名——中,施米特提到了这两部论章(Traktate),以便此后将他的物品交托给这位神父:"在移居国外者卡尔·洛维特(Karl Löwith)的一本书《从黑格尔到尼采》(Von Hegel bis Nietzsche)中,鲍尔意义上的精神历史的足迹似乎已经很好地得以说明。但是,洛维特对鲍尔关于犹太人的作品只字未提,由此这是一个特定的德意志—新教式的关切,以至于那本名为《从黑格尔到尼采》的书好像戴着一条中世纪雕塑上代表犹太会堂的眼罩来到我们面前。"在公开场合,施米特却保持着谨慎:"即使是像恩斯特·巴尔尼考(Ernst Barnikol)那样勤奋的学者,以及像洛维特那样的精神史上的知情人(geistesgeschichtlichen Eingeweihten),也没有成功地将他[布鲁诺·鲍尔]的精神生命揭示出来……洛维特把Bruno Bauer的实质性问题丢弃了。"(《柯特四论》,页99以及页99注释1,强调为笔者所加)[中译编按]引文方括号中的内容为本书作者添加。

关于犹太教的作品而深受施米特敬重——的著名说法，犹太教乃是"对于基督教的天上起源（himmlischen Ursprung）的根深蒂固的（incorporirte）怀疑，它是那种宣称自己是已完成的、唯一合法的宗教在宗教上的敌人，可那种宗教却甚至克服不了自己从中产生的那一小撮"。⑳ 犹[234]太教从一开始就毫不犹豫地否认"耶稣就是基督"。施米特对犹太人的敌意归根结底乃是出自他的启示信仰。这种敌意乃是基督教反犹主义的充满恐惧的传统，这一切从没有促使他与民族社会主义者的反犹主义——它从完全不同的源泉获得灵感——划清界限。相反地，经过仔细考察，人们不得不承认，对于"犹太人"的仇视乃是最持久地将施米特与民族社会主义结合起来的因素。据说在1933年5月1日加入民族社会主义德意志工人党（NSDAP）几天之后，他即第一次参与了反犹论战。㉛ 一

---

⑳ 鲍尔（Bruno Bauer），《犹太人问题》(*Die Judenfrage*)，Braunschweig, 1843, 页114。"基督教世界反对犹太教的敌意由此完满地得以解释，这敌意建立在它们双方相互的本质关系之上。双方中的任何一方都不能够让对方存在，彼此也不承认对方；当其中一方存在，另一方就无法存在；每一方都相信自己乃是绝对真理，因此，当一方承认另一方并放弃自己时，这就等于它否认自己是真理"（页16）。难道还需要我们补充施米特并没有分享鲍尔所相信的——［两者的］冲突将在某个更高的真理中历史地予以扬弃——这一点吗？参耶鲁沙尔米（Yosef Hayim Yerushalmi），《弗洛伊德的摩西：可终止的与不可终止的犹太教》(*Freud's Moses: Judaism Terminable and Interminable*)，New Haven, 1991, 页91-92、94。

㉛ 《德国革命的充分正当性》("Das gute Recht der deutschen Revolution")，1933年5月12日社论，《德意志观察家》(*Westdeutscher Beobachter*)，以及1933年5月31日在同一份刊物上所发表的社论《德国知识分子》("Die deutschen Intellektuellen")。参《"法治国"的争论意味着什么？》，前揭，页191-193；《自由的宪法》，前揭，第1133-1135栏；《关于法治国家的争论》后记，页86；《禁止外部权力干涉的国际法大空间秩序》，页64；《作为法学体系构成的例证的"普通德国国家法"》("Das 'allgemeine deutsche Staatsrecht' als Beispiel rechtswissenschaftlicher Systembildung")，《整体的国家科学学刊》(*Zeitschrift für die gesamte Staatswissenschaft*)，第100卷，第1/2期，1940, 页13-14、22。参本章注释78，以及本书第二章注释101。

直到第三帝国灭亡,施米特都忠实于反犹主义,这种反犹主义能够在任何一个"面具"之下识别出"犹太人"的痕迹,并且不承认任何教派、精神或者政治决断的区别。在其"与犹太精神作斗争"这一公共影响力的巅峰,即在 1936 年 10 月 3 日和 4 日由他组织的"法学中的犹太教"(Das Judentum in der Rechtswissenschaft)的会议上,施米特在他曾发表过的最丑陋的长篇檄文中表明了他想在这场民族社会主义反对"犹太教和布尔什维克主义"的斗争中穿凿附会什么东西:"但是这场斗争的最深刻的也是最终的意义",在会议开幕辞的一开始他就如此宣称道,"以及我们[235]今天的工作的意义,极其明确地存在于元首的这么一句话中:'通过抵挡犹太人,我为天主的功业(das Werk des Herrn)而战'"。[82] 据说,反对犹太教的斗争的最深刻也是最终的意义就蕴涵于这句话中,而说出这一意义的人却不必对这句话有任何理解;这个被施米特唯一逐字征引并以斜体强调的出自《我的奋斗》(Mein Kampf)的句子对他是如此重要,以至于他第二

---

[82] 《与犹太精神作斗争的德国法学》,"帝国署长官(Reichsgruppenwalter)卡尔·施米特博士、教授的科学讲演开幕辞",页 14。在其结束语中施米特说道:"如果出于客观的理由一定得引述犹太作者,只须加上'犹太的'这一补充性。仅仅说出'犹太的'就能形成某种有效的驱魔(heilsamer Exorzismus)。"(页 30,强调为笔者所加)以前施米特曾经宣称:"附加上'犹太的'这样的字眼和标记绝非可有可无,而是具有本质重要性,因为我们无法阻挡犹太作家使用德国的语言。否则,就无法纯洁我们的法学文献。与那些反对犹太人——这些犹太人辗转腾挪于普遍的抽象术语中,借助这些术语所有的犹太人都在具体的情境中安然无恙——的伟大解释相比,今天谁写 Stahl-Jolson[施达尔-约尔松],谁就由此以一种真正科学的明晰性解释了更多的东西。"(页 30;《德国法学家报》,第 1195/1196 栏)

次引用它作为闭幕辞的结束语。㊃同样地，这句话的意涵属于"一个基督教的厄庇米修斯的糟糕的、不值得的然而却是本真的事件"。同样，为了这句话，施米特也可能会声称自己冒险接纳了"对要去顺服的诫命的期待"并试图回应"历史的召唤"。难道一种试图听命于"历史"的行动能够排除那些服务于"天主的功业"的任何事情以及任何人吗？

1945年后施米特对于"犹太人"的敌意在根本上并没有改变。当然，在公共场合[236]他有所克制。以前的"反对犹太精神的斗争"的一部分在施米特"反对法律的战役"中得以继续下去，并以"Nomos"[法]思维为标志得到表达，㊄战斗的另外一部分则体现于他试图表达一种充分权衡了当今政治神学处境的"基督教的历史观点"。同样地，自从他将其自身的事件界定为一个基督教的厄庇米

㊃ 《与犹太精神作斗争的德国法学》，结束语，页34（《德国法学家报》，1199栏）。引文见《我的奋斗》，页70。从Thomas Heerich和Manfred Lauermann的论文《在卡尔·施米特那里的霍布斯—斯宾诺莎的对峙（1938年）》（"Der Gegensatz Hobbes-Spinoza bei Carl Schmitt [1938]"，发表于《斯宾诺莎研究》[Studia Spinozana，卷7，1991；准确说是1993年，页112注释23）我得知，出自《我的奋斗》的"领袖语录"同样被教会的显要在各种公众活动中使用，例如，1933年8月20日在柏林—瑙蕴昆体育场（Stadion Berlin-Neukölln）举行的"天主教青年会结业典礼"（Schlußfeier des katholischen Jugendtreffens）上就用了这句语录。

㊄ 《语汇》，页64；参页57、85、154、209、287。《民族社会主义的法学思想》，前揭，页226-227；《论法学思想的三种类型》，页9、15、31、35；"与犹太精神作斗争的德国法学"，结束语，页28（《德国法学家报》，1193栏）；《禁止外部权力干涉的国际法大空间秩序》，页12；《作为法学体系构成的例证的"普通德国国家法"》，页19、22、24；《法国精神的形成》，页7-8；《欧洲法学的现状》，页23、30（《1924—1954年间的宪法学文集》，页411、422-423）；《欧洲公法的国际法中的大地法》，页38-42、44-45；《1924—1954年间的宪法学文集》，页449和502；《法—夺取—命名》，前揭，页96-97、98-100、104。

修斯的事件——也就说,他是一个受困于历史错误的基督徒,然而正像人们可以假定的,他在事后能够觉察到这一点——之后,他相信他必须抵挡"犹太人"。从其死后才公开的"1947 至 1951 年的笔记"中我们得知,别的不说,施米特把自己看作遭受"基督的谋害者"迫害的人。[65] 三十年代时,他把犹太人归为"侵蚀"基督教国家、教会和民族的罪魁祸首,而如今他的这一判断并没有发生任何改变,虽然他不再提及所谓的"摹仿的精湛技艺"(Virtuosität der Mimikry),也不再提及所谓的"犹太人的趋于登峰造极的适应能力"或者"适用于犹太人的一般行为的"一种"带着魔鬼般谜团的改头换面"。为一句他感受为"卑鄙的叮咬"的评论所刺激,施米特评论"'施达尔'话题"(Sache "Stahl")时说,它"严重伤害"了他。[66] 然而,显然施米特并没有收回对于犹太人的谴责:比如他以前对 19 世纪"犹太阵营中"那些"最放肆的人"的攻击,在此阵营中,"每个人在经济、舆论、艺术和科学中都占有其一席[237]之地";比如他对于那位"犹太哲人"的揭秘,对于这位犹太人而言,"基督教的洗礼仪式不仅——正像年轻的海涅(Heine)那样——是帮助他们踏入'社会'的'入场券',也是帮助他们进入当时仍然稳固的德意志国家这一圣地的通行证",他们甚至能够"以他们所占据的高层职位为据点"使"最内在的这个国家的核心(Kern dieses Staatswesens)、王国(Königtum)、贵族以及新教教会(evangelische Kirche)在意识形态上变得混淆不堪,在精神上变得一蹶不振"。[67] 与

---

[65] 《语汇》,页 232;参页 18、61、91、169、241、255、319。

[66] 《语汇》,页 150。1945 年后施米特不再使用施达尔(Stahl)("施达尔"话题)这个名字了。因此,他不需要公开与自己对施达尔 - 约尔松(Stahl-Jolson)的坚持使用划清界限(参本章注释82)。

[67] 《霍布斯国家学说中的利维坦》,页 108 - 109。

1938 年相比,1950 年时的施米特仍然丝毫不怀疑,施达尔的工作遵循了"犹太民族的一贯策略"并且"有目的地、本能地"继续着据说由斯宾诺莎开启的事业——上述判断被下面的一个评论所暗示,而该评论在 1950 年的语境中变得再清楚不过了:

> Salus ex Judaeis? Perditio ex Judaeis? [犹太人所带来的拯救?还是犹太人所带来的毁灭?]当务之急是阻止这些咄咄逼人的 Judaeis[犹太人]!当我们[基督徒]陷于分裂之时,犹太人悄悄地溜了进来。只要我们没有认清这一点,我们就没有得拯救的希望。斯宾诺莎乃是第一个溜进来的人。⑧

因此,至少与拯救同样重要的事情取决于,人们是否能够搞清楚"犹太人"对于基督教民族施加了何种影响,他们以何种方式参与了基督教的各种事务,以及他们是如何溜进基督教的历史中的。为了能够识别他们"溜进来"、"中立化"以及其他一些花招的不可告人的计划和最终目的,就必须知道"犹太人"是如何解释世界历史的。关于这一点,施米特在其《陆地与海洋》中写道:

> 根据中世纪犹太教神秘教义的说法,根据所谓的卡巴拉主义者,世界历史乃是强壮的巨鲸即利维坦与同样强壮的陆地动物比希莫特(Behemoth)——人们将其想象为一种公牛或者[238]大象——之间的一场较量。

---

⑧ 《语汇》,页 290。

按照施米特的解释,卡巴拉主义者认为,这两个彼此争斗的势力相互消灭对方。

然而犹太人——他们继续说道——却站在场外袖手旁观。他们吃掉这两个同归于尽的动物的肉,剥掉它们的皮,用它们的毛发搭起了一个漂亮的帐篷,庆祝欢乐的千禧年盛宴。这就是犹太人解释的世界历史。这位经常被人引用的把历史解释为利维坦的盛宴的卡巴拉主义者叫做以撒·阿布拉瓦内(Isaak Abravanel)。[89]

---

[89] 《陆地与海洋:一项世界史的考察》(*Land und Meer. Eine weltgeschichtliche Betrachtung*),Leipzig,1942,页 9 – 10(第二次修订版,Stuttgart,1954,页 8)。关于阿布拉瓦内,施米特接着告诉读者:

> 他生活于 1437 年至 1508 年,这是一个大发现的时代,他最先是葡萄牙国王的司库,此后是卡斯蒂利亚(Kastilien)国王的司库,1508 年作为一个伟大的人物死于威尼斯。因此,他通晓这个世界及其财富,且知道他所说的意味着什么。

施米特没有提及阿布拉瓦内在其一生中曾经三次被迫流亡、死时没有亲人在场这些事情。关于阿布拉瓦内的生平——在其中,对犹太人的迫害在天主教宗教裁判所的进程中扮演着重要角色——请参 J. B. Trent 和 H. M. Loewe 编,《以撒·阿布拉瓦内:六篇讲演》(*Isaac Abravanel: Six Lectures*),Cambridge,1937,页 XX – XXVII。关于受到基督教神权政制决定性影响的阿布拉瓦内的政治神学,请参上书,页 105、107、109 – 110、117、122 – 129。"他的灵魂乃是一个教士(priest)的灵魂"(列奥·施特劳斯)。[中译编按]作者提示读者留意的是《以撒·阿布拉瓦内:六篇讲演》一书中施特劳斯的文章《论阿布拉瓦内的哲学倾向和政治教诲》("On Abravanel's Philosophical Tendency and Political Teaching"),页 93 – 129。该文中译由余慧元译、李致远校,收入《犹太哲人与启蒙——施特劳斯讲演与论文集(卷一)》,刘小枫编,北京:华夏出版社,2010,页 221 – 258。

以上对于犹太人的隐秘计划的揭秘，使得每一个阅读施米特关于"世界历史的反思"的读者都能够以施米特所希望的方式"理解""犹太人"的各种活动，而不论它关乎斯宾诺莎或施达尔或迪斯雷利（Benjamin Disraeli），在施米特的同一本书中，迪斯雷利被说成"19 世纪的阿布拉瓦内，一个知情人（Eingeweihter），一个来自锡安（Zion）的智慧者"。⑨⓪ 与施达尔相比，迪斯雷利不仅仅爬上了相当高级和具有强大影响力的"政府职位"，还导致了更加持久、更加危险的"意识形态的混乱"："很多被非犹太人贪婪地吞噬掉的颇具目的性的建议和举措正是来自他。"⑨① 直至施米特生命的［239］最后时刻，最使他愤怒的事情仍来自迪斯雷利的小说《堂克雷德，或新十字军东征》（Tancred: or, The New Crusade），书里说：基督教是给大众的犹太教（Christianity is Judaism for the multitude），可尽管如此，它仍旧是犹太教。⑨② 施米特

---

⑨⓪ 《陆地与海洋》，页 67（参第二版，页 56）。
⑨① 《陆地与海洋》，页 67，第二版中此句被改为："他所说的关于作为世界历史之钥匙的种族以及关于犹太教和基督教的好多东西，被非犹太教徒和非基督徒热烈地宣扬着。"（页 56）
⑨② 本杰明·迪斯雷利（Benjamin Disraeli），《堂克雷德：或新十字军东征》（Tancred: or, The New Crusade），London，1847，VI，4；Langdon-Davies 编，London/Edinburgh，1904，页 505。施米特把迪斯雷利的这句话称为 infandum scelus ［令人发指的罪孽］（《语汇》，页 268）。陶伯斯（Jacob Taubes）在为这位"反革命的启示录作者"（Apokalyptiker der Gegenrevolution）所致的悼文中宣称："基督教对于施米特而言就是'给各民族的犹太教'（Judentum für die Völker），他总是渴望奋起反抗犹太教的力量。但是，施米特越来越深刻地意识到，这样一种对上帝和历史的'抗议'是多么的无力。"——当陶伯斯这么说的时候，他不仅试图强调他自己的政治神学的优越性，还在施米特最敏感的那个点上击中了他。见《致施米特：相反相谐》（Ad Schmitt: gegenstrebige Fügung），Berlin，1987，页 25；参页 51－52、60、61、75，以及《保罗的政治神学》（Die Politische Thoelogie des Paulus），München，1993，页 96、105。

不仅从这句话中所归之于犹太教的那优越性诉求中感受到了一种挑战,[93]更多地而且首要地从如下事实中感受到了挑战,即迪斯雷利的"颇具目的性的建议和表述"使得基督教似乎成了犹太教的工具,并将基督教的历史解释为犹太历史的一部分或以其他方式对犹太教的延续。[94] 面对这一关于犹太教与基督教之间的关系的解释——这一解释也为"非犹太教徒和非基督教徒热烈地宣扬着"[95]——[240]反思"基督

---

[93] 在另外一个段落,迪斯雷利借助犹太女人爱娃(Eva)之口对堂克雷德(Tancred)说:"我们都同意,半个基督教世界崇拜一位犹太女性,另外一半崇拜一位犹太男性。让我再问你一个问题。你认为哪一个种族更优秀呢? 是被崇拜者还是崇拜者呢?"《堂克雷德:或新十字军东征》,III,4,页 232。

[94] "以色列的子孙们,当你们回忆起正是你们创造了基督教,你们就会原谅那些基督徒,甚至是他们的 Autos da Fè [火刑]!"《堂克雷德》,VI,4,页 510;参 III,4,页 231;也参鲍尔(Bruno Bauer),《迪斯雷利的浪漫主义的帝国主义与俾斯麦的社会主义的帝国主义》(*Disraelis romantischer und Bismarcks sozialistischer Imperialismus*),Chemnitz,1882,页 52–56。[中译编按] Auto de Fè 出自葡萄牙语,本义为"信仰之举",特指西班牙宗教裁判所惩罚异端的刑罚,通常指"火刑"。

[95] 在其笔记中施米特偶尔会提到"迪斯雷利们"(《语汇》,页 142)。1941年 12 月 21 日,施米特将一份由克拉格斯(Ludwig Klages)编辑并作长篇导论的舒勒(Alfred Schuler)文集《遗作:片段和讲演》(*Fragmente und Vorträge aus dem Nachlaß*,Leipzig,1940)赠给恩斯特·云格尔(Ernst Jünger)。在给云格尔的献词中,施米特把克拉格斯的导论称为"一个充满羡嫉的德国人、一个被毒药泡涨的拯救者(eines giftgeschwollenen Heilbringers)以及一个信奉迪斯雷利的敌犹者(eines Disraeli-gläubigen Judenfeindes)的三重努力"(Ernst Jünger,"作者与作者身份——补遗"[Autor und Autorschaft-Nachträge],收入《十字路口》[*Scheidewege*],第 17 卷,1987–1988,页 192)。这位"信奉迪斯雷利的敌犹者"克拉格斯声称,"尽管犹太人故意地而多数基督徒无意地掩饰事情的真相,但是,那种所谓的基督教,不管它以什么形式出现,只不过是犹大的工具之一(eines der Werkzeuge Judas)罢了,过去是,现在还是"(《片段与讲演》,页 44)。在反对"基督教中的犹太教"时,克拉格斯公开引用迪斯雷利的说法,即基督教乃是"给大众的犹太教"(页 44–45)。"然而,谁没有在基督教中认出犹太教,他就根本没有认识它。"(页 49)

教历史的意义"在施米特那里就显得再重要不过了。值得反思的还有一个记忆,即"犹太人在救世主被钉前的呼叫——'除了恺撒我们没有王'(《约翰福音》19:15)——在政治上和历史上意味着什么"。施米特不是在表述或解释"基督教中世纪时的每一位神学家所知道"的东西,⁹⁶但是,他这种有目的的建议以及深思熟虑的表述,其意涵不难识别。

施米特在四十年代与五十年代进行的政治—神学的斗争本质上乃是关于历史解释的斗争。它首先适用于与犹太教的斗争,这一斗争导向了对于基督教继承权的正当性的争论,并最终关系到"犹太人"到底在基督教历史上占据一种什么位置。由此,需要解决的一方面是解释世界历史的意义和进程的主权问题,另一方面则是对于历史行动本身的积极"参与"、定位和效果的问题。因此,绝非偶然,正是在这么一本书中——它"揭露"了利维坦的千禧年盛宴这一卡巴拉主义者的"神秘教义"以及与之相关联的对于世界历史加速发展的期待——施米特首次将其后来的历史神学思考的核心人物命名为"阻挡者"(Aufhalter)或曰"Katechon[阻挡者]"。⁹⁷ 或许同样绝非偶然的乃是,施米特将洛维特(Karl Löwith)——前不久[241]施米特将此人列入"知情人"(Eingeweihten)之列⁹⁸——发表的著作《历史中的意义》(*Meaning in History*)当作一个机会,以最集中的形式阐述"基督教的历史观的可能性",并以最大的决心为之辩护。然而,施米特关于历史解释的斗争

---

⁹⁶ 《欧洲公法的国际法中的大地法》,页33;参 Erich Przywara,《人性:人的昨天和明天》(*Humanitas. Der Mensch gestern und morgen*),Nürnberg,1952,页723-724,以及布尔特曼(Bultmann),《约翰福音释义》(*Das Evangelium des Johannes*),页515。

⁹⁷ 《陆地与海洋》,页11-12、56(10、47)。

⁹⁸ 《柯特四论》,页99;参本章注释79。

并不局限于与犹太教的斗争以及反对"犹太人"的斗争。他还将斗争的矛头指向启蒙运动、自由主义以及马克思主义提议的进步观念。他的斗争也同样指向异教和新异教的"非历史"的思维。该斗争还针对古代的以及尼采式的永恒轮回观念。在施米特关于洛维特那本书的文章中,攻击的范围被予以最大程度的限定。这些斗争对象由以产生的共同问题从来没有这么尖锐地浮现过。

施米特从《历史中的意义》一书中感受到的决定性挑战乃是洛维特的如下观点:"新约所传达的信息并非对于历史行动的诉求,而是对于悔改的诉求。"㉙施米特"以洛维特的另外一句话——据说它与所有哲学的、伦理的及其他的中立化都保持距离——来反对这句话"。那句话说道:

> 基督教在其本质核心里并非一种道德、一种教条、一种要求悔罪的布道或者比较宗教学意义上的宗教,而是一个具有无限的、不可替代的以及不可战胜的独特性的历史事件。

为了既不至于引起对于这句话的政治品性的怀疑,也不至于模糊一个[242]事实——即他谈论的乃是一种奇迹,施米特又添加了三个句子:

㉙ 《历史中的意义:历史哲学的神学涵义》(*Meaning in History: The Theological Implication of the Philosophy of History*), Chicago, 1949, 页196。在施米特对洛维特此书的引征中,这是唯一标明页码的片段。在下一段中洛维特写道:"当我们——如我们必须的那样——在新约的意义上理解基督教并在现代意义上理解历史时,也就是说把它们看作连续的人的行动和世俗发展的过程,某种所谓的"基督教的历史"就是没有意义的。对于基督教历史这个组合[词]的不一致性,唯一但也有分量的托辞在下面的事实中能够找到,即尽管有终末论的事件、讯息和意识,世界的历史仍延续着它的罪和死的过程。"(页197)

它是在童贞女那里的道成肉身。基督教的信纲（Das christliche Credo）乃关乎种种历史事件。本丢·彼拉多（Pontius Pilatus）在那里本质上适得其所，而并非只是一个以奇怪的方式误入歧途的倒霉的家伙。⑩

施米特不需要特别地、明确地回想起《约翰福音》十八章和十九章中罗马当局代表向耶稣提出的问题及其回答。使得施米特与犹太教、异教以及哲学分道扬镳的分歧全部包含在他对洛维特的回应中。⑩ 他对"进步式"历史思维的反对，甚至后来对某种历史主义——这种历史主义只想成为关于历史事件的一种历史的"理论"——的拒斥也同样包含在他对洛维特的回应之中。此外，在其自身对于启示信仰的不可动摇的坚定性这一背景下，施米特只能对洛维特关于"历史哲学的神学意涵"的研究鼓掌致意，并对其中几个结论衷心地表示祝贺。他"与洛维特都相信异教无法承担历史的思想方式，因为它们是以循环的方式进行思考的"，⑩ 他尤其同意洛维特的一个观点："启蒙主义的以及实

---

⑩ 《基督教历史图景的三种可能性》，前揭，页930（强调为笔者所加）。

⑩ 参本书第三章，页184。

⑩ 《基督教历史图景的三种可能性》，前揭，页928；关于施米特的批评的具体对象，可参 Helmut Quartsch（编），《对立的综合：论卡尔·施米特》（*Complexio Oppositorum. Über Carl Schmitt*），Berlin，1988，页154–156。早在1918年，施米特就以赞赏的口吻强调提到了基督教的浪漫主义者 J. A. Kanne："此人精神上的现实意义在于，他从自然哲学的合目的性的永恒圆周以及历史的无限循环和发展中毅然跳入基督教的悖论中，并由此发现了一条摆脱其冷酷的利己主义的禁锢的道路。"（Kanne，《我的生平》[*Aus meinem Leben*]，"后记"，页68）参《历史的结构》，前揭，页146–148、167；《语汇》，页160、199、172、286。

证主义的进步信仰只是世俗化了的犹太教和基督教,并且从犹太教和基督教那里继承了'Eschata'[终末]的观念。"洛维特的[243]另外一句话使得施米特有机会强调上帝之神意(göttliche Vorsehung)和人的规划的不可同化性。[103] 然而,施米特看到,洛维特历史哲学批判的特殊的现实性在各种普罗米修斯式的宏伟规划中,这些规划为了"赋予意义,或者更恰当地说,为了设定意义"而往往借助于历史哲学的陈词滥调,以证明未来站在它们一边。[104] 在施米特看来,如果这些被自我设定的意义在西方与在东方毫无二致的话,那么,为了使既有的一切得以重新创造而应运而生的宏伟规划及其意义设定乃是更为可怕的事情,正像西方与东方在一个共同的目标上达成了一致,此目标即以各自的方式实现世界的统一,在这种统一中,历史走到了它的尽头。

按照施米特的信仰,我们之所以还没有到达历史的终点,乃是由于 Katechon[阻挡者]的作用,这种作用在"《保罗致帖撒罗尼迦人后

---

[103] "由此,我们理解了洛维特那句极其意味深长的话:我们从今天向人类的历史反思的历史返回得愈远,某种规划的观念就愈益稀罕。某种人类可以推算或者甚至可以预计的上帝之神意,也只不过是一个人类的规划罢了。"(页928)

[104] 《基督教历史图景的三种可能性》,前揭,页 927、928。"那些起规划和领导作用的精英们借助历史哲学的观念构造来造就他们自身以及受他们领导的大众。每种大众宣传都在这样一种证明中寻找其自明性,即它站在未来事物的一边。所有的大众信仰只不过是相信自己站在了正确的一边,而对手则站错了队,因为时间、未来以及发展于对手不利。而且,甚至那种绝望也在如下的威胁中找到了最时髦的东西,即据说世界已失去了意义。"(页927)人们可以理解,施米特为什么会对编辑所选择的那个标题"历史赋义的三阶段"充满恼怒了(参本书第一章,注释56)。

书》的一个神秘的段落"中第一次被提到。[105] 施米特依靠的是"某种阻止历史终结并抑制那个邪恶者(den Bösen)的力量这个概念"。更准确地说,他相信那种力量的历史载体的[244]不可中断的承继性。1947 年的 12 月他观察到,"人们必须能够说出过去 1948 个年头里每一个时期的 κατέχων [阻挡者]。那个位置从没有空着,否则我们就不会存在了。"阻挡者(Aufhalters)的必然性——自 1942 年后施米特一再回到"阻挡者"这一主题[106]——来源于迄今为止预言中的基督与敌基督者的最后之战仍然缺席这一事实,并由此来源于基督复返(Wiederkehr Christi)的延迟。由此,施米特"知道",历史中存在着阻挡者,但他不知道谁将是将来的阻挡者。他也不知道谁是过去的阻挡者。因为,虽然人们必须识别出每一时代的 Katechon [阻挡者],但这并不意味着他们真的就能够识别出他。从 Imperium Romanum [罗马

---

[105] 《基督教历史图景的三种可能性》,前揭,页 929。施米特提及的是 das Katechon [那阻挡物<中性>],[即标准拉丁语圣经中的] quid detineat [那阻挡物](《帖撒罗尼迦后书》2:6),或更准确地说,他提及的是 den Katechon[这阻挡者<阳性>],[即标准拉丁语圣经中的] qui tenet, "这阻挡者"(2:7)。关于保罗书信里这个片段的解释史,参恩斯特·冯·多布舍茨(Ernst von Dobschütz),《〈帖撒罗尼迦书〉释义》(Die Thessalonicher-Briefe), Göttingen, 1909, 页 278 以降。[中译编按]《帖撒罗尼迦后书》2:6 – 7:"你们也知道现今那阻止他在自己的时辰才出现的是什么。罪恶的阴谋已经在活动,只待这阻挡者——由中间除去"(中译据思高版《得撒洛尼后书》)。

[106] "您知道我关于 κατέχων [阻挡者]的理论,这个理论是在 1932 年提出的。我相信每个世纪都有这种力量的具体承担者,关键是要把它找出来。我以后会避免跟神学家们谈起这一点,因为我知道伟大而又可怜的多诺索·柯特的悲惨命运。这是隐藏在历史帷幕下的一个总体存在。"《语汇》,页 80。这一构想的标注日期是否与 1932 相吻合,笔者尚无法确定。如果我看得不错的话,这个说法在施米特的著作里首次出现的时间是 1942 年。[中译编按]引文原文为法语。

帝国]到耶稣会,施米特能够提供一系列完全不同的候选人。他所偏爱的例证,即德意志神圣罗马帝国这一基督教帝国,从历史的眼光看仍然似乎是一个相对清晰的事例。当然,阻挡者的头衔也曾经被他毫不吝啬地授予拜占庭帝国。或许同时存在着一个、两个、三个或更多的阻挡者(Katechonen)?施米特似乎倾向于这一理解。他甚至能够设想"这个任务的担当者乃是暂时的、短暂的、破碎的"。由此,各种可能性被无限制地予以扩大。尤其是,施米特无法决断他应该在制度中还是应该在自然人那里猜测阻挡者的存在。帝国是这个任务的"担当者"吗?或者应该是拥有某些官职的个人?其中一些人是而另外一些人不是?比如,哈布斯堡的鲁道夫二世皇帝(Kaiser Rudolf II. von Habsburg),施米特将[245]他称为三十年战争之前那段时间的阻挡者吗?如何看待罗马帝国在尼禄政权这一"具体形势"之下的镇压性力量呢?"或许,"我们得知,"耶稣会就是这 κατέχων [阻挡者]。但从1814年开始算吗?"但也许耶稣会并不是。如果耶稣会阴差阳错地竟变成一个推动者(Beschleuniger),又该如何解释呢?任何事情似乎都有可能发生。施米特也不避讳将一些人称作"'kat-echon [阻挡者]的某种形式":"古老的哈布斯堡王朝终结之时"的弗兰茨·约瑟夫(Franz Joseph)老皇帝,或者"在一个相对较小的范围"中的捷克总统马萨克(Masaryk),或者"对于波兰而言"的皮祖斯基([Józef] Pilsudski)将军。施米特的讨论和思考——只想成为历史的、具体的、形势中的——显而易见地迷失于一种与主体的任意性已无法区分的一般性中。然而,如果力量(Kraft)的概念,qui tenet [这阻挡者],无法作任何具体的定向,那么它仍然给予施米特——根据他自身的见证——一种安全感:"我相信 Katechon [阻挡者];对我而言他是唯一的可能性,以使我作为基督徒对历史有所理解并从中发现意义。"[107]

对于 Katechon［阻挡者］的信仰帮助施米特保全了对于启示的真理性的信仰并与其自身保持一致。由此,他对这一阻止性的或抑制性的力量有着何种高度估价,可以在他对两位理论家的评论中看得很清楚,他在信仰上与他们紧密地联系在一起。关于多诺索·柯特,他说,这位来自西班牙的政治神学家"之所以在神学上遭遇了失败的命运,乃是由于他还不知道这一概念"。由于不知道存在 Katechon［阻挡者］,托克维尔(Tocqeville)也缺乏"救恩史［带来］的稳靠"(heilsgeschichtlich Halt),这种稳靠能够将他的历史观念"从绝望中"[246]拯救出来。因此,与施米特有所不同,托克维尔"并没有成为——没有比任何其他人更多地成为——他似乎注定要成为的那种人:一个基督教的厄庇米修斯"。[108] Katechon［阻挡者］的观念可以从三个方面延展。首先,它"解释了"基督再临的延迟(Parusie-Verzögerung),并为到底由于何种原因还存在着"历史"这个问题提供了答案。为了达到这一目的,保罗的表达被最先引入讨论。其次,面对那种似乎正趋于终结的摧枯拉朽的历史过程,它[阻挡者]使历史行动免于遭受沮丧和绝望的危险。第三,相反地,在应许的胜利这一确定性中,它保护历史行动免受那种对政治和历史的轻蔑。故此,对施米特而言,Katechon［阻挡

---

[107]《陆地与海洋》,页 11 – 12、56(10、47);《违背［上帝］意志的推动者》("Beschleuniger wider Willen"),载入《帝国》(Das Reich),1942 年 4 月 19 日;《欧洲公法的国际法中的大地法》,页 28 – 36;《基督教历史图景的三种可能性》,前揭,页 929 – 930;《语汇》,页 63、70、113 – 114、253;参"另外一条黑格尔路线"(Die andere Hegel – Linie),收入《基督与世界》(Christ und Welt),第 10 卷,第 30 期,1957 年 7 月 25 日,页 2;《1924—1954 年间的宪法学文集》,页 385、428 – 429;《政治神学续篇》,页 81。

[108]《语汇》,页 63;参页 70;《从囹圄中得拯救》,页 31(强调为笔者所加)。

者]"对于真正的、永远临在的、必然的终末论"乃是一种同步的补充和修正。[109] 因为"对于那种直接的即将到来的终结的活生生的期待似乎剥夺了所有历史中的意义,并且引发了一种终末论的瘫痪,这种事例历史上层出不穷"。[110]"阻挡者"的这一思想形象锻造了由终末论信仰通向"历史性"意识的桥梁。

历史应该被延长对于施米特来说为何有如此重要的意义?为什么揣测中的 Katechon[阻挡者]应该得到如此超乎寻常的关注,既然这一阻挡者不仅"阻止"敌基督者的暂时统治同时也"阻止"胜利的基督的再来?难道"历史"的相对自主性来自这个事实,即缓刑(Bewährung[或译:经受考验])的状态对于道德秩序的确定来说显得是必不可少的?难道 Katechon[阻挡者]的"观念"——尤其是认为"post Christum natum"[在基督降生后]阻挡者的位置从来也没有空缺过这一思想——为基督教世代(christlichen Äons)的[247]整个持续过程才担保了"严酷的道德决断"的不可逃避性和不可更改性?或者,那种狂热的对于 Katechon[阻挡者]的兴趣乃是建立在这个事实之上,即不管怎样历史的终结都是可怕的?无论如何,Katechon[阻挡者]的观念根本不能取代或抑制终末论的视角。通过使人深切地意识到——仿佛是从当下往后退一般——关于决断的斗争在过去完全有可能发生,阻挡者的观念与终末论的视角相适应并且延长了终末论的视角。[过去]任何时刻都不曾有历史将会持续下去、终结不会突然来到这样的确定感。"整个基督教世代"乃是"一种独有的、延长的期待,一个处于两种相同的时间性(Gleich-Zeitigkeiten)之

---

[109] 参《柯特四论》,页76。
[110] 《基督教历史图景的三种可能性》,前揭,页929。

间亦即处于罗马皇帝奥古斯都(Augustus)时代救主的降临以及时间终结之时救主的再来之间的延长的过渡状态"。然而,"在这一伟大的过渡状态期间,无数新的、或长或短的尘世间的过渡状态持续不断地涌现出来,这是居间的时间(Zweischen-Zeiten)"。⑪ 在每一个这种居间时间里——只有在回顾时,才能看到它是前后相继的或长或短的尘世性的过渡——关于 Katechon[阻挡者]与敌基督者的问题必定被重新提出。每一次,支持前者的决断以及反对后者的决断,或者更确切地说,反对那种据说为敌基督者铺平了道路的决断,在根本上有着同样的现实性。因此,比起将无数显而易见的 Katechon[阻挡者]或半阻挡者中的一个辨别出来,识别敌基督者的任务要远为困难,因为按照使徒们与教父们的理解,敌基督者只出现一次,而且是以与基督相似得足以乱真的形象出现的。敌基督者熟知奥秘(mysterion)。⑫ 连续不断的错误由某种[248]基督教历史观的两种可

---

⑪ 《政治神学续篇》,页 75。

⑫ 《帖撒罗尼迦后书》2:7。关于敌基督者观念的统绪,参维尔海姆·布塞特(Wilhelm Bousset),《犹太教、新约以及古老教会传统中的敌基督者:对启示录式终末的解释》(Der Antichrist in der Überlieferung des Judentums, des neuen Testaments und der alten Kirche. Ein Beitrag zur Auslegung der Apokalypse), Göttingen, 1895;《晚期希腊化时代的犹太宗教》(Die Religion des Judentums im späthellenistischen Zeitalter), Tübingen, 1926,页 254 – 256;多布舍茨(Ernst von Dobschütz),《〈帖撒罗尼迦书〉释义》,Göttingen,1909,页 291 – 296; Norman Cohn,《寻求千禧年:革命的千禧年主义者与神秘的中世纪无政府主义者》(The Pursuit of the Millennium: Revolutionary Millenarians and Mystical Anarchists of the Middle Ages), Oxford,1970(修订和增订版),尤其是页 33 – 34、78 – 79、80 – 81、86。关于施米特的同时代人对敌基督者的传统式处理,参汉斯·冯·巴尔塔萨(Hans Urs von Balthasar),《德意志灵魂中的时间之终末:关于近期诸种立场的研究》(Apokalypse der deutschen Seele. Studien zu einer Lehre von letzten Haltungen), Salzburg/Leipzig,

能性引起,此即施米特征引过的阻挡者的可能性与终末论的可能性。因此,毫不奇怪的是,虔诚的基督徒曾在、并且还将在同一股历史势力(Macht)中发现彼此极为对立的力(Kräfte)在起作用。在我们当下的语境中,回想一下罗马天主教会的领袖就足够了:马丁·路德(Martin Luther)相信他从中认出了敌基督,而纽曼(John Henry Newman)——他对于敌基督的威胁的重视可能丝毫不亚于他之前和之后的任何一个基督徒——却在教宗那里以及所有真正与"罗马"相关的事物那里发现了"维系着"基督教时代的Katechon[阻挡者]。[114] 这同一位大主教纽曼由此总结道,那些试图发现敌基督并期待基督在不远的将来再临的基督徒们迄今为止毫无例外地处于谬误之中,唯有提高警觉是必要的。基督的再来延迟得越久,这一事件来得就越突然。"固然,很多次、在很多时代里,基督徒们错误地认为自己辨认出了基督的来临;然而,宁可在基督没有来临时一千次相[249]信他来了,也比当他一旦来临时却不

1939,第三卷,页 30 以降,以及保罗·舍茨(Paul Schütz),《敌基督者:关于敌对上帝的力量以及德国的使命的一项研究》(*Der Anti - Christus. Eine Sdudie über die widergöttliche Macht und die deutsche Sendung*),Berlin,1933,页 7、18、22 - 24、38 - 39、49 - 53。

[114] 路德,《施马尔卡尔登条款》(*Schmalkaldischer Artikel*),II,4(Clemen 编,IV,页 303)及其他各处。纽曼(John Henry Newman),《教父们学说中的敌基督者》(*Der Antichrist. Nach der Lehre der Väter*),由 Theodor Haecker 译为德文,Werner Becker 编辑并作记记,München,1951,页 17,页 64 以下,页 97、117、122 - 124。关于路德,参汉斯·普罗伊斯(Hans Preuß),《中世纪晚期、路德以及教派论战中的敌基督者观念》(*Die Vorstellungen vom Antichrist im späteren Mittelalter, bei Luther und in der konfessionellen Polemik*),Leipzig,1906。请注意参考《教会的可见性》,前揭,页 77 - 78。

相信好得多。"⑭

对于施米特的自我期待及其"那件唯有它才要紧的事"相关的概念性行动来说，来自《帖撒罗尼迦前书》的敌基督者的口号 *pax et securitas*[和平与安全]乃是决定性的。除此之外，还伴随有其他一些来自敌基督传统的预言和预设，它们在施米特的朋友、学生和熟人中被鲜活地保持着。⑮ 例如，爱尔维拉的格列高利(Gregor von Elvira)的宣称，*ipse solus toto orbe monarchiam habiturus est*[唯有他本人会成为全世界的君王]，将敌基督者的统治与"世界国家"

---

⑭ 纽曼，《敌基督者》，页102。新教神学家维尔海姆·施泰林(Wilhelm Stählin)有类似的论证，他对于敌基督者和Katechon[阻挡者]的理解在所有重要的方面与施米特的理解相一致："实际情形是，借助无论哪一种经验的、历史的、政治的或者教会的尺度，我们都既不能分辨出敌基督者，也不能分辨出Katechon[阻挡者]，单单这一事实就使我们不仅对那种力量也对那个古老邪恶的敌人的狡猾保持一种清醒的戒备状态，而且我们处于这样一种担心之中，在Katechon[阻挡者]的意义上我们证明自己是保守的。""敌基督者的形象与阻挡者"(Die Gestalt des Antichristen und das katechon)，收入《献给约瑟夫·洛茨的礼物》(Festgabe Joseph Lortz)，第二卷，《信仰与历史》(Glaube und Geschichte)，Baden‐Baden,1957，页12。

⑮ 在天主教阵营中或许可以挑出特奥多·海克尔(Theodor Haecker)，他翻译了前述纽曼关于敌基督者的布道辞，以及维尔纳·贝克尔(Werner Becker)，他1951年将这些布道辞编辑出版并写了一篇很有启发性的"后记"。在"后记"中有这样一句话："谁是那位 κατέχων[阻挡者]，那仍然阻挡着那一天来临的人？我们当今最卓越者如是问。"(页131)在新教阵营中有奥布瑞希特·君特(Albrecht Erich Günther)，他在1928年至1932年间发表了多篇涉及《敌基督者之戏》(Ludus de Antichristo)的文章，还有他的兄弟吉哈德·君特(Gerhard Günther)，他发表了一本关于《敌基督者之戏》的内容详尽的评注，《敌基督者：斯陶芬的〈敌基督者之戏〉》(Der Antichrist. Der staufische Ludus de Antichristo)，Hamburg,1970(参《政治神学续篇》，页61；《语汇》，页218)。

（Weltstaates）的建立联系在一起。[116] 在这一背景下，1933 年施米特把"全球范围内的帝国"内——在这样的帝国中"敌友的区分将会完全消失，即使那只是一种偶发性（Eventualität）"——世界一体的实现刻画为这么一种状态：其中"人类似乎已经实现了其尘世生命满足的全部稳靠感"。这种努力——它"实际上"结束了政治并使[250]小市民的生存对所有属人的一切都"承担了义务"——的神学意涵在一种更为精确的定义中显示出来，施米特将该定义添加于他的刻画中："那种古老的信条，即人在此生不应期待彻底的安全——plena securitas in hac vita non expectanda [人在此生不应期待彻底的安全]，似乎已经过时了。"[117]二战后，施米特发现，自从其《政治神学》1922 年问世以后，他所持的评判不仅没有发生改变而且得以证实，即最大的危险或者说尤其是撒旦式的危险来源于"反对政治的斗争"。与此同时，"对于人类自然性的此世生存的无止境的变革的可能性及幸福的可能性的信仰"在全球范围内得以蔓延。那种"行动主义形而上学"——它将分裂为东方与西方的世界结为一体——支配着一种物质性力量以贯彻其"自我赋予的意义"和"宏伟的规划"，而历史上还没有任何专制政制（Despotismus）曾支配过这种物质性力量。这种"过程—进步"——经由它人类踏上了通向"巴比伦式的统一体"之路——似乎到达了一个新的加速阶段。[118]

---

[116] 参《政治神学续篇》，页 46。
[117] 《政治的概念》第三版，页 36；参《隐匿的对话》，页 52 – 54。
[118] 《政治的概念》，页 93；《欧洲法学的现状》，页 32（《1924—1954 年间宪法学文集》，页 426）;《世界的统一性》，前揭，页 1 – 2、8 – 9、11；《政治神学续篇》，页 124 – 126；《法律的世界革命》，页 329。

除了终末论的视角与 Katechon[阻挡者]的观念以外，施米特把玛利亚式(Marianische)的历史观称为基督教历史观念的第三种可能性，为此康拉德·怀斯(Konrad Weiss)生造了"基督教的厄庇米修斯"一词。"对于康拉德·怀斯而言，单纯的固守性(haltenden)力量还不够。他说，历史的条件永远要去赢得而不是去固守。"⑲由于这种观念——基督徒受召既谦卑又大胆地带着"对要去顺服的诫命的期待"投入历史的行动，基督教的历史信仰放弃了防御的姿态。它所关心的不再是仅仅压制那个古老的邪恶者(Bösen)并阻挡终末。毕竟，正如施米特提醒我们的，基督教帝国不仅仅[251]是 Katechon[阻挡者]任务的"承担者"。同样地，"反对异教徒和无神论者"并传教(die Mission)⑳同样属于基督教帝国的任务，传播基督教[的重要性]不亚于保卫基督教。㉑ 中世纪的十字军东征——为了"吞并非基督教君主和民族的土地"而由教宗签署、由皇帝执行的委任状——由此可以视作基督教历史观的第三种可能性的具体运用的范例，或者，用施米特的措辞来说就

---

⑲ 《基督教历史图景的三种可能性》，前揭，页 930 - 931。

⑳ "如果人们把'爱你的敌人'这一登山宝训看作一种伦理的要求，从而出于非现实性的观点来看待它的话，人们将如同对待其他伟大的现实性(großen Wirklichkeiten)那样，很难公正对待它。基督教式的对敌人的爱乃是一种现实性，无论何时它都不可能是其他样子。当教会或者个人遵从基督教的原始诫命——去传教——时，这种爱就进入到'不可能是其他样子'的状态。对敌人的爱成为战胜世界的最强大武器，敌人作为未来的兄弟被爱。"罗森茨威格(Franz Rosenzweig)论哈列维(Jehuda Halevi)的诗《对敌人的爱》("Feindesliebe")，收入《九十五首赞美诗及诗歌》(Fünfundneunzig Hymnen und Gedichte) (1927)，《全集》(Gesammelte Schriften) (Den Haag, 1983)，IV，1，页 183。

㉑ 《欧洲公法的国际法中的大地法》，页 33、98。

是视作基督教历史观的第三种可能性的"Kreaturierungen"[诸造物]。"基督徒回首凝视那个已成就的事件,"施米特解释那位基督教的厄庇米修斯的立场时说,"并且在那里发现了 Ingrund und Inbild[正确的态度和正确的形象],在对于它的积极的沉思中,我们的历史的幽暗的意义(dunkle Sinn)才持续不断地涌现出来。"⑫在其《欧洲公法的国际法中的大地法》中,施米特借助 Conquista[西班牙对南美洲的征服]向我们指出在那种积极的沉思中我们能够理解什么,关于 Conquista[西班牙对南美洲的征服],他不仅把它作为其自身即为一个"巨大的历史事件"来援引,而且从玛利亚的精神出发他将它提升为一种历史行动的真正典范。因为"西班牙探险家和征服者的虔诚""在圣洁的无染[原罪]的童贞女(unbefleckten Jungfrau)和上帝之母玛利亚的形象中"获得了"其历史行动的神圣意象"。⑬ 将近十年后,施米特认为自己早期对[252]"玛利亚式的 Conquista[西班牙征服南美洲]的形象"的援引没有得到相应的重视并由此使自己受到误解,⑭故而他再次强调说,"欧洲民族最后的伟大英雄行动,对于新世界的土地的夺取(Landnahme)","并非诉诸 ius commercii[商业法则]、由 Conquista

---

⑫ 《基督教历史图景的三种可能性》,前揭,页 930。

⑬ 《欧洲公法的国际法中的大地法》,页 75;参页 73 以及《历史的结构》,前揭,页 141。

⑭ "在论及维托利亚的弗朗西斯科(Francisco Vitoria)——那位 Conqista[西班牙征服南美洲]的道德—神学的批评者——的那一章中(一本论述大地的 nomos[法]的书中的某一章),我回想起玛利亚式的 Conquista[西班牙征服南美洲]的形象。徒劳而已(Vergebens)。现如今有一个德国国际法学者,他将它作为'形形色色的基督教的点缀品'而弃置一旁,并企图轻视它。"《法—夺取—命名》,前揭,页 104 - 105。

[西班牙征服南美洲]的英雄们得以完成",而是"以基督教的救主以及圣母玛利亚的名义完成的。这一举世无双的事件的圣像学的(Ikonographische)现实性正在于此"。⑫ 我们理解施米特了吗？

施米特在解释历史的斗争中所求助的基督教历史观念的三种可能性,在他的思想里结合为一种历史中的信仰,最终,这种信仰已不再允许在现实中作"具体的"区分。施米特仍然忠诚于终末论的视角,而且他不会停止对潜在的 Katechonten[阻挡者们]的期盼。比如说,游击队——由于其深深扎根于大地(tellurischen Verwurzelung)、增进的政治强度以及高度的机动性——是否有几分机会成功地阻止通往"世界国家"的进步呢？然而,这位基督教的厄庇米修斯知道,所谓的阻挡者事后或许会被证明为一个推动者。此外,他还知道,单单固守还不够,有更多的东西需要去获得,与防御相比,展露锋芒(Verschärfung)会是更有成效的战略。但最重要的,他相信自己知道,与一切[其他]概念相反,拯救乃是一切世界历史的决定性的意义。⑫ 在这种拯救的确定性面前,一种难以名状的东西降临了,历史的行动者发现自己卷入了与这种东西的[253]对峙。而人在另一些问题面前——谁将会是阻挡者、谁将会是推动者、是否有关决断的战斗明天或后天就将来到、谁将是必须予以反击的敌人——的不确定性将变得相形失色。在拯救的确定性里,甚至那种人类的专横也无法征服的悲剧也被预先取消和克服了。"这块沉默的礁石"——在它上面飞溅起真正悲剧的浪

---

⑫ 《法—夺取—命名》,前揭,页104。
⑫ 《陆地与海洋》,页58(48 – 49)。施米特不具名地从怀斯(Konrad Weiss)那里拿来了这句对他的历史信仰具有核心意义的话(《基督教的厄庇米修斯》,页47)。

花——在通向最终的拯救之路上似乎成了信仰的试金石。[127] 由于一劳永逸地占有了一种许诺了拯救的信仰真理,那个承担着"严酷的道德决断"的重心转离了对于具体的历史分歧的正确判断,为的是将这一重心集中在信仰的诚实性(Redlichkeit des Glaubens)上面。由此也就毫不奇怪,自我欺骗(Selbstbetrug)成了施米特的核心问题,抵制他者(Anderen)的问题以及关于敌人与"不会让自己受骗的"(der sich nicht betrügen läßt)兄弟的问题成了施米特最迫切的问题。

二战之后,当回顾自己的历史角色时,施米特被一种疑惑悄悄地笼罩:"对于加速的乐趣"难道不是那种推动他、支撑他和欺骗他的东西吗?[128] 无论事情的发展是与施米特的喜好还是反感相一致,决定其思想的对于历史的信仰是如此具有不可抵挡的一般性(Allgemeinheit),以至于无论是严肃的错误和个别的失望也好,还是意想不到的事件和历史变化也罢,都无损于它。这一信仰能免于经验的侵蚀,且在种种怀疑——它们与具体的人、行动以及制度相关——的撼动面前仍能岿然不动。那种"关于具体的秩序和形式的思想模式"——如1934年以后施米特所自我宣称的那样——为之提供了最清晰不过的例证,或者更准确地说:这是仅有的一个事件,在[254]这一事件中,这种思想模式超越其必然性,实际上成为"具体的"了。[129] 1939年4月1日,施米特在基尔(Kiel)召开的一次会议上宣告了"禁止外部势力干预的国际法的大空间秩序"(Völkerrechtlichen Großraumordnung mit Inter-

---

[127] 参本书第一章,页27以下。
[128] 《语汇》,页31。
[129] 《论法学思想的三种类型》,页58、59、60、63、66、67;《民族社会主义的法学思想》,前揭,页228-229。

ventionsverbot für raumfremde Mächte)这样一个构想,它宣告了迄今为止以国家的"一般构想"为目标的国际法的终结,并向"单纯的民族国家的思想"告别。作为替代,施米特提出的概念假设了一种新的国际法,它将"国际法的诸主体的真正的等级秩序"考虑在内,为此认可了国际法意义上的大空间的多样性,对内,这些大空间每一个都拥有其各自的政治秩序,对外,它们禁止"外国势力"的干预。根据施米特的构想,这些大空间应该在主导性国家的政治支配下共存于"一个经过合理分配的地球上"。[131] 施米特的这一普遍规划从两个方面与历史的及具体的现实建立了联系。一方面,它有助于在国际法意义上为德意志帝国谋求中东欧的霸权势力这一政治诉求进行辩护,该诉求偏离了"单纯的民族国家的思想",几天前即在 1939 年 3 月通过建立"波希米亚和莫拉维亚保护国"(Reichsprotektorats Böhmen und Mähren)为整个世界所知。[131] 另一方面,它明确地将德意志帝国看作这么一种历史力量:在"[现代欧洲]国家的时代"终结之后,施米特希望它为地球上新 Nomos[法]的建立作出最重要的贡献。[132] 所有历史性的、特定的期望——这些希望推动、担负并欺骗了施米特的"关于具体的秩序和形式的思想[255]模式"——的彻底失败,对于他的历史性的、一般意义上的期盼本身即应该在地球上最终建立起一种新的 Nomos[法]并无影响。1943 年时,施米特仍倡导一种国际法意义上的大空间秩序理

---

⑬ 《禁止外部权力干涉的国际法大空间秩序》,页 64、69-70、74-76、81-82、85。

⑬ 这一作品的最后一句话是:"领袖的作为赋予我们的帝国思想以政治的现实性、历史的真理性以及一个伟大的国际法的未来。"(页 88)

⑬ 参《禁止外部权力干涉的国际法大空间秩序》,页 71、76、86-88。

论,但不再指明该秩序的某一具体担当者。[133] 然而直到二战开始时,施米特仍然将德意志帝国称作这种大空间秩序的担当者,[134] 由此很显然地,到底他把希望寄托在谁的身上这个问题从一开始就极少让他担心。1942 年,施米特写完了他的"世界历史的考察"即《陆地与海洋》(Land und Meer),并确信"我们星球上的新 Nomos[法]将连续不断地、不可阻挡地生长出来"。在那种"许多人只看到无意义的混乱"的地方,施米特相信,"实际上一种崭新的意义正在为其秩序而殊死搏斗"。不论谁会具体地赢得胜利,这场搏斗的有意义的结果乃是毋庸置疑的。"即使在这一新旧势力的残酷战 [256]

---

[133] "另外一种大地法——其基本观念乃是把地球划分为许多由历史的、经济的和文化的实体予以充实的大空间——对抗种种普世的、星际式的世界控制和世界霸权的诉求以保护自己……面对某种星际式帝国主义的全球统一性,如今它可能是资本主义式的,也可以是布尔什维克式的,还有大多数充满意义的、具体的大空间。""这种大空间包含着新的大地的尺度和法。这是它的世界史的和它的国际法的含义。""最后的全球战线"(Die letzte globale Linie),收入《诸民族与诸大洋》(Völker und Meere),Leipzig,1944,页 348、349(强调为笔者所加)。参《世界的统一性》,前揭,页 5、10。

[134] 出版于 1940 年和 1941 年的、每次都经过修订的《国际法大空间秩序》的第 2、3、4 版本仍坚持这个观点;他在写于 1941 年和 1942 年的论文里也持这个观点:"全新的力量和活力承担全新的空间革命,这一次轮到德意志民族担负这个领导权了。Ab integro nascitur ordo[秩序得以重新诞生]。"《国家主权与自由的海洋》(1941 年),前揭,页 105(结束语)。"在所有历史观念的剧烈转变中,诞生了新的内容和新的比例,产生了新的空间观念,新的权利也在新的秩序中形成。这一次,德意志帝国将赢得这个秩序。然而,当今天总的来说尺度和法已经终止时,它就不会像那些充满恐惧和绝望的、迄今为止的尺度的辩护者们所感觉的那样了。终止的只是他们的已经过时的尺度以及他们那种类型的合法性。迎来的乃是我们崭新的帝国。这里也是由众神统治着/他们的尺度高不可攀。"《法国精神的形成》(1942 年),页 30,结语。

争中,公正的原则也将应运而生并且形成有意义的比例。"[135]施米特的历史信仰如此根深蒂固,以至于超越了通过历史具体性获得的确证。由此,施米特能够几年或几十年如一日地生活于这样一种坚定的期待之中:一种秩序,一种或许能够"持续"很长时间但无论如何"充满意义的"秩序,不久将会重新诞生。他能使他写于 1949 年或 1941 年的文章和书籍——与 1929 年或 1932 年时写的东西一样——轻而易举地以修改过的维吉尔的引文结尾,修改后的引文表达了这么一种期待:Ab integro nascitur ordo[秩序得以重新诞生]。[136] 无论历史处境发生多么大的变化——对于这种处境施米特回应以"对于要去顺服的诫命的盲目的期待"——他对上帝之神意统治着历史的信仰都几乎纹丝不动。神意并非借助普遍的法则进行统治,[137]直接的诫命更有可能以例外的方式予以发布。它利用历史上的敌意与友谊在时间中不断带来秩序,并且通过"定位"(Ver-ortungen)使得"大地的 Nomos[法]"出现于某一空间中。它通过相关的历史格局、处境或者——用这位基督教的厄庇米修斯的术语说就

---

[135] 《陆地与海洋》,页 76(63)。请比较这本书的结尾以及同一年出版的《法国精神的形成》在注释 134 传达的结论。

[136] "处于中立化的中间阶段的欧洲文化",1929 年,页 530;《政治的概念》,1932 年,页 81;《1923—1939 年期间与魏玛—日内瓦—凡尔赛斗争中的论断与概念》,前揭,1940,页 312;《国家主权与自由的海洋》,前揭,1941,页 105。这个引文被施米特研究者们在不知其出处及其所用的拉丁语的情形下作了冒险的解释。它取自维吉尔(Virgil)的《牧歌》(*Ecloga*) IV,5。

[137] 对伯纳德特(Seth Benardete)的 *logos*[言辞]怎么强调也不为过:法律本质上是无神论的(见《论柏拉图的〈克拉底鲁〉》["On Plato's *Cratylus*"],收入《古代哲学》[*Ancient Philosophy*],第 1 卷,第 2 期,1981,页 139)。参《欧洲公法的国际法中的大地法》,页 41-42,关于"不幸的词语:法律(*Gesetz*)",以及《语汇》,页 274。

是——"Angulationen"［直角建筑］*提出其问题,而历史的行动者则将 Angulationen［直角建筑］理解为或误解为历史的召唤,并且通过创造一种新的计划"在行动中回应"它们。施米特的历史信仰的核心可以用一句话予以体现,这句话曾被海克尔(Johannes Heckel)用来指代施达尔(Friedrich Julius Stahl):［257］归根结底这关系到 Theokratie par distance［远古的神权政制］。[138] 上帝主宰着"我们的历史",借助祂允许的以及不允许的,历史的"幽暗的意义持续不断地涌现出来"。*Tout ce qui arrive est adorable*［凡是发生的事情都是可仰慕的］。[139]

施米特的政治神学无法为历史行动提供任何"具体的"定向,但它为澄清根本的备选项(Alternativen)提供了更多的帮助。因为,正如每一种已经还原到"最深刻的关联"的思想那样,它与其"历史的瞬间"的关联并不像它公开认为的或试图让其他人相信的那么密切,而且,他的政治神学使之得以可能的关于这些关联的洞见与它自身的目标和观点并无联系。政治神学的概念本身——在我们这番沉思的最后,让我们再一次回到这个概念——为此提供了证明。正如佩特森(Erik

---

* ［中译编按］这个语词也是施米特欣赏的诗人 Konrad Weiss 生造的,其含义是上帝所造的一个"直角形建筑物"的空间,这个空间得由人靠自己的双手来填满。

[138] Johannes Heckel,《通过施达尔闯入德国国家法和教会法的犹太精神》("Der Einbruch des jüdischen Geistes in das deutsche Staats-und Kirchenrecht durch Friedrich Julius Stahl"),载《历史学刊》(*Historische Zeitschrift*),第 155 卷,第 3 期,1936 年,页 532–533。［中译编按］Theokratie par distance［远古的神权政制］指间接(即通过教会、国家的现世建制)达成的上帝统治。

[139] 参本书第三章,页 141 以下,以及注释 59 和 62。参《语汇》,页 45、88、110、253。云格尔(Ernst Jünger)告诉我们,Leon Bloy 的引文据说乃是施米特临终时的"虔敬"之言(参见 Siebzig verweht III, Stuttgart, 1993,页 575)。关于云格尔的笔记,请参见《语汇》,页 264 和 311。

Peterson)1935年所写的,⁽¹⁴⁰⁾这一概念不仅仅被施米特"引入文本之中",并由此在历史上留下了精确的记录。根据施米特的理解原则,作为一个政治的概念,这概念还"着眼于一种具体的对立"。正像我们看到的那样,施米特在与巴枯宁的斗争中使这一概念为自己所拥有。他不是以瓦罗以及"theologia tripertita"[三重神学]的悠久传统为其出发点,⁽¹⁴¹⁾[258]而是回应那个俄国虚无主义者的挑战,1922年这一挑战看上去似乎是对于神学和政治的最极端的攻击。那种"具体的对立"——正是以这些对立为参照施米特把"政治神学"这一表述拥为己有——乃是权威与无政府、启示信仰与无神论、顺服与对最高主权者的反叛之间的对立。然而,权威、启示以及顺服——不论施米特如何具体地赋予它们以现实性意义——乃是政治神学的事业(der Sache)的决定性规定,它并非伴随着施米特的理论思考才应运而生。它像启示信仰一样古老,而且,它会一直存在下去,正如人们所说的,对于那个要求顺服的上帝的信仰持续多久,它就会存在多久。正因为巴枯宁借助其控诉在双重意义上否定了"正确"(das "Richtige")这个概

---

⑭ 佩特森(Peterson),《作为政治问题的一神论:罗马帝国政治神学史探究》(*Der Monotheismus als politisches Problem. Ein Beitrag zur Geschichte der politischen Theologie im Imperium Romanum*),Leipzig,1935,页158 注释168。

⑭ 瓦罗(M. Terentius Varro),《神事稽古》(*Antiquitates Rerum Divinarum*),Cardauns 编,Wiesbaden,1976,卷 I,残篇 6、7、9、10;页 18 - 20 以及页 37;参"注疏"(commentary),卷 II,页 139 - 142,见福尔丁(Ernest L. Fortin),《奥古斯丁与罗马公民宗教:一些批判性反思》("Augustine and Roman Civil Religion: Some Critical Reflections"),《奥古斯丁研究》(*Études Augustiniennes*),Paris,1980,卷 XXVI,页 238 - 256;此外,参戈多·利伯格(Godo Lieberg),《有待研究和证明的"三重神学"》("Die 'theologia tripertita' in Forschung und Bezeugung"),《罗马世界的兴衰》(*Aufstieg und Niedergang der römischen Welt*),I,4,Berlin - New York,1973,页 63 - 115。

念,施米特才把政治神学转化成了一个积极的概念,而没有——无论对于施米特本人也好还是对于其他政治神学家也罢——使这一概念在论战的意义上依赖于巴枯宁以及与无政府主义的对立。[142] 作为一种政治理论或政治教条来理解的政治神学——它自称建立在对于神圣启示的信仰之上——如今成为一种自我定向和自我定义的概念。在此意义上,不仅那些直接地并且忠实地以施米特的理论为其出发点的政治神学家们利用他的政治神学,[143]而且那些尖锐地否定施米特的政治选择并且不持有他的信仰的人也利用它:这些政治神学家有着或保守或自由的基本[259]态度,或革命或反革命的信念,他们信奉的或是基督教或是犹太教或是伊斯兰教。人们忍不住会说,政治神学这一概念通过巴枯宁和施米特找到了它的存在理由。固然,1922年以后这个概念不仅用来指代这种存在理由或者为了自我定向,它还是政治—神学冲突中的武器。这也同样适用于施米特本人的用法,其独特性乃是,他把政治神学这一概念及其"积极的重新安排"并置,将之当作一种工具,为了在由他自身确立的水平上与敌人进行斗争:在这一水平上,信仰只与信仰、政治神学只与"政治神学"对峙。[144] 然而,虽然施米

---

[142] 参《政治神学续篇》,页 124 - 126;参《柯特四论》,页 9 - 10。

[143] 早先的例证有新教神学家德·盖尔仿(Alfred de Quervain)的著作,《政治的诸神学预设:一个政治神学大纲》(*Die theologischen Voraussetzungen der Politik. Grundlinien einer politischen Theologie*), Berlin, 1931,或者天主教神学家 Karl Eschweiler 的文章《政治神学》("Politische Theologie"),收入《宗教意识》(*Religiöse Besinnung*),1931/1932 年度,第 2 期,页 72 - 78。在这期间,出版了无数以"政治神学"为题名的书籍和论文。

[144] 参《隐匿的对话》,页 77 - 88。准确地说,在《政治神学》这一文本中施米特三次使用过"政治神学"(politische Theologie)这个概念:页 40、44、45(56、63、64)。第一次和第三次使用涉及"复辟时期的著作家",即政治神学家迈斯特、伯

特试图使他的敌人在这一概念的双重用法上与其自身显得相"类似",但这一概念经常被其他政治神学家以相反的意图加以利用:这既是为了与他们不赞成其政治教条的那些政治神学家保持距离,也是为了攻击信仰根基与他们自身的信仰根基不同的那些政治神学家。⑭

纳德、柯特、施达尔;第二次使用这个概念与作为"相对主义的、非位格式的科学性表达"(Ausdruck relativistischer, unpersönlicher Wissenschaftlichkeit)的凯尔森的民主观点有关系。

⑮ 这种实践最著名的例子是我们这个世纪佩特森论一神教的著作,它在一个被广泛征引的论题即"'政治神学'的神学上的不可能性"中达到高潮。这本书以博学的论章(Abhandlung)的形式出现,其中心部分乃是对该撒利亚大主教尤塞比乌斯(Bischofs Eusebios von Cäsarea)的政治神学的批判。施米特这位多年的老朋友佩特森坚决拒绝对于神学观念的政治指涉(politischen Berufungen),他认为这是对基督教神学的滥用。这位基督教神学家得出一个结论:借助三位一体的教义,据说"与每一种政治神学的断裂从根本上"得以完成,这类政治神学为了论证某种政治情境的正当性而滥用(mißbraucht)基督教的宣告"(页99,强调为笔者所加)。且不论人们将会如何从神学的和历史的出发点来评价这一主张的说服力,显而易见的是,这本著作攻击了政治神学的某一种确定(bestimmte)类型。此书的谴责针对那种将某类政治统治予以神学上的合法化——无论如何,就这位作者在政治—神学上反对这类政治统治而言——的尝试,比如,所谓的"一个上帝,一个世界的统治者"的说法。佩特森的神学著作是有意同时在政治上以及在教会内部施加影响力的一种尝试(关于这一点请参尼希特韦斯[Barbara Nichtweiß]的学识渊博的博士论文《佩特森》[Erik Peterson],页764-779)。佩特森的著作包含着对他那位老朋友的警告,后者此时已经成为民族社会主义革命的鼓吹者(Fürsprecher)。最后但并非不重要的是,这部著作呈现了对犹太教和异教的攻击:"只有在犹太教或者异教的土壤里才有那种诸如'政治神学'的东西"(页99-100;参洛维特,《1933年前后我在德国的生活》[Mein Leben in Deutschland vor und nach 1933],Stuttgart,1986,页94,并参本章注释55)。由此,这部高度政治性的论章乃是由一位段位很高的政治神学家写就,正像任何一个没有偏见的读者所能断定的那样。参《作为政治问题的一神教:罗马帝国时代政治神学史探究》,Leipzig,1935,页70、95-97,另参《古代基督教对奥古斯都皇帝的裁决:对政治神学的历史的探究》("Kaiser Augustus in Urteil des antiken Christentums. Ein Beitrag zur

[260]然而,对我们来说,比起那种使得政治神学家们分道扬镳的争论,有一个洞见更为重要,即他们彼此之间甚至对于这样一种要务(Sache)也存在分歧,这种要务将他们结合在一起并使得政治神学成为一个超越所有的历史争论的区分性概念。我们已经将这一要务命名为:一种政治理论、政治教条或一种政治定位(Positionsbestimmung),对此,按照政治神学家的自我认识,上帝的启示乃是最高的权威和最终的根据。政治神学成为一种区分性的概念——就政治神学的要务的规定能够使其与政治哲学得以区分而言,而且事实上,这两者不是像两种科学学科或者人类思想和行动的两个相对独立的领域那样彼此区分开来。毋宁说,政治哲学与政治神学由一种不可调和的对立区分开来,即[261]它们对于"我应该如何生活?"这一问题的回答截然相反。这一对立在整体上确立了一种差异,无论在生活方式上还是在对于道德、政治、启示和历史的态度上,都存在根本的差异。在与政治神学的交锋(Auseinandersetzung[或译:争辩])中,政治哲学对于自身的要务也有了更加清晰的认识。虽然哲学的认同既不能由政治神学予以确立,也不能由政治神学予以保证,但是,当哲学认识到自己不是什么、不能是什么以及不想是什么时,哲学的自我认同就具有了一个更为清晰的轮廓。对我们来说,施米特的政治神学对于这种清

Geschichte der politischen theologie"),收入《高地》(*Hochland*),第 30 卷,第 2 册,1933 年 4—9 月,页 289 - 299,尤其页 289 和 298 - 299,然而,亦参《犹太人和异教徒的教会》(*Die Kirche aus Juden und Heiden*),Salzbury,1933,页 24 - 26、31、34、40、42、56、62、64、71 注释 28,以及佩特森继这部论述一神教的著作之后随即出版的著作,《真理的见证人》(*Zeuge der Wahrheit*),Leipzig,1937,页 14 - 15、20、22、39 - 45、58、60、68。尼希特韦斯从佩特森尚未发表的遗著中挖掘了大量补充性材料,这些作品证实佩特森是一个不折不扣的政治神学家;参页 789 - 790、797 - 798、805、807,以及尤其是页 820 - 826;参本书第一章,注释 25 和 63。

晰化所做的贡献乃是它的最大教训(Lehre)。*Inter auctoritatem et philosophiam nihil est medium* [要么选择权威,要么选择哲学,其间别无中道]。

第二版跋

余明锋 译

[263]我在1998年的时候为拙著《隐匿的对话》(*Dialogs unter Abwesenden*)增订版写了一篇跋,并在其中第一部分回应了《施米特、施特劳斯与〈政治的概念〉:一场隐匿的对话》([初版]1988)和《施米特的教训》([初版]1994)所引起的国际范围内的争论。无数的文章和专著、论文和书评、报章和讲演、电台和电视节目中的争论都由如下论点所激发:如果不把政治神学理解为施米特思想的中心点与关联处,就无法恰当地把握施米特。这个论点包含了什么,又区别于什么,都在1998年的跋中得到了至为清晰的表述。我在那之后的争论所引起的发表洪流中,并未遇见自己之前没有深入或现在有待深入讨论的论证或观点。因此,读者若有兴趣,不妨参看我在六年前就自己的政治神学批判的接受所说的话。① 有关施米特与霍布斯之间的复杂关系的分析,特别是我对施米特的《霍布斯国家学说中的利维坦》(*Der Leviathan in der Staatslehre des Thomas Hobbes*)一文所做的解释,迄今都还没有得到深入讨论。因此,跋文的论断所包含的邀约之意并无改变:

---

① "一种神学的抑或哲学的友爱政治?"(Eine theologische oder eine philosophische Politik der Freundschaft?)见《施米特、施特劳斯与〈政治的概念〉:一场隐匿的对话》(增订版), Stüttgart-Weimar, 1998, 页153-190, 特别是页159-170。有关下文,参看页156和168。

[264]施米特解释的成功和失败,要看他关于利维坦的这部书得到了怎样的解释。

第二版的发行给了我机会做一些简短的评注和进一步的提示。文本仍其旧。我只改动了我自己发现的印刷错误和疏漏,并添加了三个简短的脚注,这些脚注是我过去为英文和中文版加上的。② 自1994 年以来,好几部通信集面世;过去我只能根据自己的抄本来引用,现在可以标注已发行的版本了。这些通信包括贝克(Werner Becker)致施米特的信,③施米特致莫勒(Armin Mohler)的信,④施米特与科耶夫(Alexandre Kojève)之间的通信,⑤以及施特劳斯与洛维特(Karl Löwith)、克莱因(Jacob Klein)之间的通信。⑥

---

② 参看本书德文版页 124 脚注 27、页 171 脚注 127、页 176 脚注 137。英语版由布雷纳德(Marcus Brainard)翻译,芝加哥大学出版社于 1998 年发行;中文版由林国基翻译,华夏出版社(北京)于 2004 年发行。

③ 参看本书德文版页 114 脚注 5、页 131 脚注 39、页 136 脚注 47。贝克(Werner Becker),《致施米特的信》(Briefe an Carl Schmitt),托米森(Piet Tommissen)编辑并评注,Berlin,1998。

④ 参看本书德文版页 80,脚注 56(通信的对象请我不要透露他的名字)。《施米特——与一位学生的通信》(Carl Schmitt - Briefwechsel mit einem seiner Schüler),莫勒(Armin Mohler)、胡恩(Irmgard Huhn)和托米森(Piet Tommissen)编,Berlin,1995。

⑤ 参看本书德文版页 33 脚注 40、页 105 脚注 107、页 156 - 157 脚注 99。《施米特文库:论施米特生平与著作文集》(Schmittiana. Beiträge zu Leben und Werk Carl Schmitts),第 VI 卷,托米森编,Berlin,1998,页 100 - 124。凡是已发表书信与本书对这些书信段落的首次公开有出入的地方,都是后来的编者所犯的识读错误。

⑥ 参看本书德文版页 172 脚注 128;《隐匿的对话》,页 137 - 139。《施特劳斯文集》第三卷《霍布斯的政治哲学及相关著作和书信》,亨利希·迈尔和韦贝卡·迈尔(Heinrich Meier und Wiebke Meier)编,Stüttgart-Weimar 2001;修订版,2003,页 455 - 605(施特劳斯—克莱因通信)及页 607 - 697(施特劳斯—洛维特通信)。

近几年,施米特的书信快速出版。通信的对象千差万别,既表现在政治兴趣和宗教取向上,也表现在智识层次和历史地位上。[265]通过这些书信,我们不仅能够了解许多生平细节,了解施米特与人的交往和秉性,还能获得探入施米特思想的一个附加视角。由此,晦暗不清的关联常能得到突然澄清,或者施米特著作中仅仅得到暗示的背景常会被瞬间照亮。之所以说书信提供了一个附加的视角,是因为对于高水准的著作全集,必须从著作全集本身入手解释。书信对于解释而言,具有一定的支撑和校验之功。无论所解释的是一位政治神学家还是一位政治哲学家,对于这样具有高度反思性的作者来说,书信都没有提供一个进入其思想的优先通道。谁要是想探入这样一位作者的思想核心及其自我理解,就必须取道其最为核心的见证,必须研究其最基本的、最用心写下的著作。因此,我在《施米特、施特劳斯与〈政治的概念〉》中通过解释1927、1932和1933年三个版本的《政治的概念》,在《施米特的教训》中通过解释1922年的《政治神学》、1938年的《霍布斯国家学说中的利维坦》和1970的《政治神学续篇》,来发展和加强政治神学论题,而不是零星地或优先考察某本早期或晚期著作,不是从次要著作或出于某些机缘而做的表述中发展政治神学论题,也不是通过书信。

如果我在1994年的时候已经读到施米特致云格尔(Ernst Jünger)和多勒斯(Álvaro d'Ors)*的书信,我可能会引用其中的某些句子和表态。可恰恰这两部规模巨大的通信集使人清楚地看到,书信材料的效力在整体上是有限的。就其与云格尔的争辩而言,施米特在私人通信

---

* [译按]多勒斯(Álvaro d'Ors,1915—2004)是西班牙著名法学家,以罗马法研究而闻名。

中从未达到他在《政治的概念》(1933)中已然公开达到的那种确定性和强度，[266]在那里，他把云格尔的姿态与自己的立场之间的差异归结为"竞赛性思想与政治性思想之间的巨大的形而上学对立"。同样，在跨度长达五十年的通信中，施米特所达到的批判水准和问题的尖锐性，无一处能与他在1955年为云格尔纪念文集所写的那篇值得注意的文章相提并论。在这篇文章中，他用一种基督教历史主义的信仰来反对云格尔的神秘信仰。但施米特的公开批判在云格尔那里得到的反应却是一种奥林匹亚式出神状态。云格尔在书信中从未对批判做出反应，最终他甚至忘了施米特曾经做出过批判。⑦ 就书信中所反映出来的私交而言，施米特这一方是掺和了许多客套的。只要同时读读施米特在《语汇》(*Glossarium*)中就云格尔所记录的内容，就不会对此感到怀疑。⑧

与多勒斯的通信很大程度上也充满了客套。不过，客套在此有着另一种功能，它使得施米特直到去世前都能够维持他与这位西班牙法学家的私交，不至于深化思想上的分歧，也免得回应这位来自主业会(Opus Dei)圈子的远方通信伙伴所提出的教义性异议。施米特曾在

---

⑦ 施米特，《今日东西方世界性对立的历史结构——论云格尔的著作〈戈耳狄俄斯之结〉》("Die geschichtliche Struktur des heutigen Weltgegensatzes von Ost und West. Betrachtungen zu Ernst Jüngers Schrift: *Der Gordische Knoten*")，载《友人集》(*Freundschaftliche Begegnungen*)，Frankfurt, 1955, 页 135-167。参看《云格尔与施米特通信集 1930—1983》(Ernst Jünger - Carl Schmitt: *Briefe 1930 - 1983*)，基塞尔(Helmuth Kiesel)编辑、评注与后记，Stuttgart, 1999, 页 305；以及云格尔《七十如烟》(*Siebzig verweht*)第三卷，Stuttgart, 1993, 页 573。参看《隐匿的对话》德文版页 73-75。

⑧ 参看《以哲人为敌——评施米特的〈语汇〉》("Der Philosoph als Feind. Zu Carl Schmitts '*Glossarium*'")，载《隐匿的对话》(增订版)，页 141-152。参云格尔在《七十如烟》第五卷中的回应，Stuttgart, 1997, 页 153-154。

许多其他场合表现出对于尖锐对立的至高兴趣,曾寻求有关于此的对话(从云格尔到布鲁门贝格[Hans Blumenberg],从施特劳斯到科耶夫),他显然并没有期待,[267]通过与多勒斯的交锋来学习新东西,来达到对于自身的更为清晰的理解。这位孔波斯特拉(Compostela)的天主教徒提出过的最为深远的异议是:敌基督者的到来非但不应该被阻挡,而且还当被期望,因为这是一个预示耶稣再临的事件和记号。可这个异议施米特其实早就知道,也因为他与早年的朋友佩特森就此有过多次谈话,早就了然于胸啦。⑨ 西班牙人的书信给读者展现的,是一个世界观上的教条主义者与一位政治神学家的区别:前者行进于中介性权威预先划定的轨道,敢于说决定一切之物,只是会带上一句保留——sub correctione Ecclesiae[经由教会的校正];而后者将自己的生存置于对其主权性权威的信仰之服从的刀锋之上。

有位政治理论家和热切的道德家,读了《一种神学的抑或哲学的友爱政治?》这篇跋文之后对我说,政治神学的论题让施米特变得比之前更有趣也更危险了,而政治神学在我的诠释所投射的光亮之下看起来也更强有力了,强过它实际上的样子。我承认自己在这两部书中受这样一种意图所引导,即尽我所能地加强政治神学的立场。这么做的

---

⑨ 《施米特与多勒斯通信集》(Carl Schmitt und Álvaro d'Ors: Briefwechsel),贺雷洛(Montserrat Herrero)编,Berlin,2004,页308-309和页120。这位女编者在评注中称,施米特把多勒斯(通过克服施米特的 Katechon[阻挡者]概念而达到)的末世论论题"居为己有"了,这个论断是多勒斯的女弟子一厢情愿的说法,她没有注意到施米特的礼貌带有保持距离的意味。有关佩特森于1925年在波恩所做的就职演讲《什么是神学?》(Was ist Theologie?),可以从施米特写于1976年的一封信中找到一个尖锐的评论。有关佩得森的演讲,参看我在慕尼黑[大学]所做的就职演讲《为何政治哲学?》(Warum Politische Philosophie?),Stuttgart-Weimar,2000,页24-25。

原因,我在跋文中曾就施米特如是说:[268]只要我们没有把施米特作为政治神学家来严肃对待,我们就没有穷尽他的潜能,也没有穷尽自己的潜能。我们如果成功地完成了思考施米特的任务,就能让自己明白政治神学的理据。鉴于近些年政治—宗教极端主义的挑战,澄清政治神学的理据具有何种政治意义,无需多言。可正如眼下这本书的副标题所表明的那样,要把政治神学带入当下,从一开始所需要的就不只是政治神学的要务(Sache)本身。本书意在更为尖锐地规定政治哲学的要务。这组选择被过于强化了吗?如果这种对峙服务于自我认识,那么我们何曾足够强地看待这组对立、足够重视其分量?

《施米特的教训》展现了活生生的政治哲学,通过一种 argumentum e contrario[反向论证]来引入其中。读者如果想要进一步了解政治哲学的论证,可以在《为何政治哲学?》(Warum Politische Philosophie?)中找到对其理据的进一步解说以及对其使命的一种概论。《神学—政治问题》(Das theologische-politische Problem)最终在哲学与启示宗教的相遇中点明了哲学的职守(Officium der Philosophie),标识出政治神学与政治哲学相互接触的准确位置。⑩

亨利希·迈尔

慕尼黑,2004 年 6 月

---

⑩ 《神学—政治问题——论施特劳斯的论题》(Das theologische - politische Problem. Zum Thema von Leo Strauss),Stuttgart - Weimar,2003,请尤其注意页43 - 46。

第三版附言

围绕政治神学的争论

——一个回顾

余明锋 译

[269]政治神学(Politische Theologie)如今是一个流行的概念。它有着现实的乃至急迫的意义。政治—宗教极端主义的挑战,向启示宗教的回转,对伊斯兰教、基督教和犹太教的新关注,所有这些都给它带来了一种前所未闻的、混杂的舆论回响。政治哲学则将其用作区分性的概念,来服务于哲学生活的奠基和自我理解。卡尔·施米特的名字比任何其他人都更加紧密地与这个概念相关联,在围绕施米特的争论中,政治神学的概念也是交锋所在,是绕不过去的问题。在上述每个语境中,这个概念的现实意义都基于其要务(Sache)的现实意义;政治神学的概念通过巴枯宁的否定和施米特的立场而找到了它的要务(对于历史学家来说,这是旧闻重提了),对于这种要务具有决定性的规定是权威、启示和顺服。当政治神学被理解为一种以上帝的启示为最终根据的政治理论或政治学说,这个概念便具有了现实意义。这些年来,特地以此为主题的期刊和年鉴,无数的专著、文集和各种语言的"手册"(Companions),世界范围内的学术交流会和知识论坛,都在这个意义上致力于政治神学。就此而言,它在当前的政治讨论中占有一席之地。在这种严格的意义上,作为[270]从信仰之顺服来理解自身

的理论,政治神学引起了哲人的兴趣。

在其实质意义之外,这个概念还获得了一种有限制的使用,即将政治神学简化为20世纪下半叶广受议论的"世俗化理论",并且只想把它看作一个史学论题。这种用法援引施米特发表于1922年的同名著作中题为"政治神学"的第三章中的第一句话,并径直将其视为施米特对于政治神学的定义:"现代国家学说的所有精辟概念都是世俗化了的神学概念。"根据这种读法,"政治神学"不意味着任何广泛的理论、任何原则性的论证关联、任何生存立场,可只有凭借这些,政治神学家才能理解自身,也才能被他人所设想。政治神学毋宁成了一个概念史的论断或知识社会学的假说(Hypothese),它所关系到的是各个学科与各种历史性"迁移"(Umbesetzungen)之间的"结构类似",它的有效范围只限于"西方理性主义"的相关领域和"现代国家的时代"或"现代"。这种所谓的对"政治神学"的"技术"使用,相信可以用"概念史论断"这样一个称呼来满足对这个概念的历史所产生的兴趣,同样,一种知识社会学的假说也不会对"神学何谓"这一问题感到为难。这种对"政治神学"的有限制的解释尽管全然源自施米特注疏,却从未进入与施米特思想的真正对峙。所以,它既不曾追问施米特在使用他的这个政治性(politischen)概念时所着眼的"具体的对立性",也没有想到过,施米特可能把"政治神学"这个概念本身变成一个历史上[271]非常成功的"迁移"的对象。① 对"政治神学"的有限制的读法,在围绕

---

① 我在《隐匿的对话》中第一次提醒人们注意施米特这一概念用法的特殊性及其与巴枯宁之对立的意义。这同样适用于施米特就其《政治神学》第一版所预先给予的提示,到那时为止的文献中这个提示同样从未引起过注意。施米特的

施米特的争论之边缘,仿佛在一个时间匣子中存活了下来,作为对一个过往争论的回忆。直到 1988 年为止,这种有限制的读法还在施米特解释者中占有支配地位,严格意义上的政治神学也远没有被视为其思想的核心和关联所在。

新近出版的布鲁门贝格与施米特的通信集让人可以了解先前的解释状况。③ 我以这份作者身后发表的文献为动机和起点来做一点历史的增补。布鲁门贝格于 1966 年在一部内容丰富的大作中反对世俗化的诊断或指责并为"现代的正当性"辩护,"现代的正当性"这一书名也正是这部大作的核心要旨,④[272]布鲁门贝格在书中反驳了世

笔记突显了"同时写于 1922 年 3 月"的著作《政治神学》以及《罗马天主教与政治形式》(在笔记中还被描述成关于"天主教的政治观念"的论文)之间的共属性,并提示读者追究关于巴枯宁的蛛丝马迹——巴枯宁的形象将第一部和第二部著作的结尾联结起来,进而揭示了《政治神学》这一书名的论战含义。参看《施米特、施特劳斯与〈政治的概念〉:一场隐匿的对话》,页 84 – 88 和《施米特的教训》,页 21 – 23、119 – 120、225、257 – 259。(所有对《施米特的教训》的征引在下文皆只标出页码和脚注,不再加以说明。[译按]中译一律标为"参看本书德文版页码[或脚注]"。)

③ 《布鲁门贝格和施米特 1971—1978 年通信集及相关材料》(*Hans Blumenberg Carl Schmitt*: *Briefwechsel 1971—1978 und weitere Materialien*), Alexander Schmitz 和 Marcel Lepper 编辑并后记,Frankfurt am Main, 2007。这本书包括了布鲁门贝格的 6 封信和施米特的 9 封信,一共将近 30 页,还摘取了布鲁门贝格著作中的若干片段及其遗稿中极为不同的各种材料;此外还有施米特为《政治神学续篇》(*Politische Theologie II*)所写的后记及其发表于 1950 年的重要文章《基督教历史图景的三种可能性》(Drei Möglichkeiten eines christlichen Geschichtsbildes)的首次原题再版,二十年前,我在《隐匿的对话》第 50 页中提到了这个原本的标题。

④ 布鲁门贝格,《现代的正当性》(*Die Legitimität der Neuzeit*), Frankfurt am Main, 1966。之前已有论文《"世俗化"——对一个不合法的历史范畴的批判》("'Säkularisation'. Kritik einer Kategorie historischer Illegitimität"),载《哲学与对进步的追问》(*Die Philosophie und die Frage nach dem Fortschritt*), Helmut Kuhn 和 Franz Wiedmann 编,München, 1964,页 240 – 265。

俗化的提法，将其称为一个"不合理的历史范畴"（Kategorie des geschichtlichen Unrechts）。他为现代此世性（moderne Weltlichkeit）的自足及其出于历史困境而自我主张的权利辩护，他在辩护中尤其将矛头指向了洛维特的《意义与历史》（Meaning and History），而且，他并不知道施米特在 1950 年⑤对洛维特所作的回应。这本厚达 585 页的著作三处征引了《政治神学》，施米特由此出现在了其中的三页上。他的名字在一个脚注中被提及。布鲁门贝格征引了第三章的第一句话并加以反驳。就在这之前，他明确说到，"全部的政治优先性：对于必须被视为非政治之物的政治规定；将交托给'世俗'权能的东西类比于神学规定"在史学上是荒谬的，已被现代的发展所超越。⑥ 在其"特殊研究"批判了佩特森 1935 年的论章之后，施米特在 1970 年又在《政治神学续篇》的后记中选取布鲁门贝格的这本书作为"关于终结一切政治神学的传说"（Legende von der Erledigung jeder Politischen Theologie）的当代实例，并用辛辣的嘲讽作结。施米特如是解释他所选取的对象：布鲁门贝格的书"将非绝对性设为绝对"，试图"用一种科学的（wissenschaftliche）方式否弃任何一种政治神学"，"科学在此意味着这样一种科学概念：它不允许一种自设为绝对的宗教的救赎教义继续发挥任何影响或完成任何一种迁移。在他看来，这样一种迁移只是过去时代遗留下来的悲剧性负担"，对于这种负担的"彻底清除"是"去神学化的新 – 时代*之此世

---

⑤ 参看本书德文版页 240 – 243。
⑥ 《现代的正当性》，页 60；参看页 61 和（没有论证）页 18。
* ［译按］原文 Neu-Zeit 通过对德文 Neuzeit［现代］的字面读法（"新 – 时代"）来提示其以"新"自命的特征。

性"的题中之义。⑥ [273] 对于施米特的政治神学来说，这样否弃任何神学、任何绝对诉求、任何无条件的顺服要求，是不同于佩特森的政治尝试的另一种"挑战"，佩特森想要"证明一种'政治神学'在神学上的不可能"，从而根据佩特森自己的，即为他本人所持有的政治神学标准来防止对于基督教真理的政治滥用。⑦ 如施米特所强调的那样，布鲁门贝格在他的书名中"升起了一面法学的旗帜"，施米特因此而感到"我们要从法学立场出发就当前的问题处境发表几点看法"。因此，这篇后记不仅提醒细心的读者去追问，施米特在1922年使用那个书名所升起的，现在以如此高龄又升起的是一面怎样的旗帜，而且提醒读者去注意，当施米特说自己"从法学立场出发"说话的时候，他所说的到底是什么。施米特自己所发表的最后一本著作中最具爆炸性也最有启发性的部分，让我们可以通过一个既能揭示问题又可清楚概览的例证来检验他对"法学因素"的援引，并恰切地定位一种在他后期著作的修辞中占有特别突出地位的姿态。⑧

施米特对布鲁门贝格的直接回应与布鲁门贝格之前对他的讨论一样简短。施米特批评布鲁门贝格"不分青红皂白地"把他的论点"与各种可能的、混乱的平行化"相混淆。"他本该注意到"，施米特指责道，他的"政治神学关切并不活动在任何一种混乱的形而上学之中，而是关乎一个借助特殊概念完成一种迁移的经典案例，这些概念是在

---

⑥ 《政治神学续篇》，页109-110。后记的标题是"论当今的问题状况：现代的正当性"("Zur heutigen Lage des Problems: Die Legitimität der Neuzeit")，页109-126。

⑦ 佩特森：《作为政治问题的一神论》(*Monotheismus als politisches Problem*)，页158和99。

⑧ 参看本书德文版页56-57。

'西方理性主义'的两种历史上高度发展和高度成[274]形的组织架构(Stellengefüge)的体系思想中形成的,即法学上全然理性的天主教教会与 Staat des Jus publicum Europaeum [欧洲公法国家]——在霍布斯的体系中,后者仍以基督教为前提"。在直接回应的第二部分,施米特反击了布鲁门贝格的进步信仰及其对历史上被超越的国家、连同它的绝对诉求和对"无限牺牲意识的过分要求"的评价,这种国家"通过将敌友范畴的绝对品格投射到联成一体的各种民族国家之间的关系来避免内战"。⑨ "这种国家",施米特接着说,"是人类在关于战争的国际法中迄今所取得的最大的理性'进步',即敌人与罪犯的区分,这一区分为一个国家在其他国家的战争中保持中立的学说提供了唯一可能的基础。对于我和我的政治神学而言,这属于现代的转折点。在这个转折点的'滥觞之处'响起了真提利斯(Albericus Gentilis)的声音:Silete Theologi! [神学家们闭嘴!]"⑩至此为止,施米特看起来确实完全是作为法学家在说话,而政治神学所标识的也无非是一种"经典"的"迁移",它关乎在教会和国家范围内有效的概念,这两方面的概念都为法学家所使用、所代表。无论如何,施米特还没有"就当今的问题状况"(heutige Lage des Problems)发表任何"看法"。他"从法学立场出发"就此而说的话要到后文才出现。他在回应中仅仅涉及教会与国家之间在"现代的转折点"上"发生一种迁移的经典案例",于是,不在宗教法规学者和律法专家(Legisten)规定范围内的所有历史"阶段"都被略去不论了,其中特别值得注意的是,对于1922年《政治神学》的论证方向[275]具有核心意义

---

⑨ 布鲁门贝格,《现代的正当性》(*Die Legitimität der Neuzeit*),页59和60。
⑩ 《政治神学续篇》,页110–111。

的无神论与无政府主义之间的"平行关系"被略去了。施米特只将注意力放在"经典案例"上,其要点在于,在他的陈述中,宗教法规学者和律法专家们所拥护的是一种基督教世界的制度,位于现代起点处的"迁移"也发生于一片基督教的地基之上。这与施米特自从发表《大地的法》(*Der Nomos der Erde*)和《从囹圄中得拯救》(*Ex Captivitate Salus*)之后的二十年来不曾倦于表达并进一步发展的那种解释衔接得天衣无缝。根据这种解释,"法学家们"在把"上帝的全能"这样的神学概念转译成世俗权威的时候,是从自己的基督教信仰出发在行动。当现代国家法与国际法的奠基者们为了和平和理性而试图挽救信仰分裂之后还有待挽救之物时,他们继承了天主教神学家的遗产;作为"Jus publicum Europaeum[欧洲公法]最后一位有意识的继承者,也是其最后一位在一种生存意义上的教师和研究者",施米特在他们身上认出了自己。⑪ 当他们在国家领域向神学家颁布禁言令的时候,他们是在回应历史的"呼唤",是为了走出宗教所引起的内战。他们的世俗化努力不是由敌基督的意图所引导,而是恰恰相反,是受基督教精神所鼓舞。如施米特称博丹(Jean Bodin)和霍布斯为他的"朋友",在施米特的解释中,他们都持守着"父辈的信仰、并且不只是外在的"。换言之,在施米特看来,时代转折点上的法学家们是十足的政治神学家,并且是在这个概念的实质意义上。他在自己的祷告中与他们的灵魂相交接。⑫

[276]不过,施米特将布鲁门贝格的书选作后记的对象,并不只是要订正布鲁门贝格对他论题的复述或者重申他对世俗化的看

---

⑪ 《从囹圄中得拯救》,页75。

⑫ 《从囹圄中得拯救》,页63–73;《大地的法》,页112–115、128–131。参本书德文版页191–204、180–186。

法——他在后记中避免使用"世俗化"概念,并且在此之前几年他已经与之拉开了距离。[13] 他让自己的最后一部政治神学论章(Traktat)在对《现代的正当性》的某种批判中达至顶点,是因为他在其中看到了"终结一切政治神学"的最近的努力。这篇批判不仅给他机会,让他可以在谈论中陈述其后期著作的论题——从欧洲公法的历史成就到对于合法性的批判,到律法与福音的对立、礼法(Nomos)与律法(Gesetz)的区别,直到"宗教改革"在霍布斯的国家学说中的"完成",也让他可以借批判的形式来谈论其政治神学的基本规定——论奇迹、论敌友之分、论"政治形态的"世界之建基于上帝论,直到人类的合理化需要和救赎需要。施米特所要做的不是对个别的订正。他的目标是整全(Ganze)。在布鲁门贝格的知识"合法则性"(Gesetzmäßigkeit)中,他看到了对于奇迹的否定;在"好奇心"的释放中,他看到了不想把自己理解为张狂(Hybris[或译:肆心])的[277]张狂;在对于"独立自主性"(Selbständigkeit)和"自我主张"(Selbstbehauptung)的强调中,他看到了反抗神启约束者的自我授权(Selbstermächtigung)。

假如一切都严格符合法则,假如例外遭到断然拒绝,突变受到质疑,奇迹简直就是搞阴谋破坏,那么问题就来了:在这种合法则性

---

[13] 在《已然完成的宗教改革》(1965)中,施米特将"所谓的世俗化进程"界定为"公共生活不断的去基督教化和去神性化",即"世俗化"不再限于时代转折起始处的"经典迁移案例",而是整体上的现代发展。他接着说道:"这是一个逐步中立化的过程,它最终完成于方法论上的无神论和科学的'价值中立',它带来了一个科学—技术—工业文明的时代。现在,在它的顶峰,中立化翻转成了某种始料未及之物,某种完全不同的东西,人们凭借'中立性'和'中立化'的观念已经不再能够对付这种东西。"(页61)有关这种"翻转"请参看《隐匿的对话》,德文版页55–56、87–88。

中,不断涌现的新事物究竟从何而来呢？不过,这个问题大概还没有触及拒绝奇迹、例外、唯意志论和决断论的意义所在。布鲁门贝格在根本上所关心的是人的自我授权和求知欲,就此,他明确地说,它"在根本上不需要证明自身的合理性"(《现代的正当性》,页393)。"知识不需要合理性辩护,它自身就是合理的;它并不归功于上帝,也无关乎光照(Erleuchtung)和恩典之分享许可,而是立足于其自身的明证性,这种明证性是上帝和人类都无法摆脱的"(《现代的正当性》,页395)。这是问题的要害。这些论证中内在地隐含了自闭症(Autismus)。其针对神学超验性而主张的内在性无非是一种自我授权(Selbst-Ermächtigung)。⑭

用政治神学的语言来说,"自我授权"就是反抗,"自闭症"就是否弃人对于上帝的顺服义务。对于施米特来说,布鲁门贝格的去神学化包含了一种世界的去政治化。世界得由一位要求顺服的上帝来统治,或者至少在可能性上要保持为一个主人和一个对手之间的争吵对象,哪怕这争吵只在创世之神与救赎之神之间进行,否则,世界就不再具有"政治形态"了。顺服和反抗也将只是人间事物,*Nemo contra hominem nisi homo ipse*[唯人自身能反对人],施米特曾用这句话来总结反对他自己的以及所有的政治神学的相反立场,这话也能恰切地说明这种状态。⑮

[278]施米特所建立的去神学化和去政治化的关联可以从他的

---

⑭ 《政治神学续篇》,页113/114。
⑮ 《政治神学续篇》,页119/120及126。

"政治事物"的概念(Begriff des Politischen)＊中合乎逻辑地推论出来；他的这个概念将政治事物回溯到一种处处且时时能够出现的三方格局(triadische Konstellation[或译：三角构造])，而且对于这种格局来说，三重(自然的、法学的或超自然的)位格已经足够进行政治的区分并将一种联系或分隔推至最高的强度。以敌友区分为导向使得政治事物与神学事物(das Theologische)变得可以公度(kommensurabel)。施米特曾经分别在1927、1932和1933年三度努力阐明他对政治事物的理解，也只有在这三次助跑之后，他才能在1934年所写的《政治神学》第二版序言中说："在这期间，我们已经认识到，政治事物乃是总体性的。"只有当一切(alles)、当整全(das Ganze)、当世界，而不只是人世间，都可区分为朋友与敌人、顺服与不顺服以及由此而产生的联盟(Assoziation)或解体(Dissoziation)时，政治事物才能被理解为总体性的。[16] 施米特将去神学化和去政治化之间的关联置于后记的中心。之前，他还为此给出一个"提示"，该"提示"确证了他的政治事物概念与他的政治神学概念之间的交错，并且印证了我所谓的政治事物的三方

＊ [译按]施米特的名著 *Der Begriff des Politischen* 通译为《政治的概念》。这个译法有理解和流通之便，却无以凸显 das Politische 与 die Politik 的区别，前者是形容词 politisch 的名词化，即以"政治性"作为论述对象。现代政治恰要去除具有政治性质的政治事物，试图将政治事物中立化和技术化，施米特的这个概念就是针对这个问题而发的。与此对应，迈尔文中有 das Theologische 的提法。迈尔此文的重点是要建立 das Politische 与 das Theologische 的联系，他认为，在施米特那里 das Politische 根本上基于 das Theologische。译者分别将之译为"政治事物"和"神学事物"，以强调两个概念的对应结构；同时也强调 das Politische 这个施米特式的概念与 die Politik 这个通常概念的区别。另外，与 das Politische 和 das Theologische 同构的 das Juristische 则译成"法学因素"，vom Juristischen her 根据语境译成"从法学立场出发"。

[16] 有关于此，请参看本书德文版页 111–123。

格局乃是其中的核心。施米特用一个听起来甚为随便的措辞来引入一个极具爆炸性的说明:"还需要一个提示",即提示"政治事物以及这种政治神学的标准,也就是朋友与敌人的区分"。[17] 紧接着的是将三方格[279]局推进或回溯至三位一体的尝试。为此,施米特援引了纳西昂的格列高利(Gregor von Nazianz)的一句话,而佩特森"对基督教的三位一体教义的捍卫关键也正基于此":独一者(Das Eine)总是处于针对自身的叛乱之中。"在对这一艰深教义最无可指责的表述中",施米特评述教父的话说,"我们遇到了叛乱(Aufruhr)意义上的 *stasis*[叛乱,斗争]一词"以及由此而来的敌对的可能性。我们"在三位一体教义的核心处"遇见了一种"真正的、政治神学的叛乱学(*Stasiologie*)",或遇见了敌对和敌人的问题,凭借这一发现,施米特不仅通过指向"只存在于神性自身而不存在于造物"的"三位一体的奥秘"就佩特森的论断——政治神学的不可能性——给出了一个迟到的回答。[18] 当施米特反对布鲁门贝格的去神学化并驳斥那种以为现代已经彻底克服"灵知派的旧病复发"(gnostische Recidiv)的信念之时,他同时还举出了他自己所倚靠的信仰之基。在他看来,在"并不绝对同一却又合而为'一'的父与子的一体"中,灵知派的造物之神与救赎之神的二元论(Dualismus)虽然被"掩盖"——或者被转移到了上帝的深渊

---

[17] 《政治神学续篇》,页116,强调为笔者所加。有些解释者想要把施米特的政治神学化约为"世俗化理论"或者坚持对之进行无害化处理(处理成一种"知识社会学假说"),单单这里的提示已足以让他们掩卷深思了。

[18] 《政治神学续篇》,页116-118;佩特森:《作为政治问题的一神论》,页100。

性之中——却没有被驳倒。⑲ 接下来，[280]施米特采取了最后一个步骤，他引用歌德的名言 Nemo contra deum nisi deus ipse [唯上帝自己能反对上帝]来印证"政治神学之叛乱学"的洞见，他相信自己发现了这句话的基督论来源，他在基督论上将之解释为圣子的呼求、对圣子的拥护、与圣子联合反抗圣父。⑳

在这个准备步骤中，施米特再一次并且比以往都更为决定性地将政治事物系于神学事物，㉑接下来，他开始"将政治神学问题置于敌人问题之下"，并以歌德的箴言为"向导"提出"几个论题"，从而直面布鲁门贝格或被归在布鲁门贝格名下的立场。将政治神学的问题置于敌人问题之下在此显然有着双重含义。一方面，对施米特来说，政治神学的成败取决于敌人，敌人通过上帝的意志而被给定并在上帝的意志中被奠基，这是他的政治神学的前设；因此，只有当敌人问题不再被提出来，政治神学的问题才会被终结。另一方面，施米特提出了敌人的问题，这种敌人虽然绝无可能排除敌对关系，却能够终结政治神学。

---

⑲ "灵知派二元论的坚韧与难以反驳，主要并不在于光明与黑暗在古代神话与形而上学图像中的显而易见，而在于一位全能、全知、全善的造物之神对于被他所造的世界来说不再能够等同于一位救赎之神。奥古斯丁将神性当中的困难转移到了被上帝所造且被赋予自由的人类的自由中去，人这种造物凭借赋予他的自由才将上帝那没有救赎需要的世界变得需要救赎了。有能于此的造物，即人类，不是通过行为(Taten)而是通过胡作非为(Untaten)来表现他的自由。三位一体教义在并不绝对同一却又合而为'一'的父与子的一体中裹挟着造物之神与救赎之神的同一性，而一种神人两性的二元论也在第二位格中获得统一。"《政治神学续篇》，页120。

⑳ 《政治神学续篇》，页122/123。

㉑ "如果每种统一中都蕴含了分裂，并因此蕴含着叛乱的可能性，即蕴含着一种 stasis [叛乱]，那么神学看起来就成了'叛乱学'。"《政治神学续篇》，页123。

施米特提出七个论题来确定敌人的立场。他想要以此来解剖一种"彻底非神学化的、现代科学式的对一切政治神学的终结"所能有的"思想序列"(Gedanken‑Reihen),并把这样一位不想再有敌人的敌人变得可以把握。施米特最后一次勾勒了一副"反面形象","从而更清楚地辨识我自己的立场",一如他借助多伯勒的话所确定的那样,[281]敌人乃是我们自身的问题化作形象。这是一副"新人类"的画像,新人类在一种"不断的进程—进步"中自我繁殖,并想要摆脱敌人,为此他必须依赖于"从(aus)虚无中创世的反面,即赖于虚无的创世(die Schöpfung *des* Nichts),这为一种不断更新的此世性的自我创造之可能提供了条件"。施米特在勾勒"反面形象"的时候借用了达达主义的(dadaistischen)手法,如果读者不因此被转移了注意力,不因施米特的嘲讽而模糊了攻击的严肃性,㉒他就能够通过施米特关于布鲁门贝格的论题确定七个反论题,并由此勾画出施米特自己的立场。㉓ 只在一点上,施米特亲自准确地表达了论题与反论题,因为这一点对他来说是决定性的。*Nemo contra hominem nisi homo ipse*[唯人自身能反对人],这个论题为反面立场的"思想序列"画上了句号,而它从一开始就面对着自己的反论题或毋宁说其榜样,此即这句箴言: *Nemo contra deum nisi deus ipse*[唯上帝自己能反对上帝];施米特明确地将这句箴言作为七个论题的"向导"。而且,他至少同样明确地预先说明了,他在那句结语所盖印封住的"彻底去神学化的反面形象"中同样清楚看

㉒ 参看本书德文版页175。
㉓ 具体请参看《政治神学续篇》,页124–126及本书德文版页17–20。

到了敌人的"现实可能性"。㉔ 只有上帝能够清除他所创造的敌人。施米特对政治事物与政治神学的辩护基于这[282]种信仰。后记的结尾乃是《政治神学续篇》的关键所在，㉕谁要是在结尾还没有忘记施米特在后记开头处的预告，即他要"从法学立场出发"就政治神学问题的"当今状况"发表"几点看法"，谁就会在读了七条布鲁门贝格论纲（Blumenberg-Thesen）之后、在歌德的箴言被做了基督论的解释之后，

㉔ 七个论题以 *Nemo contra hominem nisi homo ipse*[唯人自身能够反对人]作结，施米特仅追加了一个修辞性的问题，这个问题确证了敌意的"现实可能性"的继续存在："我以这样一个问题作结：下列三种自由中的哪一种蕴含着最为强烈的攻击性：科学的价值自由，技术—工业的生产自由，或人类自由消费的定价自由？假如这个问题在科学上是不被许可的——因为攻击性概念也在这期间变得价值无涉（自由）了——那么情形就一清二楚了：stat pro ratione Libertas, et Novitas pro Libertate[自由代替了理性，新颖又代替了自由]。"《政治神学续篇》，页126。

㉕ 1969 年 11 月 4 日，施米特在一封致福斯特豪夫（Ernst Forsthoff）的信中如是谈论《政治神学续篇》："再说说我，我目前花大力气写了一篇小文章献给巴利翁（Barion），篇幅大约在三个大八开印张的样子。书名：终结一切政治神学（的传说）。[文章的]思路活动于对佩特森 1935 年论章的实质分析：《作为政治问题的一神论》。不过，批判性地研究一种对于一切政治神学的神学上的终结（巴利翁在他收入 *Epirrhosis*[《强化》]里的文章中也持有这种立场），其意义只是在一个简短却非常浓缩的'结束语'中，强有力地推进对于一切政治神学的现代的—科学上的终结（布鲁门贝格，《现代的正当性》，Suhrkamp, 1966）的研究。我要让人把全书漂亮地誊写一遍，然后在 12 月 16 日呈给巴利翁。"《福斯特豪夫与施米特 1926—1974 年通信集》（*Briefwechsel Ernst Forsthoff Carl Schmitt*[1926 - 1974]，Dorothee Mußgnug, Reinhard Mußgnug 和 Angela Reinthal 编，Berlin 2007），页 293/294；参看页 295、297、300、307。《政治神学续篇》起先发表于《1969 年 12 月 16 日朋友们献给巴利翁的礼物》（*Eunomia. Freundesgabe für Hans Barion zum* 16. *Dezember* 1969）（私印 200 份）Wiesbaden 1970，页 83 - 145。有关巴利翁发表在施米特 80 寿辰纪念文集 *Epirrhosis*[《强化》]上的"终结"（Erledigung），请参看本书德文版页 116/117 和《隐匿的对话》德文版页 168。

在从三位一体推论出"叛乱学"之后,知道如何理解施米特对法学家职业的诉求了。

布鲁门贝格对施米特的挑战并未置之不理。他在 1974 年以《世俗化与自我主张》(Säkularisierung und Selbstbehauptung)为题出版了《现代的正当性》第一部分的修订版,㉖其中有一章专门讨论施米特的[283]政治神学,他把这个修订版寄给了施米特。在《政治神学续篇》面世后几个月,布鲁门贝格第一次与施米特取得了联系,㉗在致施米特的附信中,他表示,他希望"现在更公正地对待""世俗化概念"在施米

㉖ 布鲁门贝格,《世俗化与自我主张:增订版(第一和第二部分)》(Säkularisierung und Selbstbehauptung. Erweiterte und überarbeitete Neuausgabe von "Die Legitimität der Neuzeit", erster und zweiter Teil),Frankfurt am Main,1974。标题页的背面写有字样:"第一部分为 1974 年重新写成。"布鲁门贝格同样也出版了第三和第四部分的单行本:《理论好奇心的过程》(Der Prozeß der theoretischen Neugierde),Frankfurt am Main,1973,《时代转折点上的若干视角:库萨人与诺拉人》(Aspekte der Epochenschwelle: Cusaner und Nolaner),Frankfurt am Main,1976。修订版的各个部分又汇集在:《现代的正当性(修订版)》(Die Legitimität der Neuzeit. Erneuerte Ausgabe),Frankfurt am Main,1988。

㉗ 1971 年 3 月 24 日,布鲁门贝格写道:"非常尊敬的施米特先生!/自从我知道您在大作《政治神学续篇》中详论了我的书,我就迫切感到要给您写信……/被批评者自然不能再一次审查他的批评者,这是绝对不可容忍的。不过,也许还是得请您允许我破个例,让我告诉您,迄今为止关于我那本书的评论都不足以触动我,让我进一步往前走,超越书中已经达到的水平,只有您与这本书的争辩、那寥寥数页是个例外。"(《布鲁门贝格与施米特 1971—1978 年通信集及相关材料》,前揭,页 105。)

特著作中的"位置"。㉘布鲁门贝格的回应是一位史学家的回应。他感受到的最大的挑战是自己被指责为"在正当性的标题之下"所理解的"只是现代的合法性",因为他在这个指责中感到自己的问题提法和论题的"史学质量"受到质疑。"没有比这更有分量的反驳了。"对于一位史学家来说,没有比不是好史学家更有分量的"指责"。布鲁门贝格相应地[在这个层面]为自己辩护:他"所谓的现代的正当性"是"一个史学范畴",因此"时代的理性当被理解为自我主张,而不可被理解为自我授权"。布鲁门贝格想要以史学的方式回避施米特对"自我授权"的攻击,而该攻击提出了合理性辩护的[284]问题。"通过一种极端的紧迫达至自我主张,这源于一种在虚无之上自我奠基的时代观念——而自我奠基不同于自我授权。""时代的观念"有着史学上的根据。自我主张顺服历史必然性,并且作为独具风格的历史顺服,它摆脱了自我授权的指责。㉙布鲁门贝格相信,诉诸历史——诉诸正确的,即史学的而且仅仅以史学的方式所理解的历史——就足以抵御施米

㉘ "今年有机会完全重写我那本书的第一部分,发行袖珍版。我不知道,但是非常希望,我现在比十年前更公正地对待了您著作中的世俗化概念的位置。正是出于这个原因,我还要给您寄送一本袖珍版。我不仅把自己对您的思路的陈述和批评中的不足之处不声不响地加以修改和拓展,从而让人可以辨认,而且还清楚地说了出来。/ 我并不奢求您就这个新版本再次发表看法,但是假如我能够设想您已经看过一眼,我就很高兴了。"《布鲁门贝格与施米特1971—1978年通信集及相关材料》,1974年10月9日信,前揭,页116。

㉙ 布鲁门贝格在他针对施米特的辩解中,在一个段落里两度强调,现代的自我主张不能被理解为自我授权(《世俗化与自我主张——〈现代的正当性〉增订版(第一和第二部分)》,前揭,页112/113),可他在另一处却又说:"……上帝的全能受损,这为人类在历史中的自我授权提供了可能性与必然性。"(《世俗化与自我主张——〈现代的正当性〉增订版(第一和第二部分)》,前揭,页70)施米特记下了[布鲁门贝格的]论证关联,并在他所使用的《世俗化与自我主张》一书的标题页上写下了相关处的页码(《布鲁门贝格与施米特1971—1978年通信集及相关材料》,前揭,页93)。

特的批判;布鲁门贝格将该批判理解为一种政治——历史性批判:"一个时代的正当性当存在于它和自己的前历史的非连续性,这在施米特眼中必定会显得悖谬,而且这种悖谬会让他无法相信,除了单纯的合法性面对着从实证法则中抽象出来的一种实体化了的理性之外,我们还能讨论些别的什么。"在施米特眼中,现代的正当性"必定"会"显得悖谬",因为不同于能够公正地在非连续性中对待历史的布鲁门贝格,施米特出于政治原因而固执于历史的连续性,并且毫无畏惧地根据他自己的目的(而这意味着以极其非史学的方式)来解释和利用历史。

> 这是分歧的要害:对于国家理论家施米特而言,世俗化是一个正当性范畴。它为被其偶发性所危害的当下打开了历史的深远之维。它谋得了历史同一性,并在这当中不甚关心这是"通过其他手段"而得逞的。全[285]部世俗化之物(Säkularisate)的整体本身就是那种"政治神学"(politische Theologie),无论[人们以为]它与传统能够多么地结成一体,这个称呼也只是一种隐藏,它的真正含义是"神学之为政治"(Theologie als Politik)。一种法学实证主义必定会与一种历史因素相结合,这种因素摆脱了实证的知觉设定之偶发性,这几乎具有一种先天的必然性。㉚

布鲁门贝格误识了他事实上所遭到的政治神学攻击,因为他自己通过历史预先占据了合法性[的制高点],却将这种预先占领强加到对手头上。他现在把世俗化称为施米特的"正当性范畴",无疑是受《政治神学续篇》中对现代转折点上的"一种经典迁移案例"的简短的更正性

㉚ 布鲁门贝格,《世俗化与自我主张》,前揭,页112、113(新版,页107、108)。

提示所影响。过去,布鲁门贝格认为,对于施米特来说,世俗化只是一个有关不正当性的范畴,但他的新定位和过去的定位一样没有理解施米特对于"世俗化过程"的立场。施米特既没有在早年通过对"世俗化之物"的鉴定就这样一种所谓的迁移、类比和起源的历史非正当性下最终的判断,也没有在晚年将"世俗化之物"本身高贵化为历史正当性的承载者。施米特把国家的起源看作现代开端处的世俗化的结果,无论这种看法的重心发生何种转移,从1922年到1970年,施米特对世俗化的立场从整体和最终来看并未发生任何改变,都是将之视为"公共生活不断的去基督教化和去神性化的过程"。无论是在早年,还是在晚年,施米特都借助世俗化概念来将现代的发展回系到上帝的启[286]示,从而将一种基督教的历史图景的诸种可能性运用到它上面,并在其当下"阶段"以"历史而具体的"行动去面对去政治化和去神学化的努力。㉛

然而,对我们的讨论具有决定性的是:在布鲁门贝格看来,"世俗化之物""总括了"施米特的政治神学,他又将政治神学理解成为政治服务的神学或"使用其他手段"的政治。布鲁门贝格和他之前的解释者一样,在施米特身上看到了一位法学家——在此还是颇为奇怪的一种法学实证主义的代表者的变种——或国家理论家,当施米特利用一个预告了或捏造了一种正当性的传统并回溯到神学抵押品的时候,他是在尝试掩盖其政治决断主义中深渊般的无根基性。㉜ 在布鲁门贝格题为"《政治神学》和《政治神学续篇》"的反驳中,除了把"政治神学"

㉛ 参看本书德文版脚注13并注意本书德文版页15-21、42-47、249-250。

㉜ "无论实证主义常常表现得多么非历史,它在结论中总是需要在无问题之物的基础上寻找衔接。这使得世俗化理论对决断主义的国家理论家富有吸引力:从参与者视角来看的非正当性预示了'从更高视角来看'的正当性的潜能。"布鲁门贝格,《世俗化与自我主张》,前揭,页113(新版,页108)。

理解为一种政治参与的神学掩盖之外,看不到他还知道把政治神学与别的什么东西相联系。在开始阐述施米特的"世俗化理论"之初,他还带着些许矜持注意到"施米特的'政治神学'当中方法论上的引人注意之处",即"政治神学本身竟然会看重""世俗化问题","因为,在我看来,通过将政治概念的神学现象性解释为政治现实的绝对性质之[287]结果来建立相反的论证关联,会更接近它的意图"。㉝ 布鲁门贝格就一种历史现象的正确解释与一位学者相争执,而他又仿佛面向这位学者否定了政治神学家的论证关联,对后者而言,政治事物具有一种神学根据和一种神学意义。在否认政治事物的神学基础的同时,他从一开始就否认了施米特诉诸神学或形而上学的严肃性,施米特从未谈起过"政治现实的绝对性质",毋宁是在布鲁门贝格所论及的两本著作中——他的论述也仅仅局限于这两本著作——的第一本明确地谈到过"一切政治的形而上学内核"。在其反驳的结尾处,布鲁门贝格放下了开始的矜持。他将政治神学解释成一种"隐喻神学"(metaphorischen Theologie),现在,"政治神学家"取代了法学家和国家理论家的位置,而对他来说,"政治神学家"意味着政治意识形态理论家(ein politischer Ideologe),对此他没有保留任何疑问:"政治神学家通过他所断定的世俗化而置身一种令人欣羡的处境,他发现了其人物形象的存在,由此免去了一种公开的'神学政治'的厚颜无耻。"施米特之着重"世俗化问题"不再具有任何"方法论上的引人注意之处"了。"历史性思想"使得为政治目的而发明一种宗教成为不必要,一如布鲁门贝格眼中的权威人士康帕内拉(Campanella)所认为的那样,这对继亚里士多德之后的"马基雅维利主义"(Macchiavellismus[中译编按:原

㉝ 布鲁门贝格,《世俗化与自我主张》,前揭,页106(新版,页102)。

文如此]）具有标志性，因为它允许"政治神学家"诉诸一种历史正当性，即诉诸一种历史上可以找到并在历史性迁移中继续发生影响的宗教——而布鲁门贝格正要通过史学启蒙来揭露这种"诉诸"并使之失去效力。"世俗化的假定使得'政治神学家们'找[288]到了他们本来必须要发明的东西，因为这种东西是不可或缺的"——布鲁门贝格以此来结束他论述政治神学的章节。㉞ 布鲁门贝格从未面对过政治神学的真理诉求，他在进入与政治神学的自我理解的对峙之前，就已经将之化约成了一种用神学来掩饰的政治，因此，他最后只是用一种建基于信仰的立场来反对施米特。如果一位哲人满足于布鲁门贝格的意识形态批判，就会亲自葬送实质意义上的政治神学的挑战为他所备好的至高收益。

施米特在1974年10月20日收到《世俗化与自我主张》之后，给布鲁门贝格回复了一封长信，这是他给布鲁门贝格写过的最长的一封信。信中充满了精心挑选的客套之辞和让人分神的弯弯绕绕，而这也是双方全部通信的特点。㉟ 施米特一句不离布鲁门贝格对"世俗化理论"的新解，对于布鲁门贝格就他的"神学政治"所作的批评则不置一词。他没有切入正题，直到他在最后就"论题本身"作了"两个简短的评论"。第一个评论涉及布鲁门贝格就"世俗化理论"之被还原为结构类比的概念所提的问题，这种结构类比并不意味着"一个结构源于另一个或两个都源于一个共同的前形式"："当一个国家或一个特定的

㉞ 布鲁门贝格，《世俗化与自我主张》，前揭，页117、118（新版，页112、113）。

㉟ "我那本《政治神学续篇》是那么的艰涩繁冗，又与佩特森1935年的'一神论'作品那样失败的单篇著作紧密相联，对于您就《续篇》所作的争辩，我的感激正如一位孤寡老人把一篇实质性的反驳视为日益昏暗的风烛残年中的一道光明。"1974年10月20日信，页119。

政治机构中的集权被认为与"全能"这种神学特征有着结构上的可比性,[289]这还只是关系到一个系统关联中的位置安排,可以用'全能……'这个全称作为共同特征来称呼这种安排。但这难道就足以让人在国家理论上谈论一种'政治神学'(politischen Theologie)吗?"㊱就此,施米特评论道:"我的答复简单明了(对于这个答复的进一步阐明和表达会让我感到巨大的快乐):是的。"布鲁门贝格并未进一步索要施米特所愿意提供的"阐明和表达",因此施米特的答复就停留于简洁的"是的"。不过,并不难看出,对于施米特来说,在这里谈论政治神学的理由位于何处。为自身要求"全能"的主权者以正当或篡权的姿态面对上帝的全能。从施米特的政治神学(它试图将自己的对立面置于并保留于自己的战场上)㊲来看,主权者在他的顺服和反抗中关系着上帝的主权。新教神学家如戈嘉顿和德·盖尔仿(Alfred de Quervain)早就已经看到,施米特的"主权学说四论"(Vier Kapitel zur Lehre von der Souveränität)的遁点和落脚点在于上帝的主权。㊳ 与第一个评论不同,第二个评论既不是回答布鲁门贝格的"一个清楚的问题",也无关乎其反驳中的某一个特别之处。毋宁说它包含了施米特对布鲁门贝格的全章的回答,并展示了他在"86 岁高龄"还能有怎样的敏感:"40 年来,"施米特直言不讳地说,"我一直在搜集关于 $Κατέχων$ [阻挡者]和 $Κατέχον$ [阻挡物]'(《帖撒罗尼迦后书》二章 6 [、7]节)的材料;同样长的时间以来,我也一直在寻找一只人类的耳朵,它能够听到并理解这个问题——于我而言,这是(我的)政治神学的核心问题。"他着重补充说,他感到自己"有义务不向您隐瞒这一点,尽管在尝试让洛维特

㊱　布鲁门贝格,《世俗化与自我主张》,前揭,页 109(新版,页 104/105)。
㊲　参看本书德文版页 259。
㊳　参看本书德文版页 113 – 137、146。

[290]对此有所理解却以断然的方式失败之后——失败的原因可能在我自己——我便对此保持着沉默。㊟ 为了让人理解他之诉诸"阻挡者"包含着怎样的"历史—具体的"基督教意义,施米特不仅明确地将这个概念区别于狄尔泰传人的历史类型学误解,也与任何一种可能的同韦伯的理想类型的混淆划清界限,而且还提请布鲁门贝格另外注意他25年前发表的论文《基督教历史图景的三种可能性》。施米特借助第二个评论所给予的答案和他通过第一个评论所传递的信息一样明白无误。如果保罗的"阻挡者"问题是这种政治神学的核心问题,那么政治神学就既不是"世俗化之物"的"总括",其有效范围也不能局限于现代国家的时代或者现代。它无法被还原为任何一种结构类比,也无法被低估为任何一种知识社会学假说。并且,如果"阻挡者"问题确是他的政治神学的核心问题,那么,施米特是要让他的批评者明白,布鲁门贝格的"《政治神学》和《政治神学续篇》"("*Politische Theologie I und II*")并未客观冷静地理解施米特的政治神学,遑论切中要害了。"那位马姆斯伯里的老人"向对手布拉姆哈尔大主教(Bischof Bramhall)针对其《捕捉利维坦》(*Catching of the Leviathan*)一书说了这样一句话:"阁下在这当儿什么都没捕捉到。"* 施米特合乎情境地说了类似的话,作为他在围绕政治神学的争论中对布鲁门贝格说的最后的话。

布鲁门贝格再次重现了对于施米特政治神学的两个反应,在1988

㊟ 1974年10月20日信,页120。参看本书德文版页243-257及《隐匿的对话》,德文版页88-92。

* [中译编按] 这里大主教布拉姆哈尔指 John Bramhall(1594—1663),圣公会神学家和护教者,《捕捉利维坦:这头巨鲸》(*The Catching of the Leviathan: the Great Whale*)是布拉姆哈尔与霍布斯"那位马姆斯伯里的老人"论战的作品。

年之前,这两个反应主宰着这个领域。首先,他把"政治神学"理解为一种以"世俗[291]化理论"为内容的史学论断。其次,通过将施米特的政治神学攻击转换为防守,他将这种理论安排在施米特的"神学政治"的工具和表达之列。这样,他就把矛头从一个遭到狭隘理解的特殊用法,转回到那种一千五百年来无争议的对于"政治神学"("politischen Theologie")概念的理解,这个概念一千五百年来都不曾被用作对自身的刻画。和他之前的佩特森一样,布鲁门贝格上溯到奥古斯丁所奠定的传统,这个传统自几个世纪以来就已经沦落为无可置疑的共同占有,⑩它把"政治神学"(politischen Theologie)归为对神学的政治滥用或者把它作为政治欺骗的作品来严厉谴责。位于开端处的是奥古斯丁的论文《神学三分》(theologia tripertita [或译:三重神学]),它又回溯至早期廊下派(Stoa),上溯至波赛多尼奥斯(Poseidonios)和帕奈提奥思(Panaitios),在瓦罗(Varro)的《人事与神事稽古》(Antiquitates rerum humanarum et divinarum)中找到了它的经典表述。[奥古斯丁的]《神学三分》区分了三种属类(Gattungen)的神——即 génos mythikón, physikón, politikón [神话属类、自然属类、城邦属类]的神,并且相应地将神学三分为神话神学或曰诗艺(mythische oder poetische)神学、自然神学以及政治神学,又分别将其归在诗人、哲人和政治家(Staasmännern)名下。在《上帝之城》(De civitate dei)

---

⑩ 与布鲁门贝格不同,佩特森建立了与这个传统的奠基者的联系,他把自己的论章《作为政治问题的一神论——罗马帝国政治神学史探究》(Monotheismus als politisches Problem. Ein Beitrag zur Geschichte der politischen Theologie im Imperium Romanum)献给"圣奥古斯丁"(Sancto Augustino),用奥古斯丁的一句话作为题词,并以一段向教父的虔诚呼告来结束"开场白":"神圣的奥古斯丁,他的身影显现于西方所有精神和政治的转折点上,愿他用祷告帮助这本书的读者和作者!"(页11)。佩特森字字句句都指向奥古斯丁对"政治神学"的讨论。

中，奥古斯丁在阐述三重神学（drei Theologien）时[41]特别留意于政治神学（politischen Theologie）的非[292]真实的特征，可对于这一点，不仅瓦罗，就连罗马共和国最杰出的政治神学（politischen Theologie）*代表斯凯弗拉（Quintus Mucius Scaevola）都心中有数。奥古斯丁对这位在罗马享有盛誉的 Pontifex Maximus[祭司长][42]加以尖锐的批判。斯凯弗拉虽然批判了第一种神学［即诗艺神学］，称其为荒谬的、nugatorium[没有价值的]，因为它把与诸神本性和尊严相违背的事物归于诸神名下，至于哲人的神学，他却想要让它远离民众，因为它与政治生活的条件不相吻合，non congruere civitatibus[不适合政治共同体]，虽然他绝没有认为它是错的。所以，这位祭司长持有如下观点：对于政治共同体而言，在宗教事务上受欺骗乃是有益的，expedire igitur existimat falli in religione civitates[政治共同体故而该在宗教上被欺骗]。因此，他该和瓦罗一样明白，将诗人的神学为己所用的政治神学（politische Theologie）基于谎言之上，是 mendosum[错误的]。奥古斯丁由

---

[41] "我现在谈论三种神学：希腊文称为神话神学（mythicen）、自然神学（physicen）和城邦神学（politicen），拉丁文则可称为虚构（fabulosa）神学、自然（naturalis）神学和政治（civilis）神学。"奥古斯丁，《上帝之城》（*De civitate*）VI，12。[译按]奥古斯丁引文为拉丁文。

* [译按]迈尔在文中区分了 Politische Theologie 与 politische Theologie。Politische Theologie 有"实质意义"（即基督教神学的意义）和非实质意义（作为世俗化理论具有一种历史学或知识社会学假说的意义）之别。politische Theologie 则只具有政治意义，它又有加双引号和未加双引号两种用法。因为中文无法通过大小写来作区分，故而在译文中，凡出现 Politische Theologie 一律不加说明地译成"政治神学"，凡出现 politische Theologie 也译成"政治神学"，但一律标出德语原文，并严格按照原文含或不含引号。

[42] 西塞罗把曾是他老师的斯凯弗拉称为 vir sanctissimus atque ornatissimus nostrae civitatis [我邦最为神圣、最受敬戴之人]。《为阿美利诺辩护》（*Pro Sex. Roscio Amerino*），33。

此对"政治神学"("politischen Theologie")作了宣判。[43] 谁还胆敢在以后使用这个被玷污的概念,除了用它来标识对手、反面和需要被终结的立场?从奥古斯丁直到佩特森,政治神学(在这个概念的实质意义上)的诸代言人都要断然否定自己拥护一种"政治神学"("politischen Theologie")。[44] 没有人想要被称为"政治神学家"。没有人在明确以圣经为根据、以上帝的启示为基础宣讲政治教义时[293]会说这是他的政治神学。萨沃纳罗拉(Savonarola)没有,加尔文没有,《源于圣经经文的政治》(*Politique tirée des propres paroles de l' Ecriture Sainte*)的撰写者没有,《新教之为政治原则》(*Der Protestantismus als politisches Prinzip*)的作者也没有,常被提及的"反革命的国家理论家们"迈斯特、伯纳德、柯特同样没有。在施米特用他的《政治神学》打破禁忌、打开名实相符的大门之前,没有哪位理论家会用这个概念来规定自身的立场。[45]

---

[43] 奥古斯丁,《上帝之城》IV,27 和 VI,5.3。参看 III,4;VI,2,4 – 6 和 10.3;注意西塞罗《论诸神的本性》(*De natura deorum*)III,3。

[44] 有关佩特森的政治神学,除了本书德文版脚注第 145、页 260 中所列的证据和提示之外,现在还可参看佩特森,《约翰启示录与政治神学文选》(*Offenbarung des Johannes und politisch – theologische Texte*),尼希特韦斯(Barbara Nichtweiß)和 Werner Löser 选编自译稿,SJ. Würzburg 2004,尤可参看"政治与神学"(Politik und Theologie),页 238 – 246,"这个世界的君主"(Der Fürst dieser Welt),页 256 – 258,"敌基督者的神迹"(Die Wunder des Antichrist),页 264 – 266。

[45] 此言也适用于这几年在文献中被作为"政治神学先驱"提出来的学者弗休斯(Gerard Joannes Vossius)和默尔豪夫(Daniel Georg Morhof)。弗休斯的巨作《论异教的神学和基督教的自然学——或论偶像崇拜的起源和发展》(*De theologia gentili et physiologia christiana: sive de origine ac progressu idolatriae*)(Frankfurt 1668)达 1700 多页,另外还附有迈蒙尼德(Maimonides)的《论偶像崇拜》(*De idolatria*)(原文并译文共 182 页)。他在这本书中虽然提到了斯凯弗拉和瓦罗的"三

施米特将这个概念据为己有，赋予它一种闻所未闻的能见度，却又不对他的用法加以明确规定，由此把这个概念从奥古斯丁式的偏见中解放了出来。他把它作为一篇关于主权的论文的谜一般的标题暴露出来，在文中三度让它保持为有待解释的用法，并且不加以任何的定义或来源说明，由此给予政治神学这个概念以一种开放性，以挑起争论、邀人深思。政治神学是鲜明的旗帜，施米特在这面旗帜之下发起他那保卫上帝和国家的战斗。或者可以把它理解为对一个研究领域、对神学与政治之关联的标识，由此〔294〕以一种客观的距离摆脱它的污点。施米特尽管在 1922 年的著作中没有对"政治神学"（"politischen Theologie"）下定义，却也没有将之用作贬义，这可以从他同时所作的对于敌人的规定中得到确认。因为，众所周知，巴枯宁——施米特在《政治神学》最后一句话中把他视为"反神学事物的神学家"和"敌视专政的专制者"——是作为上帝和国家的死敌登场的，即便有读者并不知道，巴枯宁曾把"政治神学"（politischen Theologie）的指责用作武器投入他的战

种众〔异教〕民族的神学：虚构神学，自然神学和政治神学"（triplicem nationum Theologiam, fabularem, naturalem, et civilem），却从未用"政治神学"这个概念来标识自己的立场。1662 年，默尔豪夫在 35 页篇幅的雄文《异教政治神学初论》（*Theologiae gentium politicae dissertatio prima*）（Hamburg 1699）中把这个概念用作标题，可是他在文中讨论的是异教徒，矛头所指是天主教中政治神学的辩护者，抨击他们神化了君主。无论是"政治偶像学"（politische Idolatrie）之于弗休斯，还是"政治神学"之于默尔豪夫，都是他人之事。〔中译编按《源于圣经经文的政治》的作者是天主教神学家波舒哀（Jacques-Bénigne Bossuet, 1627—1704），《新教之为政治原则》的作者是出身犹太家庭改宗新教路德宗的德国宪法学者施达尔（Friedrich Julius Stahl, 1802—1861）。

斗,用来谴责敌人。㊼ 绕道巴枯宁最终将施米特勇敢的游戏引向了成功,即对一个被否定色彩占据的概念进行了肯定的转换。巴枯宁对实质意义上的政治神学的否定使[295]得施米特可以通过否定敌人的立场来实现对政治神学的肯定。这种曲折手法不仅为施米特免去了与奥古斯丁传统的正面交锋,也使他无需教条化的登台露面、表白和宣称。要看到这种手法的优点,只需瞥一眼哈勒(Carl Ludwig von Haller)在一个世纪前所作的失败尝试——他试图把政治宗教的概念从哲人手中夺回并对其进行基督教的转换。哈勒于1811年(他稍后因改宗天主教而在欧洲范围赢得声誉)在他所编纂并注疏的《政治宗教或关于国家的圣经教义》(*Politische Religion oder biblische Lehre über die*

㊼ 在《政治神学》出版数月之后,凯尔森(Hans Kelsen)发表了他的文章《上帝和国家》("Gott und Staat",载《逻各斯:哲学与文化国际学刊》[*Logos. Internationale Zeitschrift für Philosophie der Kultur*] 卷11,第3期,1922—1923,页261 - 284),文章以此开篇:"宗教问题与社会问题显现出一种引人注意的平行性。"凯尔森强调,上帝和国家是两种核心的"本质化"和"拟人化",自然科学、法学和社会科学想要成为科学,就必须从中解放出来。他以一种严格平行的方式攻击了一位超越世界的上帝和一个超越法治的国家以及它们在"自然奇迹"和"法律奇迹"中的表现(页271和279),并且他对其攻击的政治方向不加掩盖:因为"当且仅当人们信仰上帝和国家的时候,它们才存在",所以"当人类灵魂从这种信仰解脱出来的时候",它们"连同它们骇人的、充满了世界历史的权力也将归于虚无"(页282)。凯尔森没有提及巴枯宁,但明确地诉诸"显然存在于无神论与无政府主义之间的"平行(页282),他的文章标题也和施米特之前的论文标题一样指向巴枯宁的一个书名;巴枯宁在1871年出版了《马志尼与共产国际的政治神学》(*La Théologie politique de Mazzini et l' Internationale*),并在同一年写了《上帝和国家》(*Dieu et l' Etat*)。施米特以论战姿态所指向的巴枯宁的标题不是所有人都知道的,凯尔森为他的反驳所选的标题却是巴枯宁流传最广的书名。凯尔森在《主权问题与民法理论》(*Das Problem der Souveränität und die Theorie des Völkerrechts. Tübingen* 1920,页21脚注1)中提及该书的德文译本,并且留意到"无神论与无政府主义的内在亲缘"。

Staaten)中直言不讳地宣称,在他看来,政治宗教"无非是承认国家本性与社会义务中的神性因素,承认政治事物中的最高真理、最高法则和最高信仰"。在一本可以"在学校中作为政治手册来使用"的书中,以这种方式来解释并以信仰自白的方式来陈述学说,是难以完成基督教的转换的。就算哈勒为他的尝试选用"政治神学"的概念——施米特有理由给予这个概念优先性,因为与"政治宗教"的概念不同,这个概念能够容纳理论家的自我理解——他也无法成功。[48]

[296]施米特没有界定他的政治神学概念,因而它缺乏清晰性,这是他为此所要缴付的代价。其思想中心和思想关联一直不被理解,其形象之轮廓模糊难辨,其对"自身事物"之解释摇摆不定、令人迷惑不解。施米特坚持不渝地对奥古斯丁式的指责保持沉默,[49]可这种指责

---

[48] 哈勒(Carl Ludwig von Haller),《政治宗教或关于国家的圣经教义》(*Politische Religion oder biblische Lehre über die Staaten*),Winterhur 1811,页III和VII。哈勒所说的许多观点,施米特一定也相信,但是他没有像哈勒那样说:"是啊!宗教和健康的理性一样要求以善抗恶、用真理反对琐碎虚幻;因为这样一种战争是真正的邻人之爱,它是上帝之爱及其律法的最生动鲜活的证明。这样一种战争也不该停止,而是要一直延续下去,只要这个世界还在延续。因为在这世上不断会有新的敌人出现,甚至有敌人钻入我们的内心,而粗心大意在这里和在其他地方一样,都将是一切败坏的开端。"(页XI)施米特明确地没有把政治浪漫派的指责加于哈勒:"哈勒不是浪漫主义者。"《政治的浪漫派》(1925),页47、215(参看1919年的版本,页15、16和153)。

[49] 当施米特后来在《政治神学续篇》中谈及瓦罗的时候(页49,他所给出的《上帝之城》的页码有误),他还是略过了奥古斯丁对"theologia politica"[政治神学]所作的批判。对于所谈及的"政治神学"概念的起源,施米特在书信中也给了不同的回答。莫勒(Armin Mohler)向施米特自我介绍的时候说自己是一位"异教徒",既不了解基督教的传统,也不熟悉巴枯宁的著作;对于莫勒这样的人,施米特在1952年4月14日给出了干脆利落的回答:"'政治神学'的说法确实是从我而来的。"(《施米特和他的一位弟子的通信集》[*Carl Schmitt - Briefwechsel mit einem*

的影响不会突然消失,因此会有人怀疑他在搞"政治神学"(politischen Theologie)。施米特试图通过转移和回避、低估和歪曲来控制这种怀疑。㊿ 可他为什么没有下决心在严格的意义上阐明政治神学的立场呢？我将把1988年和1994年两本书所包含的对这个问题的回答作一个总结。(1)对于施米特来说,正如对于每一位想要从信仰之顺服来理解自身的理论家来说,行[297]动具有一种优先性。他作为理论家的言论因此是以其行动的"具体的历史"目的为准绳的。他的概念构造和概念阐释要不断地考虑概念在"时间天平"上所能发生的影响。把政治神学留在幕后或者在一定程度上把它隐藏起来,可以拓展政治神学行动的空间,并提高建立同盟、赢得追随的可能性,而这些人倘若必须同意政治神学家的计划或者倘若他们理解了他的计划,可能就不会成为他的同盟和追随者了。施米特在晚年哀叹他没有为自己心怀长久的关切找到"人类之耳",他的哀叹有多少,不被敌人所看穿对他就有多么重要;同样,真的被某一个人所理解,即像他自己理解自身那样理解他,就在多少程度上对他根本不重要。(2)施米特并不想丢掉

---

seiner Schüler], 页119); 而当默茨(Johann Baptist Metz)的助手费尔(Ernst Feil)向他提出这个问题的时候,即"'政治神学'的概念是通过何种途径"到他这里的,施米特在1969年1月6日作了这样的回答:"我对政治神学问题的提问方式(这决定了我的概念构造也)是一个基督教内部的问题,只有通过宗教改革(即通过围绕 jus reformandi[宗教改革法]的斗争)这个问题才达到了历史的-具体的反思等级,我正处于这个等级之上。用神学的语言来说,这是一个基督论问题,内在于基督教的三位一体神学本身:作为唯一的位格而现实存在的神人的[神性与人性]两种本性(zwei Naturen)。您所提到的那些人物(从瓦罗和奥古斯丁开始直到狄德罗;此外还可以加上维科)都没有认识到这一点。"刊于《施米特和福斯特豪夫通信》(Briefwechsel Ernst Forsthoff Carl Schmitt), 页496。

㊿ 在《政治神学续篇》中,施米特甚至不惜把《政治神学》假冒为"纯法学著作",并在事后为它配了一个副标题。请再次参看本书德文版页56/57,脚注12。

"政治神学"("politischen Theologie")这把政治神学家们几个世纪来在信仰斗争中所使用的武器,可如果他要准确规定概念并为政治神学的要务保留这个概念,就得放弃这把武器。毋宁说从一开始,他就爱好与这个概念进行一种高明的交往,这种交往方式让政治神学的支持者们与反对者们都不得不在其中相遇,并且在这场相遇中没有中立者。在《政治神学》这个文本中,这个概念共出现三次,其中的第二次通过凯尔森的例子表明,即便一位政治神学的反对者——无论在何种意义上反对——也无法逃脱政治神学。在政治神学的信仰斗争中,处处都是神学家在面对面地站立着。巴枯宁必须得是一位反神学事物的神学家。他的存在并不服从于他的意志。[51] [298](3)作为"业余神学家",施米特对于跟教会神学家就神学教义进行公开的争辩心存顾忌。这种顾忌不只是受教于他的先辈当中的某个"悲惨案例",而且尤其是考虑到信仰分裂给基督教政治神学所带来的变化了的历史情境。他追随政治神学家、法学家德尔图良(Tertullian)的榜样,带着法学家的面具现身,从而在他的政治神学的意义上来行动。[52] 即便他抛下其

---

[51] 施米特修改了《政治神学》1922 年版最后一句话的表达,即巴枯宁"成了"(geworden ist)反神学事物的神学家,他在 1934 年的新版中(页 84)将之替换为巴枯宁"必须得成为"(werden mußte)反神学事物的神学家。——施米特在他送给陶伯斯(Jacob Taubes)的那本《政治神学续篇》中写有一句反讽的题词:"赠陶伯斯 / Les dieux s'en vont [诸神走了], / les théologiens restent [神学家们留下了] / 施米特,71 年 1 月 26 日。"(这本赠书为笔者所收藏。)

[52] "作为非神学家,我不敢和神学家们就三位一体的神学问题进行争辩。柯特的悲惨案例已经告诉我们,业余神学家们如果对此怀有关切,会有怎样的遭遇。"(《政治神学续篇》,页 101 脚注)可正是施米特所说的他所不敢做的事情,他在几页之后(页 116 - 118;此外参看脚注 48)却以自己的方式做了。有一种观点认为,施米特并不把自己理解为政治神学家,而是理解为法学家。作为证据,沉思

他地方所作的保证，带着他自己的解释和立场进入天主教和新教职业神学家所占据的教义领域，比如谈论原罪教义或三位一体问题，他也会再三保证，这是[299]"从法学立场出发"在发言。(4)施米特拒绝将他的政治神学展开为系统并作为学说来陈述，这当中最重要的原因是——这个原因囊括并超越了所有其他的原因——他不愿把他们（他）的信仰核心交付给一种普遍的讨论。他要将这个信仰核心保持为他的"奥秘"（Arcanum）才能更好地看护它。施米特或许感到自己被启示神学的这个洞见所支持，即只有回退到神秘莫测才能捍卫上帝的全能。㊄

哲学附言（Philosophisches Postskript）。施米特用七条布鲁门贝格论纲最后一次通过对立面勾勒了自己的立场，这七条论纲都以那句箴言为准绳：nemo contra deum nisi deus ipse[唯上帝自己能反对上帝]。他相信自己在其基督教来源中解开了歌德这句话中"常被讨论的谜语"，这

录《牢房的智慧》中的一处偶尔会被征引："神学家们倾向于将敌人定义为必须被消灭的东西。我却是法学家，而非神学家。"没有被征引的是接下来一页中施米特用来结束沉思的那句话："可怜啊，那没有敌人的人，因为我将在末日成为他的敌人。"《从图圈中得拯救》，页89/90，另参本书德文版页86－94。在《语汇》中施米特这样谈论自己："我是一位法学神学家。"（ein Theologe der Jurisprudenz）（页23）"法学神学家"的问题问出法律（Gesetz）之外又回到法律的背后。在《政治神学》或《霍布斯国家学说中的利维坦》中，他以上帝的主权为目标。在《政治神学续篇》中，他从三位一体的神秘中寻得了庇护。在《大地的法》（*Der Nomos der Erde*）中，在"夺取、划分、牧养"（Nehmen, Teilen, Weiden）或"法、夺取、命名"（Nomos, Nahme, Name）中，他诉诸一种与神圣秩序相应、先于人类的法律"颁布"的法权。

㊄ 参看本书德文版页145。[译按]德语原文中的最后一个词Unergründlichkeit译为"神秘莫测"，也可译为"无可究诘"或"不可探究"。接下来一段"哲学附言"在原文中像开篇段落一样首行没有缩进，空出一行以为对应。

自信是如此之深,以至于他毫不犹豫地将这句话提升为他的自我理解的主导格言。对于施米特的这种确信,布鲁门贝格作了有理有据的反驳,㊹可施米特的确信并非基于文学考证,而是基于他直接就明白的对于"谁是上帝"这个问题的基督论回答,因为它与他的信仰确定相吻合:启示信仰的上帝在一种"无限且无法被占有、无法被占据的一次性的历史事件"中启示出他是谁(wer)。㊺ 施米特的确信所依赖的答案在多神论中的对应物是:被诸神断定为神者是一位神。㊻ 这句话——:
deus est quem dei deum esse declarant[被诸神断定为神者是一位神]——是那句[300]骇人箴言 *nemo contra deum nisi deus ipse*[唯上帝自己能反对上帝]的真正对应物。不过,无论是这个句子,还是施米特据为己有的那句话,都不能为我们免去提出如下问题的必然性,没有这个问题我们就无法在一场关乎我们自身、与我们最为相关的争论中达至有根有据的判断:*quid est deus*[什么是神]? 出于相同的原因,政治神学还拒绝了另一个问题,而哲人们必得坚持该问题:什么是神(*was ein Gott sei*)?㊼

㊹ 布鲁门贝格,《神话研究》(*Arbeit am Mythos*),Frankfurt a. M. 1979,页 567-604,尤其参看页 579/580 以及 601-603。
㊺ 参看《基督教历史图景的三种可能性》,前揭,页 930。
㊻ 阿里斯托芬,《蛙》(*Die Frösche*),行 668-671。
㊼ 哲人必得坚持这个与哲学同根同源的问题,这并不意味着他们会常常说出他们的这个表达会包含怎样的困难,更不用说对此做出解释了。在施特劳斯(Leo Strauss)的全部著作中,这个问题具有核心意义。他曾将它作为其他哲人的问题引入,并在《城邦与人》(*The City and Man*)的最后一句话中关于它这样说道:"哲人们并不经常明确地说出它——*quid sit deus*[什么是神]这个问题。"施特劳斯并没有让这个"与哲学并存的最为重要的问题"以希腊语的形式出现,他由此暗示,希腊哲人没有说出 τί ἐστι θεός[什么是神]的问题(亚里士多德曾举这个问题作为例子,但并没有作为问题来提出,参《后分析篇》(*Analytica posteriora*)II,1。

89b35。而当他［施特劳斯］以虚拟式复述它的时候,是要将它标识为归属于某一处的引文;在西塞罗的《论诸神的本性》(*De natura deorum*) I, 60 中,大祭司柯塔(Pontifex Cotta)将其作为僭主希耶罗(Hieron)曾经向诗人西蒙尼德斯(Simonides)所提的问题引入。施特劳斯将这个问题宣布为决定一切的关键问题,他因此而是第一个说出这个问题的哲人吗? 比较本书德文版页 138 - 140 以及拙著《神学—政治问题:施特劳斯的论题》(*Das theologisch-politische Problem. Zum Thema von Leo Strauss*), Stuttgart – Weimar, 2003, 页 45 - 47。［中译编按］施特劳斯引入这个核心问题时,用的拉丁语 quid sit deus 是一个间接引语中的虚拟式从句(作陈述句理解),迈尔循此表述找到其出处在西塞罗《论诸神的本性》I, 60。迈尔在正文里用陈述句提出的 quid est deus 将这个问题还原为一个苏格拉底式的问题:什么是神?

附录　追忆博肯福德

余明锋　译

我第一次遇见恩斯特－沃尔夫冈·博肯福德（Ernst-Wolfgang Böckenförde），是在1978年夏季学期，在弗莱堡大学礼堂。我那时候在上他的国家法课程，他讲了几次霍布斯，有一次课后我就课上内容和他谈了起来。我最后一次见他也是在弗莱堡大学礼堂，那是在2013年6月，我发表演说，纪念威尔海姆·黑尼斯（Wilhelm Hennis）。这么多年，我们经常在弗莱堡和慕尼黑碰面，不曾中断学术问题和政治事件（诸如两德统一、欧洲分裂的终结、马斯特里赫特条约等）的讨论。有急事我们就常通电话，有时也在书信里讨论，历四十年之久！

那时候，博肯福德刚从比勒菲尔德来到弗莱堡，他每周讲四个小时的"国家法"，那是大学期间令我印象最深的课程。此外，还有三个小时的"法哲学与国家哲学史"。二十五年后，一部内容丰富的同名专著《法哲学与国家哲学史》由是诞生，不过，与课堂不同的是，他没有再处理现代部分，而是写到路德为止。一周七个小时的"博肯福德"，让我这个非法学系学生有了许多提问、深化理解和提出异议的机会。同年冬天，博肯福德和黑尼斯一起开设了一门施米特高级讨论课，那次课后，博肯福德在1979年2月给了我一个助理的位置。我婉拒了，理由是我从未学过法学，他却不接受这个理由。他说，他需要的不是法学家，而是哲学家。直到我跟他说，我曾两次拒绝黑尼斯提供的相应位置，因为我也不把自己定位于政治学，这时他才接受了我的婉拒。

十年之后,我邀请博肯福德来西门子基金会做了他在基金会的第一场演讲。1989年10月19日,他在慕尼黑做了题为"论四十年基本法之后的基本法教义学现状"("Zur Lage der Grundrechtsdogmatik nach 40 Jahren Grundgesetz")的演讲。演讲在1990年由基金会出版,面世后很快就广被征引。那之后,他又做了三场演讲:1995年,德国投降50周年纪念之前几天,演讲题目为"民族——差异中的同一"("Die Nation – Identität in Differenz");1997年,"欧洲往何处去?"("Welchen Weg geht Europa"),这次演讲对欧洲统一进程做了透彻的分析;2006年,最后一场大型公开演讲,"世俗化国家:特点、合法性及其在21世纪的问题"(Der säkularisierte Staat. Sein Charakter, seine Rechtfertigung und seine Probleme im 21. Jahrhundert)。在一封信中,他说,这最后一次演讲是他对一个思索了一生的问题所做的"总结和告别"。所有这些演讲都在慕尼黑之外获得了广泛的公共影响,被许多电视台转播。他的"欧洲演讲"是一次介入的行动,我们为此商谈了几年,而他也等到联邦宪法法院的法官任职结束之后才采取了这次行动。演讲结束之后,他告诉我,他从未花这么多时间和精力来准备一场演讲。"欧洲向何处去?"和"世俗化国家"同样都成了基金会的出版物。《世俗化国家》一书在2006年的演讲之外,还收入1964年的"作为世俗化进程的国家起源"(Die Entstehung des Staates als Vorgang der Säkularisation),两篇一道标识了博肯福德在四十年间所走过的道路。

博肯福德与基金会的联系并不局限于做这些演讲。比如,哥伦比亚大学的耶鲁沙米(Yosef Hayim Yerushalmi)曾于1993年在基金会做了一场报告,谈了"王室结盟"(Royal Alliance)①在犹太历史上所扮演的角色,博肯福德借此机会采取了另一次重要的介入行动:这就是 1997 年的文章《对德国犹太人的迫害之为市民的背叛》("Die Verfolgung der deutschen Juden als Bürgerverrat")。另一次是 2012 年 7 月,他从弗莱堡赶来,坐在下面听格拉夫(Friedrich Wilhelm Graf)、哈贝马斯和我就政治与宗教所做的一场公开讨论。他和哈贝马斯也在那天晚上初次见面。总之,博肯福德和宁芬堡(Nymphenburg)②的联系甚是紧密,所以,基金会分别在 2000 年和 2010 年举办了大型学术讨论会,庆祝他的七十和八十大寿。

施米特从一开始就是我们谈话的中心议题,二十年如一日。我跟博肯福德说的第一句话就和施米特有关。因为我在 1978 年夏季学期课上和他讨论的霍布斯解释,就是施米特的解释。在两堂课上,他都强调,保障和平是"利维坦"的真正目的。在两堂课上,他都提及保护与服从的根本关联,提及直接和间接权力的区分,提及 Quis interpretabitur[谁解释?]这个问题的重要性,以及 Autoritas non veritas facit legem[造就法律的是权威而非真理]这句话的地位。所有这些都源于

---

① [编按]Royal Alliance 是犹太历史学家 Salo W. Baron 提出的一个学术概念,由其学生 Yosef Hayim Yerushalmi 着力阐发。这个概念概括了一个现象,即在中世纪直至现代的流亡历史中,犹太人总是力图与占统治地位的权力集团结盟,以求整个共同体的生存。这样一种策略往往加剧了该国被统治阶层对犹太人的反感与抵制。关于耶鲁沙米与此概念的学术脉络,参 Lois C. Dubin,"Yosef Hayim Yerushalmi, the Royal Alliance, and Jewish Political Theory," *Jewish History* 28/1 (2014): 51-81。

② [译按]宁芬堡为西门子基金会所在地,迈尔长期担任该基金会主任。

施米特的"霍布斯晶体"(Hobbes - Kristall)的那些"轴线"。③而施米特的霍布斯解释区别于其他解释的典型特征在于,它赋予"耶稣是基督"这句话以决定性意义。早在《霍布斯国家学说中的利维坦》(1938)中,施米特就在否定神迹的"启蒙者"霍布斯之旁,树立了坚持基督信仰的 vir probus[正直者]霍布斯的形象,"耶稣是基督"这句话就在这时获得了关键功能。在 1963 年新版《政治的概念》中,施米特以补注的形式提出了"霍布斯晶体",而这句话正是"晶体"的第一条同时也是最后一条轴线,是霍布斯"体系"的开端和归宿:Veritas: Jesus Christus[真理:耶稣是基督]。最终,在 1965 年发表于《国家》杂志上的文章《已然完成的宗教改革》("Die vollendete Reformation")中,施米特援引这根"轴线"的所有形式,证明霍布斯是一位政治神学的代表。

　　博肯福德接受了施米特的解释。我却不同意,把霍布斯纳入政治神学的做法在我看来是站不住脚的,这种做法错失了霍布斯思想的内核。不过,我清楚地意识到,对于施米特和博肯福德来说,这当中绝不只关系到对霍布斯思想的某种恰当解释:这当中所关系到的问题是,能否把现代国家的建立理解为一次基督式救赎行动,能否在基督教真理的前提下理解宗教战争的终结。对于施米特和博肯福德两人而言,他们在谈论霍布斯解释时,所谈的最终是他们作为历史行动者的自我理解。博肯福德在这个意义上能够信服他在普勒滕贝格(Plettenberg)④所听到的一句话,而施米特在他的《语汇》(*Glossarium*)中也向后世认定了这句话:"霍布斯最要紧的一句话从来都是:耶稣是基督。"

---

　　③　[译按]施米特在《政治的概念》1963 年版补注中对霍布斯做了长篇评论,并将他的霍布斯解释凝结在这个"系统晶体"中。参施米特,《政治的概念》,刘宗坤等译,上海人民出版社,2004,页 146。

　　④　[译按]施米特的家乡,也是他后半生的居住地。

这句最要紧的话曾是福音的核心论断。

有关博肯福德与施米特的关联，那些向博肯福德的生平和功业致敬的日报和周报，在其讣告中以一种出奇的一致表现出茫然失措。《明镜》周刊(Spiegel)写到，他把自己与施米特的"亲近之谜""带进了坟墓"。其实要是找一下"影响"痕迹的话，很快就能有所发现。博肯福德从未讳言自己从[施米特]《宪法学说》和《政治的概念》中获益良多。对于他的国家法学和法哲学课程上的听众来说，关联和征引之处也不难辨识：法治国家的教义及其与民主的差异，宪法与宪法法的差异，法律与措施的差异，对于例外状态的思考，对于例外状态中有时间限制的例外措施的思考，对宪法之为政治共同体就自身类型与形式所做的根本决断、对政治事物(das Politische)乃一种联结或分裂之强度或对敌我区分乃一块试金石等等所做的思考。不过，国家法讲座同样着重征引了施泰因(Lorenz von Stein)或黑勒(Hermann Heller)，而在《法哲学史》中，尤其在讨论亚里士多德和黑格尔时，里特尔(Joachim Ritter)给他的启发同样显著。国家学学者及其概念、分析和诊断对博肯福德的影响，并不能说明施米特在他生命中的独特地位。施米特的教养、他丰富的思想世界、他在对话时富有挑战的清醒和专注给博肯福德留下的印象，也不足以解开"谜语"。同样，对早年的老师心怀忠诚也不足以解释这一切，虽然博肯福德所受的法学教育很大一部分就源于那个时期。他与施米特的联系比上述这些要来得更深、更特别。

1979年夏天，博肯福德邀我在弗莱堡大教堂广场的一家小酒馆会面。我在谈话的时候第一次向他陈述了自己的观点，即施米特的思想核心是启示信仰，并进一步勾勒了我对政治神学的探究和辩驳。这时我清晰地看到，他眼中仿佛在说：tua res agitur[是你的事了]。我的《隐匿的对话》讨论了施米特、施特劳斯和政治事物的概念，此书出版后,博肯福德在 1988 年 6 月给我写了一封长信。他在信中就我对施米特政治神学的核心所做的解释表达了自己的看法:"我相信,您探到了最后一层,并且您所阐发的是施米特未曾公开言说的东西。您也许,甚至很可能,发现了他的秘密。施米特如果还活着,大概会接连给您写好几封信,承认您是少数甚至唯一的一个全然理解他的人,他可以以此高龄心满意足地离开这时间性此在了。不过,在读到第七节的时候,他也可能会搁置或中止通信;我不确定他会如何承受自己的秘密被揭示出来。"施米特区别于施泰因、黑勒和里特尔的地方就在于政治神学。博肯福德没有全然接受施米特的学说(Doktrin),但是接受了政治神学的要务(Sache [或译:实事]),他把这种要务理解为"一种政治理论、一种政治学说或一种政治立场的规定,在政治神学家看来,神圣启示是其最高的权威和最后的根基",这桩要务对博肯福德来说具有生存性意义。在他的后期演讲"世俗化国家"中,他就从基督教信仰的理解出发解释了对宗教自由的承认,他把这看作上述意义上的政治神学的一桩事务。

从我们在弗莱堡大学礼堂的第一次相遇开始,博肯福德就很清楚,我与政治神学的对峙出自一种批判性意图。我在这种对峙中努力强化对方的立场,这种做法并未伤及我们之间的关系。他的善意是其博大心胸的表现。这种大度的姿态更看重要务的澄清而非信念上的一致。他是一个伟大的人。

人名索引

（页码为德文原书页码，译文中以中括号"[ ]"标出）

A

Abravenel, Isaak 阿布拉瓦内 238
Adams, Paul 亚当斯 69, 71, 115
Althaus, Paul 阿尔特豪斯 228
Aristophanes 阿里斯托芬 299
Aristoteles 亚里士多德 34, 37, 121, 152, 287, 300
Augustinus, Aurelius 奥古斯丁 34, 35, 45, 144, 145, 156, 279, 291—293, 295, 296
Augustus 奥古斯都 247

B

Bacon, Francis 培根 165, 182
Baeumler, Alfred 鲍姆勒 75
Bakunin, Michail 巴枯宁 21—24, 30, 119, 225, 257—259, 269, 271, 294, 296—298
Ball, Hugo 巴尔 115, 146, 200, 201
Balthasar, Hans Urs von 巴尔塔萨 248
Barbey d´Aurevilly, Jules-Amédée 巴贝·多尔维伊 200, 201
Barion, Hans 巴利翁 117, 199, 200, 228, 282
Barnikol, Ernst 巴尔尼考 233
Barth, Karl 巴特 126
Baudelaire, Charles 波德莱尔 24
Bauer, Bruno 鲍尔 156, 233, 234, 239
Becker, Carl 卡尔·贝克 148
Becker, Werner 维尔纳·贝克 114, 131, 136, 215, 248, 249, 264
Benardete, Seth 伯纳德特 36, 86, 256
Berdiajew, Nikolai 别尔嘉耶夫 25
Bloy, Léon 布劳伊 142, 257
Blumenberg, Hans 布鲁门贝格 148, 266, 271—273, 276, 277, 279—291, 299
Bodin, Jean 博丹 182, 275
Bolotin, David 博洛廷 86
Bonald, Louis de 伯纳德 120, 130, 190, 224, 259, 293
Bonaventura 波纳文图拉 137

Bossuet, Jacques Bénigne 波舒哀 130, 293
Bousset, Wilhelm 布塞特 247
Bramhall, John 布拉姆哈尔 290
Bruell, Christopher 布鲁尔 74
Bultmann, Rudolf 布尔特曼 110, 136, 137, 227, 240

C

Caesar 凯撒 212
Calvin, Jean 加尔文 94, 110, 139, 142, 144, 145, 156, 293
Campanella, Tommaso 康帕内拉 287
Cassuto, Umberto 卡苏托 94
Cicero, Marcus Tullius 西塞罗 72, 138, 152, 292, 300
Clausewitz, Carl von 克劳塞维茨 95, 96, 99
Cohn, Norman 科恩 248
Collingwood, Robin George 柯林武德 203
Constant, Benjamin 贡斯当 101
Cromwell, Oliver 克伦威尔 96–98
Cropsey, Joseph 克罗泊西 7, 36, 75, 158

D

Däubler, Theodor 多伯勒 13, 29, 76, 77, 79, 80, 89, 96, 105, 208, 280

Descartes, René 笛卡尔 165, 182
Diderot, Denis 狄德罗 296
Dilthey, Wilhelm 狄尔泰 290
Disraeli, Benjamin 迪斯雷利 238–240
Dobschütz, Ernst von 多布舍茨 243, 248
Donoso Cortés, Juan Maria de la Salud 柯特 118, 120, 130, 150, 156, 201, 221, 224, 244, 245, 259, 293, 298
Dostojewskij, Fjodor M. 陀思妥耶夫斯基 176

E

Epikur 伊壁鸠鲁 18, 121
Erastus, Thomas 伊拉斯托 182, 184
Eschweiler, Karl 埃施怀勒 228, 258
Eusebios von Cäsarea 该撒利亚的尤塞比乌斯 259

F

Feil, Ernst 费尔 296
Fénelon, François de Salignac de La Mothe 费讷隆 147, 150
Forsthoff, Ernst 恩斯特·福斯特豪夫 101, 162, 167, 176, 282

Forsthoff, Heinrich 亨利希·福斯特豪夫 116, 133
Forsyth, Neil 福赛斯 121
Fortin, Ernest L 福尔丁 257
Franz Joseph (Kaiser) 弗兰茨·约瑟夫（皇帝）245
Freund, Julien 弗罗因德 103

G

Galilei, Galileo 伽利略 165
Gassendi, Pierre 迦桑迪 18
Gehlen, Arnold 盖伦 132
Gentilis, Albericus 真提利斯 274
Goethe, Johann Wolfgang von 歌德 206, 280, 282, 289
Gogarten, Friedrich 戈嘉顿 116, 133 - 135, 162, 227, 228, 289
Greg or von Elvira 爱尔维拉的格列高利 249
Greg or von Nazianz 纳西昂的格列高利 279
Gross, Julius 格罗斯 135
Guevara, Ernesto ("Che") 格瓦拉 91
Günther, Albrecht Erich 奥布瑞希特·埃里希·君特 249
Günther, Gerhard 吉哈德·君特 249
Guillemin, Henri 吉耶曼 155
Guitton, Jean 基顿 198

H

Haecker, Theodor 海克尔 115, 249
Halevi, Jehuda 哈列维 251
Haller, Carl Ludwig von 哈勒 295
Hamann, Johann Georg 哈曼 146, 151
Hauriou, Maurice 奥里欧 64
Heckel, Johannes 海克 256, 257
Hegel, George Wilhelm Friedrich 黑格尔 32, 33, 35, 90, 94, 105, 156, 157, 210, 211, 229, 232
Heidegger, Martin 海德格尔 36, 136, 156, 205, 206
Heine, Heinrich 海涅 237
Heraklit 赫拉克利特 72, 75, 79, 94
Herrad, von Landsberg 朗茨贝格的贺拉德 177, 262
Hieron 希耶罗 139, 300
Hirsch, Emanuel 赫尔施 227, 228
Hobbes, Thomas 霍布斯 18, 114, 131, 136, 157 - 175, 178, 180 - 186, 191, 192, 194 - 204, 206, 207, 218, 228, 229, 231, 263, 274 - 276, 290
Hof, Walter 豪夫 70

I

Irenaeus von Lyon 里昂的伊里奈

乌 143

J

John of Salisbury 萨尔兹伯利的约翰 199,200
Josephus, Flavius 约瑟夫斯 176
Jünger, Ernst 恩斯特·云格尔 35, 37, 43, 69, 70, 72, 239, 257, 265, 266
Jünger, Friedrich Georg 弗里德里希·格奥尔格·云格尔 70

K

Kanne, Johann Arnold 卡恩 155, 242
Kant, Immanuel 康德 146, 151
Kelsen, Hans 凯尔森 259, 294, 297
Kierkegaard, Søren 基尔克果 155, 156, 189, 223, 227
Kittel, Gerhard 基特尔 228
Klages, Ludwig 克拉格斯 239, 240
Klein, Jacob 克莱因 264
Kleist, Heinrich von 克莱斯特 97
Köster, Heinrich 科斯特 135
Kojève, Alexandre 科耶夫 33, 94, 105, 156, 157, 264, 266
Krauss, Günther 克劳斯 114

L

Lauermann, Manfred 洛尔曼 235
Lenin, Wladimir I. 列宁 35, 97
Lessing, Gotthold Ephraim 莱辛 185
Lieberg, Godo 利伯格 257
Löwith, Karl 洛维特 172, 233, 240-243, 260, 264, 272, 289
Luther, Martin 路德 38, 139, 144, 145, 167, 186, 248

M

Machiavelli, Niccolò 马基雅维利 37, 158, 173, 204, 219, 223
Maistre, Joseph de 迈斯特 130, 151, 157, 200, 201, 224, 259, 293
Marcion 马克安 121
Marsilius von Padua 帕多瓦的马西利乌斯 204
Marx, Karl 马克思 233
Masaryk, Thomas 马萨克 245
Mazzini, Guiseppe 马志尼 23, 215, 225, 226
Meijering, E. P. 梅捷林 139
Mendelssohn, Moses 门德尔松 231
Metz, Johann Baptist 默茨 296
Mohammed 穆罕默德 121
Mohler, Armin 莫勒 264, 296

Moltmann, Jürgen 莫尔特曼 177
Morhof, Daniel Georg 默尔豪夫 293
Mussolini, Benito 墨索里尼 210 – 213, 219, 222, 226

N

Napoleon 拿破仑 157
Nero 尼禄 230, 245
Newmann, John Henry 纽曼 224, 248, 249
Nichtweiß, Barbara 尼希特韦斯 26, 44, 260
Niekisch, Ernst 尼基什 115
Nietzsche, Friedrich 尼采 13, 29, 34 – 36, 75, 89, 98, 137, 152, 155, 173

O

Oberheid, Heinrich 奥伯海德 207
Ors, Álvaro d' 多勒斯 265 – 267

P

Pascal, Blaise 帕斯卡 41, 147
Panaitios von Rhodos 罗德斯的帕奈提奥思 291
Paulus 保罗 46, 110, 141, 145, 243, 246, 289, 290
Peterson, Erik 佩特森 26, 44, 149, 218, 220, 257, 259, 260, 267, 272, 273, 279, 282, 288, 291, 292
Pilatus, Pontius 本丢·彼拉多 242
Pilsudski, Josef 皮祖斯基 245
Platon 柏拉图 36, 38, 51, 73, 100, 124, 147, 149, 152, 156
Polignac, Melchoir de 波利尼亚克 18
Popitz, Johannes 珀匹茨 207
Poseidonios 波赛多尼奥斯 291
Preuß, Hans 普罗伊斯 248
Proudhon, Pierre-Joseph 蒲鲁东 43
Przywara, Erich 普施瓦拉 222, 233, 240

Q

Quervain, Alfred de 德·盖尔仿 146, 258, 289

R

Rimbaud, Arthur 兰波 36
Rosenzweig, Franz 罗森茨威格 251
Rousseau, Jean-Jacques 卢梭 35, 37, 84, 100, 136, 137, 153 – 157
Rudolf II von Hapsburg 哈布斯堡的鲁道夫二世 244

S

Savonarola, Girolamo 萨沃纳罗

拉 293
Scaevola, Quintus Mucius 斯凯弗拉 292, 293
Scheffczyk, Leo 谢夫奇克 135
Schelling, Friedrich Wilhelm Joseph 谢林 156
Schelsky, Helmut 舍尔斯基 157, 169, 172–174, 178, 184
Schütz, Paul 舍茨 248
Schuler, Alfred 阿尔弗雷德·舒勒 239
Seillière, Ernest de 塞利埃 130, 154
Seneca, Lucius Annaeus 塞内卡 230
Simmel, Georg 西美尔 101
Simonides 西蒙尼德斯 139, 140, 300
Smend, Rudolf 施曼德 181
Sohm, Rudolph 索姆 23, 114, 179, 198
Sokrates 苏格拉底 38, 72, 73, 75, 124, 149, 150, 152, 156
Sorel, Georges 索雷尔 35, 173
Spinoza, Benedictus de 斯宾诺莎 18, 101, 153, 157, 165, 180, 181, 231, 232, 237, 238
Stählin, Wilhelm 施泰林 249
Stahl, Friedrich Julius 施达尔 156, 231, 232, 235–238, 256, 259, 293
Stein, Karl vom 卡尔·冯·施泰因 97
Stein, Lorenz von 洛伦兹·冯·施泰因 211
Strauß, David Friedrich 大卫·施特劳斯 102
Strauss, Leo 列奥·施特劳斯 27, 34, 37, 38, 59, 109, 114, 115, 124, 138, 147, 153, 156, 158, 160, 169–173, 180, 181, 183, 184, 231, 232, 238, 264, 266, 300

T

Taubes, Jacob 陶伯斯 239, 298
Tertullianus, Quintus Septimius Florens 德尔图良 146–151, 156, 298
Thomas von Aquin 托马斯·阿奎那 113, 143, 145
Tocqueville, Alexis de 托克维尔 245, 246
Toynbee, Arnold 汤因比 94
Troeltsch, Ernst 特洛尔奇 130

U

Umphrey, Stewart 翁弗里 74

V

Varro, Mucius Terentius 瓦罗 257,

291-293,296
Vergil, Publius Maro 维吉尔 256
Vico, Giambattista 维柯 173,296
Vitoria, Francisco de 维托利亚的弗朗西斯科 252
Voltaire, François Marie Arouet 伏尔泰 97,155,174
Vossius, Gerard Joannes 弗休斯 293

W

Waszink, Jan H. 瓦辛克 148
Weber, Max 韦伯 290

Weiss, Konrad 怀斯 38,39,115, 156,228,250,252

X

Xenophon 色诺芬 72,152

Y

Yerushalmi, Yosef Hayim 耶鲁沙尔米 234

Z

Ziegler, Heinz O. 齐格勒 218

图书在版编目(CIP)数据

施米特的教训:区分政治神学与政治哲学四章/(德)迈尔著;林国基,余明锋译. - -北京:华夏出版社有限公司,2022.10
(西方传统:经典与解释)
ISBN 978 - 7 - 5080 - 7676 - 8

Ⅰ.①施… Ⅱ.①迈… ②林… ③余… Ⅲ.①施米特(Schmitt,Carl 1888—1985) - 政治哲学 - 研究 Ⅳ.①B516.59

中国版本图书馆 CIP 数据核字(2022)第 075336 号

First published in German under the title
Die Lehre Carl Schmitts:Vier Kapitel zur Unterscheidung Politischer Theologie und Politischer Philosophie (4. Aufl.)
by Heinrich Meier
Copyright © Springer - Verlag GmbH, 2012
This edition has been translated and published under licence from Springer - Verlag GmbH, part of Springer Nature.

版权所有 翻印必究
北京市版权局著作权合同登记号:图字 01 - 2022 - 0740 号

施米特的教训——区分政治神学与政治哲学四章

作　者	[德]迈尔
译　者	林国基　余明锋
责任编辑	李安琴
责任印制	刘　洋
出版发行	华夏出版社有限公司
经　销	新华书店
印　装	北京汇林印务有限公司
版　次	2022 年 10 月北京第 1 版 2022 年 10 月北京第 1 次印刷
开　本	880 × 1230　1/32
印　张	10.875
字　数	243 千字
定　价	85.00 元

华夏出版社有限公司　地址:北京市东直门外香河园北里 4 号　邮编:100028
网址:http://www.hxph.com.cn 电话:(010)64663331(转)
若发现本版图书有印装质量问题,请与我社营销中心联系调换。

西方传统：经典与解释
Classici et Commentarii
HERMES
刘小枫○主编

古今丛编

欧洲中世纪诗学选译　宋旭红 编译
克尔凯郭尔　[美]江思图 著
货币哲学　[德]西美尔 著
孟德斯鸠的自由主义哲学　[美]潘戈 著
莫尔及其乌托邦　[德]考茨基 著
试论古今革命　[法]夏多布里昂 著
但丁：皈依的诗学　[美]弗里切罗 著
在西方的目光下　[英]康拉德 著
大学与博雅教育　董成龙 编
探究哲学与信仰　[美]郝岚 著
民主的本性　[法]马南 著
梅尔维尔的政治哲学　李小均 编/译
席勒美学的哲学背景　[美]维塞尔 著
果戈里与鬼　[俄]梅列日科夫斯基 著
自传性反思　[美]沃格林 著
黑格尔与普世秩序　[美]希克斯 等著
新的方式与制度　[美]曼斯菲尔德 著
科耶夫的新拉丁帝国　[法]科耶夫 等著
《利维坦》附录　[英]霍布斯 著
或此或彼（上、下）　[丹麦]基尔克果 著
海德格尔式的现代神学　刘小枫 选编
双重束缚　[法]基拉尔 著
古今之争中的核心问题　[德]迈尔 著
论永恒的智慧　[德]苏索 著
宗教经验种种　[美]詹姆斯 著
尼采反卢梭　[美]凯斯·安塞尔-皮尔逊 著
舍勒思想评述　[美]弗林斯 著
诗与哲学之争　[美]罗森 著

神圣与世俗　[罗]伊利亚德 著
但丁的圣约书　[美]霍金斯 著

古典学丛编

赫西俄德的宇宙　[美]珍妮·施特劳斯·克莱 著
论王政　[古罗马]金嘴狄翁 著
论希罗多德　[古罗马]卢里叶 著
探究希腊人的灵魂　[美]戴维斯 著
尤利安文选　马勇 编/译
论月面　[古罗马]普鲁塔克 著
雅典谐剧与逻各斯　[美]奥里根 著
菜园哲人伊壁鸠鲁　罗晓颖 选编
《劳作与时日》笺释　吴雅凌 撰
希腊古风时期的真理大师　[法]德蒂安 著
古罗马的教育　[英]葛怀恩 著
古典学与现代性　刘小枫 编
表演文化与雅典民主政制
[英]戈尔德希尔、奥斯本 编
西方古典文献学发凡　刘小枫 编
古典语文学常谈　[德]克拉夫特 著
古希腊文学常谈　[英]多佛 等著
撒路斯特与政治史学　刘小枫 编
希罗多德的王霸之辨　吴小锋 编/译
第二代智术师　[英]安德森 著
英雄诗系笺释　[古希腊]荷马 著
统治的热望　[美]福特 著
论埃及神学与哲学　[古希腊]普鲁塔克 著
凯撒的剑与笔　李世祥 编/译
伊壁鸠鲁主义的政治哲学
[意]詹姆斯·尼古拉斯 著
修昔底德笔下的人性　[美]欧文 著
修昔底德笔下的演说　[美]斯塔特 著
古希腊政治理论　[美]格雷纳 著
神谱笺释　吴雅凌 撰

赫西俄德：神话之艺
[法]居代·德拉孔波 编

赫拉克勒斯之盾笺释 罗逍然 译笺

《埃涅阿斯纪》章义 王承教 选编

维吉尔的帝国 [美]阿德勒 著

塔西佗的政治史学 曾维术 编

古希腊诗歌丛编

古希腊早期诉歌诗人 [英]鲍勒 著

诗歌与城邦 [美]费拉格、纳吉 主编

阿尔戈英雄纪（上、下）
[古希腊]阿波罗尼俄斯 著

俄耳甫斯教祷歌 吴雅凌 编译

俄耳甫斯教辑语 吴雅凌 编译

古希腊肃剧注疏

欧里庇得斯的现代性 [法]德·罗米伊 著

自由与僭越 罗峰 编注

希腊肃剧与政治哲学 [美]阿伦斯多夫 著

古希腊礼法研究

宙斯的正义 [英]劳埃德-琼斯 著

希腊人的正义观 [英]哈夫洛克 著

廊下派集

剑桥廊下派指南 [加]英伍德 编

廊下派的苏格拉底 程志敏 徐健 选编

廊下派的神和宇宙 [墨]里卡多·萨勒斯 编

廊下派的城邦观 [英]斯科菲尔德 著

希伯莱圣经历代注疏

希腊化世界中的犹太人 [英]威廉逊 著

第一亚当和第二亚当 [德]朋霍费尔 著

新约历代经解

属灵的寓意 [古罗马]俄里根 著

基督教与古典传统

保罗与马克安 [德]文森 著

加尔文与现代政治的基础 [美]汉考克 著

无执之道 [德]文森 著

恐惧与战栗 [丹麦]基尔克果 著

托尔斯泰与陀思妥耶夫斯基
[俄]梅列日科夫斯基 著

论宗教大法官的传说 [俄]罗赞诺夫 著

海德格尔与有限性思想（重订版）
刘小枫 选编

上帝国的信息 [德]拉加茨 著

基督教理论与现代 [德]特洛尔奇 著

亚历山大的克雷芒 [意]塞尔瓦托·利拉 著

中世纪的心灵之旅 [意]圣·波纳文图拉 著

德意志古典传统丛编

克劳塞维茨论现代战争 [澳]休·史密斯 著

《浮士德》发微 谷裕 选编

尼伯龙人 [德]黑贝尔 著

论荷尔德林 [德]沃尔夫冈·宾德尔 著

彭忒西勒亚 [德]克莱斯特 著

穆佐书简 [奥]里尔克 著

纪念苏格拉底——哈曼文选 刘新利 选编

夜颂中的革命和宗教 [德]诺瓦利斯 著

大革命与诗化小说 [德]诺瓦利斯 著

黑格尔的观念论 [美]皮平 著

浪漫派风格——施勒格尔批评文集 [德]施勒格尔

美国宪政与古典传统

美国1787年宪法讲疏 [美]阿纳斯塔普罗 著

启蒙研究丛编

论古今学问 [英]坦普尔 著

历史主义与民族精神 冯庆 编

浪漫的律令 [美]拜泽尔 著

现实与理性 [法]科维纲 著

论古人的智慧 [英]培根 著

托兰德与激进启蒙 刘小枫 编

图书馆里的古今之战 [英]斯威夫特 著

政治史学丛编

驳马基雅维利　[普鲁士]弗里德里希二世 著
现代欧洲的基础　[英]赖希 著
克服历史主义　[德]特洛尔奇 等著
胡克与英国保守主义　姚啸宇 编
古希腊传记的嬗变　[意]莫米利亚诺 著
伊丽莎白时代的世界图景　[英]蒂利亚德 著
西方古代的天下观　刘小枫 编
从普遍历史到历史主义　刘小枫 编
自然科学史与玫瑰　[法]雷比瑟 著

地缘政治学丛编

地缘政治学的起源与拉采尔　[希腊]斯托杨诺斯 著
施米特的国际政治思想　[英]欧迪瑟乌斯/佩蒂托 编
克劳塞维茨之谜　[英]赫伯格-罗特 著
太平洋地缘政治学　[德]卡尔·豪斯霍弗 著

荷马注疏集

不为人知的奥德修斯　[美]诺特维克 著
模仿荷马　[美]丹尼斯·麦克唐纳 著

品达注疏集

幽暗的诱惑　[美]汉密尔顿 著

阿里斯托芬集

《阿卡奈人》笺释　[古希腊]阿里斯托芬 著

色诺芬注疏集

居鲁士的教育　[古希腊]色诺芬 著
色诺芬的《会饮》　[古希腊]色诺芬 著

柏拉图注疏集

挑战戈尔戈　李致远 选编
论柏拉图《高尔吉亚》的统一性　[美]斯托弗 著
立法与德性——柏拉图《法义》发微　林志猛 编
柏拉图的灵魂学　[加]罗宾逊 著
柏拉图书简　彭磊 译注
克力同章句　程志敏 郑兴凤 撰
哲学的奥德赛——《王制》引论　[美]郝兰 著

爱欲与启蒙的迷醉　[美]贝尔格 著
为哲学的写作技艺一辩　[美]伯格 著
柏拉图式的迷宫——《斐多》义疏　[美]伯格 著
苏格拉底与希琵阿斯　王江涛 编译
理想国　[古希腊]柏拉图 著
谁来教育老师　刘小枫 编
立法者的神学　林志猛 编
柏拉图对话中的神　[法]薇依 著
厄庇诺米斯　[古希腊]柏拉图 著
智慧与幸福　程志敏 选编
论柏拉图对话　[德]施莱尔马赫 著
柏拉图《美诺》疏证　[美]克莱因 著
政治哲学的悖论　[美]郝岚 著
神话诗人柏拉图　张文涛 选编
阿尔喀比亚德　[古希腊]柏拉图 著
叙拉古的雅典异乡人　彭磊 选编
阿威罗伊论《王制》　[阿拉伯]阿威罗伊 著
《王制》要义　刘小枫 选编
柏拉图的《会饮》　[古希腊]柏拉图 等著
苏格拉底的申辩（修订版）　[古希腊]柏拉图 著
苏格拉底与政治共同体　[美]尼柯尔斯 著
政制与美德——柏拉图《法义》疏解　[美]潘戈 著
《法义》导读　[法]卡斯代尔·布舒奇 著
论真理的本质　[德]海德格尔 著
哲人的无知　[德]费勃 著
米诺斯　[古希腊]柏拉图 著
情敌　[古希腊]柏拉图 著

亚里士多德注疏集

《诗术》译笺与通绎　陈明珠 撰
亚里士多德《政治学》中的教诲　[美]潘戈 著
品格的技艺　[美]加佛 著
亚里士多德哲学的基本概念　[德]海德格尔 著
《政治学》疏证　[意]托马斯·阿奎那 著

尼各马可伦理学义疏 [美]伯格 著
哲学之诗 [美]戴维斯 著
对亚里士多德的现象学解释 [德]海德格尔 著
城邦与自然——亚里士多德与现代性 刘小枫 编
论诗术中篇义疏 [阿拉伯]阿威罗伊 著
哲学的政治 [美]戴维斯 著

普鲁塔克集
普鲁塔克的《对比列传》 [英]达夫 著
普鲁塔克的实践伦理学 [比利时]胡芙 著

阿尔法拉比集
政治制度与政治箴言 阿尔法拉比 著

马基雅维利集
解读马基雅维利 [美]麦考米克 著
君主及其战争技艺 娄林 选编

莎士比亚绎读
莎士比亚的罗马 [美]坎托 著
莎士比亚的政治智慧 [美]伯恩斯 著
脱节的时代 [匈]阿格尼斯·赫勒 著
莎士比亚的历史剧 [英]蒂利亚德 著
莎士比亚戏剧与政治哲学 彭磊 选编
莎士比亚的政治盛典 [美]阿鲁里斯/苏利文 编
丹麦王子与马基雅维利 罗峰 选编

洛克集
上帝、洛克与平等 [美]沃尔德伦 著

卢梭集
致博蒙书 [法]卢梭 著
政治制度论 [法]卢梭 著
哲学的自传 [美]戴维斯 著
文学与道德杂篇 [法]卢梭 著
设计论证 [美]吉尔丁 著
卢梭的自然状态 [美]普拉特纳 等著
卢梭的榜样人生 [美]凯利 著

莱辛注疏集
汉堡剧评 [德]莱辛 著
关于悲剧的通信 [德]莱辛 著
智者纳坦（研究版） [德]莱辛 等著
启蒙运动的内在问题 [美]维塞尔 著
莱辛剧作七种 [德]莱辛 著
历史与启示——莱辛神学文选 [德]莱辛 著
论人类的教育 [德]莱辛 著

尼采注疏集
尼采引论 [德]施特格迈尔 著
尼采与基督教 刘小枫 编
尼采眼中的苏格拉底 [美]丹豪瑟 著
动物与超人之间的绳索 [德]A.彼珀 著

施特劳斯集
苏格拉底与阿里斯托芬
论僭政（重订本） [美]施特劳斯 [法]科耶夫 著
苏格拉底问题与现代性（第三版）
犹太哲人与启蒙（增订本）
霍布斯的宗教批判
斯宾诺莎的宗教批判
门德尔松与莱辛
哲学与律法——论迈蒙尼德及其先驱
迫害与写作艺术
柏拉图式政治哲学研究
论柏拉图的《会饮》
柏拉图《法义》的论辩与情节
什么是政治哲学
古典政治理性主义的重生（重订本）
回归古典政治哲学——施特劳斯通信集
＊＊＊
论源初遗忘 [美]维克利 著
阅读施特劳斯 [美]斯密什 著
施特劳斯与流亡政治学 [美]谢帕德 著